■ 监理人员学习丛书

全过程工程咨询服务

中国建设监理协会　组织编写

中国建筑工业出版社

图书在版编目（CIP）数据

全过程工程咨询服务 / 中国建设监理协会组织编写
. —北京：中国建筑工业出版社，2022.9
（监理人员学习丛书）
ISBN 978-7-112-27500-7

Ⅰ. ①全… Ⅱ. ①中… Ⅲ. ①建筑工程—咨询服务
Ⅳ. ①F407.9

中国版本图书馆 CIP 数据核字（2022）第 101058 号

责任编辑：边 琨 杨 杰 范业庶 张 磊
责任校对：党 蕾

监理人员学习丛书
全过程工程咨询服务
中国建设监理协会 组织编写
*
中国建筑工业出版社出版、发行（北京海淀三里河路 9 号）
各地新华书店、建筑书店经销
华之逸品书装设计制版
北京建筑工业印刷厂印刷
*
开本：787 毫米 ×1092 毫米 1/16 印张：21¾ 字数：401 千字
2022 年 9 月第一版 2022 年 9 月第一次印刷
定价：**68.00** 元
ISBN 978-7-112-27500-7
（39660）

监理人员学习丛书

审定委员会

主　　　任：王早生

副　主　任：王学军　刘伊生　修　璐

审 定 人 员：温　健　雷开贵　杨国华　杨卫东　陈　文

编写委员会

主　　　编：雷开贵　雷冬菁

副　主　编：王早生　王学军　温　健

其他编写人员：肖福民　吕　峰　肖　庆　张珂嘉　雷　昊
张　翔　周贤蓉　汪　红　陈婷婷　田　毅
赵清献　吴庆琳　马铁宝　宋雪文

参 编 单 位：重庆联盛建设项目管理有限公司
重庆渝阳建筑设计有限公司
上海宗升工程科技有限公司

工程衛士
建設管家

王早生

二〇二二年八月十六日

序

——

为更好地开展建设工程监理工作，提高建设工程监理服务水平，推动建设工程监理行业高质量发展，中国建设监理协会组织业内专家，结合监理工程师工作实际，编写了《建筑施工安全生产管理 监理工作》《施工阶段项目管理实务》《装配式建筑工程监理实务》《全过程工程咨询服务》《建设监理警示录》等监理人员学习系列丛书。

本套丛书以现有的法律法规及标准为主要依据，遵循定位准确、理念新颖、内容全面、操作性强的要求进行编著。以工程监理实际操作为核心，系统介绍了建设工程监理相关服务的内容及方法，贴近监理实际，体现了监理工作的专业性、实用性和规范性。

本套丛书可供各级住房和城乡建设主管部门及工程建设相关单位参考，也可作为相关从业人员做好工程监理工作的参考用书。

中国建设监理协会

2022年3月31日

前言

如果我们回放1988年国家推行建设监理制度以来的城市演变过程，对比三十多年前后的城市面貌，一定会惊叹不已，惊叹翻天覆地的变化，惊叹日新月异的建设速度，惊叹大型基础设施与超高层建筑的巧夺天工。人们在高度赞扬城市建设取得巨大成就和歌颂建设者的丰功伟绩的时候，有谁能否认全国上百万监理从业人员所付出的艰辛劳动和奉献的智慧。监理人可以理直气壮地说，我们为城市建设保驾护航，保障建筑工程的质量与安全，为维护公众利益做出了不可磨灭的贡献，我们监理人为我们取得的成绩感到无比自豪。

年轻的监理行业三十多年风雨兼程，三十多载春华秋实，不管是顺境还是逆境，我们都一直在坚守，一直在探索，一直在砥砺前进。经历过兴奋、激动、人心所向，也曾一度出现行业蓬勃向上的景象，更经历过一段困惑、抱怨、备受指责的迷茫阶段。1988年国家制定了建设监理制度，当初对监理的定位是“知识密集型高智能企业集团”，监理工程师是既重技术也懂经济与管理的复合型人才，这样的定位吸引了一大批建设领域的高端人才投身监理行业。可是在短时间内，监理行业要达到那么高的水平，要承载那么重的社会责任，那么大的政府期望，要与发达国家几十年乃至几百年的成熟行业相比，的确差距甚远，稚幼的双肩没有担负起那么大的重任。另一方面国家经济高速发展，城市建设规模极度膨胀，而建筑施工企业训练有素的产业人员严重不足，远远不能满足工程施工的需求，工程质量与安全事故频发，严重影响甚至威胁着公共利益和公众安全，政府监管力度和资源十分有限，为遏制质量和安全事故的频发现象，在这种紧要关头，政府从社会资源合理配送和优化配置着眼，历史使命落在了监理行业，分别在2000年和2003年，国务院颁发了《建设工程质量管理条例》和《建设工程安全生产管理条例》，监理的定位有所改变，在以前咨询服务的基础上增加了更多的质量和安全的法律责任，这种定位的改变，监理人的心态没有立即调整到位，行业发展也呈现出不稳定态势。

随着工程建设管理模式的进一步改革，工程建设实施组织方式的变革，工程咨询企业转型升级以及实施国际化发展战略需求，又重新提出了“全过程咨询服务”，又重新赋予监理行业新的机遇，监理行业经过多年磨砺，已经成长起来一批能够从事技术咨询、管理咨询、经济咨询和质量与安全控制的企业，现在重提“知识密集型高智能企业集团”应该是正当时。

中国的监理制度伴随着改革开放而诞生，伴随着不断改革而发展。为适应深化改革而提升，国家和社会赋予监理行业殷切希望，给予监理生存、发展、提升一次又一次机会。为此，我们感恩时代，感恩我们的祖国！

目 录

CONTENTS

第三章　设计管理

第四章　BIM技术管理

第五章　招标采购管理

第六章 造价管理

第七章　现场管理（监理）

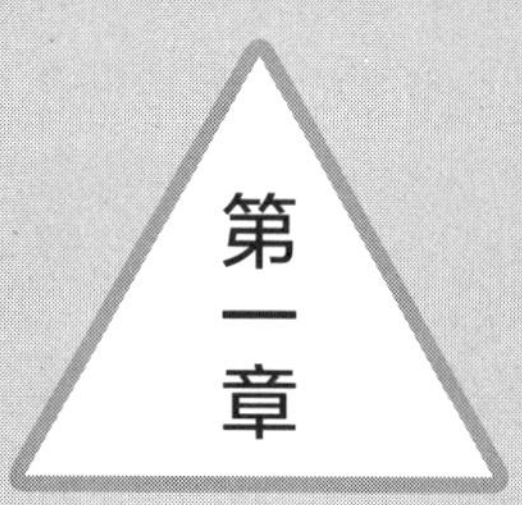

全过程工程咨询服务概述

第一节　全过程工程咨询服务产生的背景

1988年以来，除工程监理咨询之外，随着社会需要的变化又陆续诞生了投资决策咨询、造价咨询、招标代理、项目管理等咨询服务行业，在工程建设领域中已经形成了专业咨询服务门类齐全的工程咨询行业，形成了较为完整的第三方咨询服务体系。

一、传统咨询管理模式及存在的问题

传统咨询管理模式分为投资咨询、招标代理、造价咨询、工程监理等若干个咨询门类，参与各方“自扫门前雪”形成“铁路警察各管一段”的局面，导致咨询服务的工作难以统筹与系统管理，工作范围不清、工作深度不够、职责界限不明，推诿现象尤为严重，影响管理工作正常开展，导致咨询服务效果差，社会评价低。

按照传统的管理模式及职责分工如图1-1及表1-1所示。一个建设项目仅中介服务单位就有若干家，建设单位要委托管理公司实施项目管理，要委托招标代理单位编制招标文件，按照程序组织开标，选择中标单位，协助签订承发包合同。还要委托造价单位审限价或编制工程量清单，审核结算。须委托监理单位驻场进行工程监理，监理单位有控制成本的职责与义务，在现场进行隐蔽工程收方、计量、处理设计变更、工程洽商单和索赔事件。由于工程造价与招标文件及

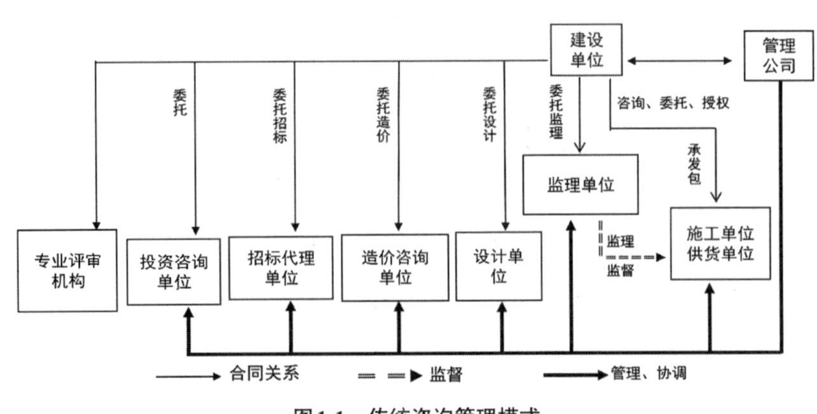

图1-1　传统咨询管理模式

工程量清单、合同、现场签证等紧密相关，是一个完整的系统，但分属三四个单位负责工作，关系复杂，工作界面不清楚，合同体系容易被肢解，难免出现纠纷和矛盾，出了问题不知找谁负责。

传统咨询服务工作内容对照表 **表1-1**

类别	监理	投资咨询	项目管理	招标代理	造价咨询
文件号	《工程建设监理规定》建监〔1995〕737号	《工程咨询单位资格认定办法》中华人民共和国国家发展和改革委员会令第29号	《建设工程项目管理试行办法》建市〔2004〕200号	《工程建设项目招标代理机构资格认定办法》建设部令〔2007〕154号❶	《工程造价咨询企业管理办法》〔2006〕建设部令第149号❶
工作内容	第九条： 工程建设监理的主要内容是控制工程建设的投资、建设工期和工程质量；进行工程建设合同管理，协调有关单位间的工作关系	第十四条： 工程咨询单位资格服务范围包括以下八项内容： (一)规划咨询：含行业、专项和区域发展规划编制、咨询； (二)编制项目建议书(含项目投资机会研究、预可行性研究)； (三)编制项目可行性研究报告、项目申请报告和资金申请报告； (四)评估咨询：含项目建议书、可行性研究报告、项目申请报告与初步设计评估，以及项目后评价、概预决算审查等； (五)工程设计； (六)招标代理； (七)工程监理、设备监理； (八)工程项目管理：含工程项目的全过程或若干阶段的管理服务	第六条： (一)协助建设单位方进行项目前期策划，经济分析、专项评估与投资确定； (二)协助建设单位方办理土地征用、规划许可等有关手续； (三)协助建设单位方提出工程设计要求、组织评审工程设计方案、组织工程勘察设计招标、签订勘察设计合同并监督实施，组织设计单位进行工程设计优化、技术经济方案比选并进行投资控制； (四)协助建设单位方组织工程监理、施工、设备材料采购招标； (五)协助建设单位方与工程项目总承包企业或施工企业及建筑材料、设备、构配件供应等企业签订合同并监督实施； (六)协助建设单位方提出工程实施用款计划，进行工程竣工结算和工程决算，处理工程索赔，组织竣工验收，向建设单位方移交竣工档案资料； (七)生产试运行及工程保修期管理，组织项目后评估； (八)项目管理合同约定的其他工作	第二条： 是指招标代理机构接受招标人委托，从事工程的勘察、设计、施工、监理以及与工程建设有关的重要设备、材料采购招标的代理业务	第三条： 接受委托，对建设项目投资、工程造价的确定与控制提供专业咨询服务的企业

❶ 建设部令154号与149号已修订，但招标代理机构和造价咨询企业的业务性质未见修改——编者注。

二、工程建设领域变革带来的冲击

（一）国家经济发展方式的改变

党的十九大做出了“中国特色社会主义进入了新时代”的重大论断，指出新时代中国经济发展的基本特征，中国经济已由高速增长阶段转向高质量发展阶段。高质量发展是经济数量增长到一定阶段之后，提高生产要素、生产力、全要素效率，实现经济结构升级，经济均衡发展，是“创新、协调、绿色、开放、共享”五大新发展理念的具体体现。2018年，国务院政府工作报告进一步指出：“进一步拓展开放范围和层次，完善开放结构布局和体制机制，以高水平开放推动高质量发展。”

（二）建筑产品的方式改变

在国家产业政策的明确要求下，建造方式由传统的混合结构、现浇结构朝装配式建筑、结构装修一体化、全装修精装修进行改变；社会需求从满足住和行的基本功能要求向日益提高生活品质、舒适、安全、环保改变。从单体建筑向综合体转变，进而向绿色建造、综合管廊、海绵城市、智能建筑、建筑低碳化方向改变实现；信息化技术从BIM建筑信息模式向CIM城市建筑模型，并向BIM、互联网、物联网集成化、信息化技术的快速提升，更加促进了建筑业传统生产方式的变革，促使生产力极大提高，推进了建筑产业现代化。

（三）价值链的改变

由于建筑产品的方式改变和建设管理模式的改变，打破了建筑行业的“碎片、分割和多元”，使设计与（生产）施工深度融合，使生产组织方式转型到价值链及供应链的集成，例如工程设计、选择组件制造、供应链管理和现场组装、检测检验的集成，以满足建设单位需求的增值服务。这些集成优化将逐步形成健全的现代产业体系。企业对专业化和创新投资的需求不断增长（包括使用新材料、数字化、技术和设施以及人力资源），需要扩大企业规模或更加专业的企业。建筑行业将出现在价值链的特定环节以及整个链条上的并购和建筑企业资产重组，以及企业产权制度改革，以实现经济、技术、组织、管理、协调等资源集成高效配置，使建筑业企业由量的扩大逐步转向质的提高。这种质的提高，体现了高质量发展的“质量第一、效益优先”原则。

（四）需求多元化

随着高质量发展的不断深化，以市场需求为导向，满足客户信息化、服务化、绿色化、高端化、个性化的需求，成为发展的重要趋势。客户从过去简单解决设计、施工、造价各项单一问题，通过产品化，即将开发、工程、采购、服务、销售归类打包或整体打包，转变为易于投放市场的产品或解决方案。这就需要建筑企业不断提升供给要素质量，不断提升技术能力、劳动力素质、人力资本和能力，以及提升资源利用的集约程度。

（五）生产力的改变

新技术、新工艺建造设备不断涌现，不断向科技含量高的设备信息化、数字化、智能化、绿色化、高端化、先进化提升，解决新出现的技术质量问题，并且实现项目全生命周期数据共享和信息化管理，实现高程度的专业化或产品化，形成企业核心竞争力。因此，企业势必会加大研发投入，用于开发创新产品的支出和技术投入。伴随而来的是工程建设城市配套设施提升和完善、技术装备的提升、功能的改变、设备信息化、大数据运用，在这种情况下，生产力变化导致生产关系发生变化。一方面需要政府部门培育技术市场，另一方面需要企业不仅要提高服务质量和工程质量，并且还应提高技术能力。

（六）建设管理模式的改变

在各项政策推动下，越来越多的企业由传统单一的承发包模式而转为采用全过程、资源高度集中的设计施工总承包EPC、PPP模式、开发建设一体化、全过程工程咨询服务、运营维护服务等模式。形成了以标准化、整体化的“产品”或“服务”进行的交付。

（七）市场变革带来的冲击

随着高质量发展的深入，企业规模、资金、技术、设备的硬性条件成为基础，过去单一的建筑产品由于其时间扩展、技术提升、阶段发展，已经延伸涉及各行各业。市场对质量、品牌等软实力提出更高的要求。在新技术、新模式的带动下，在客户多元的需求条件下，企业逐步形成机制灵活、形式多样、技术专业水平高、适应能力强的新型咨询服务机构，面临来自工业、制造业和服务业企业的跨界挑战。

三、国际化竞争的冲击

以WTO和以“一带一路”建设为引领，整个建筑业将面临前所未有的，全方位、全过程的竞争，包括成本、技术、实力、管理等，带来国际竞争。随着规模、标准、专业对于获取竞争优势变得越来越重要，工程咨询行业需要与国际惯例接轨，企业将增加其众多领域合作，既包括基础设施等高价值、小批量项目，也包括全球需求的、可复制的产品。因此，工程咨询不仅需要根据市场情况进行转型升级，并且需要与国际先进技术、管理制度进行接轨。

四、国家政策推动

《国务院办公厅关于促进建筑业持续健康发展的意见》(国办发〔2017〕19号)指出全过程工程咨询服务管理模式是国家工程建设领域改革的一项重要举措，这种模式有利于工程咨询企业转型升级，有利于提升从业人员的执业水平，有利于高端人才和复合型人才的快速成长，有利于整个咨询行业的水平提升。

鼓励投资咨询、勘察、设计、监理、招标代理、造价等企业采取联合经营、并购重组等方式发展全过程工程咨询，培育一批具有国际水平的全过程工程咨询企业。制定全过程工程咨询服务技术标准和合同范本。政府投资工程应带头推行全过程工程咨询，鼓励非政府投资工程委托全过程工程咨询服务。

《国家发展改革委、住房城乡建设部关于推进全过程工程咨询服务发展的指导意见》(发改投资规〔2019〕515号)提出以下几点要求：

(1)大力提升投资决策综合性咨询水平。投资决策环节在项目建设程序中具有统领作用，对项目顺利实施、有效控制和高效利用投资至关重要。鼓励投资者在投资决策环节委托工程咨询单位提供综合性咨询服务，统筹考虑影响项目可行性的各种因素，增强决策论证的协调性。综合性工程咨询单位接受投资者委托，就投资项目的市场、技术、经济、生态环境、能源、资源、安全等影响可行性的要素，结合国家、地区、行业发展规划及相关重大专项建设规划、产业政策、技术标准及相关审批要求进行分析研究和论证，为投资者提供决策依据和建议。

(2)探索工程建设全过程咨询服务实施方式。工程建设全过程咨询服务应当由一家具有综合能力的咨询单位实施，也可由多家具有招标代理、勘察、设计、监理、造价、项目管理等不同能力的咨询单位联合实施。由多家咨询单位联合实施的，应当明确牵头单位及各单位的权利、义务和责任。

（3）促进工程建设全过程咨询服务发展。全过程咨询单位提供勘察、设计、监理或造价咨询服务时，应当具有与工程规模及委托内容相适应的资质条件。

（4）鼓励多种形式全过程工程咨询服务模式。除投资决策综合性咨询和工程建设全过程咨询外，咨询单位可根据市场需求，从投资决策、工程建设、运营等项目全生命周期角度，开展跨阶段咨询服务组合或同一阶段内不同类型咨询服务组合。

（5）建立全过程工程咨询服务管理体系。咨询单位要建立自身的服务技术标准、管理标准，不断完善质量管理体系、职业健康安全和环境管理体系，通过积累咨询服务实践经验，建立具有自身特色的全过程工程咨询服务管理体系及标准。大力开发和利用建筑信息模型（BIM）、大数据、物联网等现代信息技术和资源，努力提高信息化管理与应用水平，为开展全过程工程咨询业务提供保障。

（6）加强咨询人才队伍建设和国际交流。咨询单位要高度重视全过程工程咨询项目负责人及相关专业人才的培养。加强技术、经济、管理及法律等方面的理论知识培训，培养一批符合全过程工程咨询服务需求的综合型人才，为开展全过程工程咨询业务提供人才支撑。鼓励咨询单位与国际著名的工程顾问公司开展多种形式合作，提高业务水平，提升咨询单位国际竞争力。

第二节　全过程工程咨询服务的内容

一、咨询服务的内容

全过程工程咨询服务从项目全生命周期角度开展不同类型的咨询服务，包含项目决策咨询（表1-2）、建设阶段（表1-3）、运维阶段咨询服务（表1-4）。全过程工程咨询服务以达到提高项目的功能价值、节约投资和运营成本的目的，实现项目的最佳性价比。全过程工程咨询服务涉及技术、经济、管理、法律法规等诸

项目决策阶段服务内容表　　　　**表1-2**

规划咨询				项目咨询				评估咨询	评估报告编制						
总体	专项	区域	行业	机会研究	投资融资策划	可行性研究报告	项目估算	政府及有关部门对规划研究等评估	环境影响	节能	地质灾害	地震	安全	水资源	……

建设阶段咨询服务内容表　　表1-3

报批报建	设计与勘察			设计管理	招标			招标管理	造价咨询			造价管理	现场管理（监理）	
	方案设计	初步设计	施工图设计		设计	工程	设备		审估算	审概算	办理结算		监理	项管

运维阶段服务内容表　　表1-4

系统		平台			管理				
应用	软件	硬件平台	监控平台	数据平台	空间管理	设施管理	能源管理	安防消防管理	自动巡检管理

多方面的知识、经验与技能。

二、全过程工程咨询服务的特点

全过程工程咨询服务覆盖项目投资决策、建设实施（勘察、设计、招标、施工及其集成化服务），包括运营维护阶段，服务内容包含技术与经济咨询和管理咨询。

全过程工程咨询服务机构须运用工程技术、经济学、管理学、法学等多学科的知识和经验，要综合考虑项目质量、投资、工期、安全、环保等目标以及合同管理、资源管理、技术管理、风险管理、信息管理、沟通管理等要素之间的相互制约和影响关系，从技术经济角度实现综合集成，为委托方提供智力服务。

第三节　全过程工程咨询服务的价值理念

一、价值体现

全过程工程咨询服务咨询的产品不是建（构）筑物实体，而是通过智慧劳动为项目提供咨询“服务”。这种服务产生的价值是整合各种资源，为项目创造附加值（使用功能价值和经济价值），使项目更加科学而顺利地完成质量、工期和成本控制三大目标，咨询服务机构的价值创造是通过科学管理、设计优化、工期优化、精心组织与管理，最大限度地提升项目功能价值和节约项目投资。

二、项目成功的标准

树立“项目成功的唯一标准是利益相关者都满意”的观念，并把这一观念深入到项目机构中的每一个成员，影响到参建各方的每一个团队。彻底打破过去把合同双方视为博弈对手的观念，认为一方赢一定以另一方输为代价，没有认识到项目可以实现双赢和多赢。为建设单位担当、替参建各方着想，把换位思考形成参建各方的思维习惯，建立起共商机制，共同出谋划策，寻找最佳工作方案和解决问题的途径。首先统一思想，统一认识，参建各方团队密切配合，共享资源，相互理解，减少纠纷和矛盾。通过科学管理，最大限度减少浪费，节约成本，提升功能价值来实现共赢，达到“利益相关方都满意”的效果与境界。

第四节　角色定位

咨询工程师的角色应定位为“管家、智囊、协调人”。所谓管家便是当家理事在建设单位授权范围以内做主。智囊的作用是在建设单位未授权的重大事项上从技术、经济、管理方面提供多方案比较和论证的建议，供建设单位选择决定。协调人的主要作用是调动和激发参建各方的积极性，发挥其主观能动性，使各项工作顺利开展，项目咨询机构中的每个成员，遵循“到位、不缺位、不错位、不越位”的准则。

建设单位根据自身能力情况，在建设单位充分信任的基础上，可以把合同中的部分职责授权委托给咨询方，可将不涉及投资金额的技术问题与管理事项部分委托甚至全部委托，涉及会增加投资金额的事宜可以约定限额（单笔及累计额）的基础上授权委托。但是，涉及金额较大或者建筑功能及建筑造型等重大技术问题须由咨询方作出技术与经济多方面的比较，以及重大管理事项须作深度分析，阐明对项目的影响程度，将结论提供给建设单位，由建设单位方决断。

第五节　合作意识

参建各方存在很多的利益冲突和矛盾。施工单位通常利用建设单位提供的设计文件不全；招标文件中的缺陷；未按合同约定交付施工场地、未及时办理施工所需各种证件和批文、未按合同约定时间支付工程款；因施工图中的错、漏、碰、缺问题引起的变更，劳动力及机具设备闲置等原因向建设单位提出索赔；合同条款规定用语含糊、不够准确、存在歧义、国家和地方政策法规的变化；建设单位代表、项目咨询机构代表和设计代表的失误等。有经验的施工单位提索赔的理由非常多，而且累计金额相当大。甚至以低价竞争夺标，通过索赔手段获利，现在对索赔问题的认识有偏颇，错误地认为是施工单位不诚信，认为上述一切都是施工单位所设的陷阱。其实，是由于建设单位履约不到位，设计者工作不完善，项目咨询机构的能力与尽职情况存在的不足和工作失误，导致施工成本增加，施工单位提出索赔是理所应当的，而被认为是施工单位不诚信，以这种对立或博弈的思维去认识这种常见现象，必然会产生矛盾与纠纷。如果我们换一种思维方式，换一种工作方式，建设单位不恶意压价，按市场规律价格招标，按合同约定支付工程款，设计单位完善设计，细化图纸，最大限度减少图纸中的问题和变更，咨询机构真正发挥作用，认真履职履责，站在相对公平的立场处理问题，参建各方都付出其诚，按规则办事，各方齐心协力，优势互补，信息资源共享，最大限度地减少浪费，最大可能地缩短工期，拒绝质量与安全事故，真正实现项目利益相关者都满意，将过去的博弈对手转化为实现共同目标的合作伙伴。

第六节　管理思维与方法

全过程工程咨询服务要根据项目的特点，采用技术、经济、管理、组织等措施对项目全方位、全过程、多维度、整体、系统地实施管理。

实施项目全过程工程咨询服务须树立“为项目创造价值”的核心理念。做到“以目标为导向”“以计划为基础”“以控制为措施”。以“程序化、动态化、体系化、信息化”为手段，“制度化”为保障，“程序化”是要求遵循时间顺序与逻辑关系，按步骤一步一步地进行工作，“动态化”是指工作过程中情况不断变化，要随着变化不断调整，“体系化”强调用综合与系统的思维去处理问题，“可视化”要求用视频、图像、图表等直观表达方式，“信息化”是指应用现代先进的信息手段快速准确地传输信息，做到信息共享，“制度化”是要求按规则工作。为保证上述要求得以实现，须真正做到“工作界面清晰”“责任落实”“责权分明”，利用工作结构分解（WBS）与责任分配矩阵方法把工作层次与工作界面划分清楚，把各项工作事项落实到参建各方。在咨询机构各团队之间，各岗位之间也同样要把工作界面，工作深度划分清晰；“责任明确”是指参建各方按合同约定及按法规规定履行其职责，合同没有约定的事宜通过沟通协调方式解决，咨询管理机构按企业标准与项目的岗位责任落实到人。“责权分明”是项目管理模式的一种基本原则，强调责任落实的基础上必须赋予相应的权力。

工程咨询方应根据全过程工程咨询服务内容和期限，结合工程特点、建设规模、复杂程度及环境因素等建立全过程工程咨询组织机构和工作制度，明确工作流程，设置全过程工程咨询项目总负责人，配备数量适宜、专业配套的专业咨询人员，行使全过程工程咨询职责，实行项目总负责人负责制。

工程咨询方集技术、经济、管理人才为一体，介入时间早、信息全，并处于管理平台的核心地位，可以最大限度发挥作用。彻底改变过去将技术、经济与管理割裂，切分为投资咨询、造价、招标、监理咨询，以单向思维和简单化的方法去解决复杂问题的情况。

一、以技术为灵魂

技术专业类别广而难，按阶段划分为规划设计，概念性方案设计，方案设计、初步设计与施工图设计，专项技术评审，现场施工工艺技术及建造，设备采购与调试等阶段性工作，按专业分类有建筑、规划、岩土、结构、水、暖、电等专业。阶段之间，专业之间的界面存在很多需要协调与协同工作的管理问题，同时也有与投资紧密相关的经济问题。

二、以经济为核心

经济方面精而细，分匡算、估算、概算、预算、结算与审计，按专业划分为投资融资、工程造价、技术经济，涉及招标与合同、市场价格波动变化，与技术相关的措施计价等问题，投资的多少取决于方案与各专业技术的优劣。

三、以管理为保障

管理方面杂而繁，分建安工程、专项工程、环境工程等专业工程，管理工作分为计划、组织、协调、控制。管理咨询机构采用组织措施、合同措施、技术措施、经济措施。利用系统化、程序化、体系化、动态化的方法，以制度化、信息化为手段，通过沟通协调机制最大限度地发挥参建各方的积极作用，使参建各方按照合同约定的义务和责任，共同去实现项目目标。

第七节　全过程工程咨询服务资质（资信）要求

在项目中提供全过程咨询服务或阶段性咨询的企业须满足表1-5的资质（资信）条件。

资质（资信）条件　　表1-5

企业资质	前期咨询		勘察		设计		招标		造价		现场管理	
	规划咨询 项目咨询 评估咨询	报批报建	勘察	勘察管理	设计	设计管理咨询	招标管理咨询	招标代理	造价咨询服务	造价管理	管理咨询	监理
投资咨询企业（按专业类别）	√	√	×	√	×	√	√	×	×	√	√	×
具有造价甲级的企业	×	√	×	√	×	√	√	×	√	√	√	×
具有监理甲级资质的企业	×	√	×	√	×	√	√	×	×	√	√	√
勘察	×	√	√	√	×	√	√	×	×	√	√	×
具有设计甲级资质的企业	×	√	×	√	√	√	√	×	×	√	√	×
招标代理企业	×	√	×	√	×	√	√	√	×	√	√	×

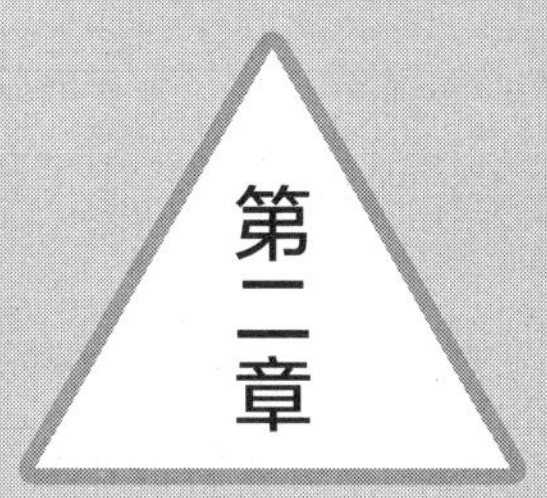

项目前期咨询与报批报建

第一节　项目决策咨询

实践证明，科学、严谨的项目前期策划是项目管理决策和实施增值的基础，项目决策分析与评价是项目前期策划最主要的内容，也是投资项目科学决策的重要工作，是项目前期工作的核心，关系到投资项目建设的成败。

项目决策阶段的主要工作包括项目建议书和可行性研究报告的编制，立项之后称为项目实施阶段。

通常把投资前期的可行性分析工作分为投资机会研究、初步可行性分析（或项目建议书）、可行性分析、项目评价与决策四个阶段。

由于建设前期的各研究工作阶段的研究性质、工作目标、工作要求及作用不同，其工作时间与费用也各不相同，见表2-1。因各阶段研究的内容由浅入深，故项目投资和成本估算的精度要求也由粗到细，研究工作的量由小到大，研究的目标和作用逐步提升，从而使研究工作的时间和费用也随之逐渐增加。

可行性分析各阶段工作的目的和要求　　**表2-1**

序号	项目	投资机会研究	初步可行性分析	可行性分析	项目评价
1	研究性质	项目设想	项目初选	项目准备	项目评价与决策
2	研究目的和内容	鉴别投资方向，寻求投资机会（含地区、行业、资源和项目的机会研究），选择项目，提出项目投资建议	对项目做初步评价，进行专题辅助研究，广泛分析、筛选方案，确定项目的初步可行性	对项目进行深入、细致的技术经济论证，重点对项目的技术方案和经济效益进行分析与评价，进行多方案比选，提出结论性意见	综合分析各种效益，对可行性分析报告进行全面审核和评价，判断可行性分析的可靠性和真实性
3	研究要求和成果	编制项目建议书	编制初步可行性分析报告	编制可行性分析报告	提出项目评价报告
4	研究作用	为初步选择投资项目提供依据，批准后列入建设前期工作计划，作为国家对投资项目的初步决策	判定是否有必要进行下一步详细可行性分析，进一步判明投资项目的生命力	作为投资项目决策的基础和重要依据	为投资决策者的最后决策提供依据，决定项目取舍和选择最佳投资方案

续表

序号	项目	投资机会研究	初步可行性分析	可行性分析	项目评价
5	估算精度	±30%	±20%	±10%	±10%
6	研究费用（占总投资的百分比）	0.2%～1%	0.25%～1.25%	大项目0.2%～1% 中小项目1%～3%	
7	需要时间	1～3个月	4～6个月	6～10个月或更长	

第二节　规划咨询

规划是国家或地方各级政府根据国家的方针、政策和法规，对有关行业、专项和区域的发展目标、规模、速度，以及相应的步骤和措施等所做的设计、部署和安排。

完整的规划包括规划体系、规划性质、规划内容、编制程序、规划期限、规划实施、评估调整等方面。

规划咨询的目的：主要包括方案择优、技术裁量和利益平衡。

规划咨询的方法：规划咨询可采用多种方法进行研究，并注意以下几个结合：宏观与中观及微观的结合；理论与实际的结合；政策与环境的结合；机制、体制、制度的结合；定性与定量的结合；静态与动态结合；层次分析、单项分析和综合分析的结合；资料分析和调查研究的结合；对象分析和比较分析的结合；正向、逆向分析与因果分析的结合；必要性和充分性的结合；技术经济分析与社会综合分析的结合等。同时，规划咨询还应正确处理不同发展目标之间的矛盾，即微观与宏观、局部与整体、短期与长期、经济与社会等，均应坚持以后者为主的原则。

规划咨询工作程序：签订委托咨询合同，成立咨询专家组，制订工作大纲，现场调研和收集资料，综合分析研究和编写报告初稿，与各方交换意见，修改并提交咨询报告。

中国的规划体系由三级、三类规划组成。按行政层级分为国家级规划、省（区、市）级规划、市县级规划；按对象和功能类别分为总体规划、专项规划、区域规划。

一、总体规划

总体规划亦称“总体设计”。是政府或建设单位在编制初步设计和扩大初步设计之前，所进行的一个轮廓性的全面规划。它既包括项目的近期建设计划，也要考虑项目远景发展设想。它不仅为初步设计提供依据，而且对发展远景作出规划。总体规划期限一般为20年。

（一）城市总体规划

城市总体规划主要内容包括人民政府依据国民经济和社会发展规划以及当地的自然环境、资源条件、历史情况、现状特点，统筹兼顾、综合部署，为确定城市的规模和发展方向，实现城市的经济和社会发展目标，合理利用城市土地，协调城市空间布局等所做的一定期限内的综合部署和具体安排。城市总体规划是城市规划编制工作的第一阶段，也是城市建设和管理的依据。

（二）开发区总体规划

开发区总体规划主要内容包括对整个开发区的进行科学合理规划，具体内容包括：规划期限、规划原则、产业规划、功能定位、战略目标、发展策略、空间布局、招商引资、保障措施等，具体模式有循环经济模式、总部基地模式、孵化器模式、产业集群模式等。

（三）企业的总体规划

企业的总体规划主要内容包括建厂指导思想，总平面布置，生产与生活区的规划位置，道路、铁路专用线、河渠、电信、电网的分布，厂内生产过程流向，与邻近厂矿的协作关系，工艺流程和技术装备水平，工程进度与总概算等。

二、专项规划

专项规划是指国务院有关部门、设区的市级以上地方人民政府及其有关部门，对其组织编制的工业、农业、畜牧业、林业、能源、水利、交通、城市建设、旅游、自然资源开发的有关专项规划简称为专项规划。

专项规划是以国民经济和社会发展特定领域为对象编制的规划，是总体规划在特定领域的细化，也是政府指导该领域发展以及审批、核准重大项目，安排政府投资和财政支出预算，制定特定领域相关政策的依据。

专项规划是针对国民经济和社会发展的重点领域和薄弱环节、关系全局的重大问题编制的规划。是总体规划的若干主要方面、重点领域的展开、深化和具体化，必须符合总体规划的总体要求，并与总体规划相衔接。

专项规划的编制要从管理权限和总体要求出发，规划内容要体现本领域的特点，发展目标尽可能量化，做到任务明确、重点突出、布局合理、保障措施可行，规划期可以根据本领域的特点和任务确定，不必局限于5年。

内容主要分成三大部分：即分析部分、规划部分和结论与措施部分。

（一）分析部分

包括对现状分析、发展预测分析两方面：

1. 现状分析

是做好规划的前提，要从国内国际两方面入手。一是分析整体的生产与需求结构平衡状况，包括市场容量与供给规模、市场结构。二是研究确定影响领域发展的关键因素或起作用的因素。三是对采取的措施及取得的成绩做一个回顾和评价，找出存在的主要问题并分析产生问题的根源。

2. 发展预测分析

根据未来发展状况，对需求与供给进行预测。

（二）规划部分

1. 发展目标

专项规划必须通过一定的数量指标来表达到规划期末所研究对象应该达到的高度。这样的目标既有定量描述，也有定性描述；既不能制订不切实际的高指标，又不能制订没有冲劲的低指标。制订发展目标要有压力又有激励。

2. 规划重点

规划重点是实现规划目标的关键部分和主要支撑，规划重点的确定主要根据专项规划的目标以及目前存在的薄弱环节而定。

3. 方案设计

首先明确规划的指导思想，就是规划的主线，这条主线是进行规划的依据而且贯穿于规划设计的始终。在制订规划时还需明确规划的时限，对规划目标进行分解，制订符合经济社会发展变化的阶段性目标。

（三）结论与措施部分

从制定政策措施的内容来讲，一是措施内容要具体。要明确执行主体，要明确执行方法和手段，明确执行时间和具体的范围，明确所针对的群体等；二是政策措施要量力而行，符合实际；三是具体政策措施的实施目标要明确，不能含糊。

三、区域规划

区域发展规划是指在国家宏观经济发展战略方针的指导下，考虑本地区以及与周边环境地区的资源条件和市场趋势，根据本区域的特点、资源优势和限制条件，经过分析论证，提出本地区社会经济长远发展的总体规划。制订区域发展规划是解决区域内社会经济发展中综合性问题和结构性问题的基本手段，以有效地配置资源，合理布置生产力，保持良好的生态环境，促进整个地区的社会经济可持续发展。

区域规划主要是在城市规划和工矿区规划的基础上发展起来的。区域规划的主要任务是：因地制宜地发展区域经济，有效地利用资源，合理配置生产力和城镇居民点，使各项建设在地域分布上综合协调，提高社会经济效益，保持良好的生态环境，顺利地进行地区开发和建设。工作具有三个基本特性，即战略性、地域性和综合性。

区域规划要对整个规划地区国民经济与社会发展中的建设布局问题做出战略决策，把同区域开发与整治有关的各项重大建设落实到具体地域，进行各部门综合协调的总体布局，为编制中长期部门规划和城市规划提供重要依据。一些地方可以分成片区规划。

根据区域空间范围、类型、要素的不同，可以将区域规划划分为三种类型。

（一）国土规划

国土规划由国家级、流域级和跨省级三级规划和若干重大专项规划构成国家基本的国土规划体系。它的目的是确立国土综合整治的基本目标；协调经济、社会、人口资源、环境诸方面的关系，促进区域经济发展和社会进步。

（二）都市圈规划

都市圈规划是以大城市为主，以发展城市战略性问题为中心，以城市或城市群体发展为主体，以城市的影响区域为范围，所进行的区域全面协调发展和区域空间合理配置的区域规划。

（三）县（市、区）域规划

它是以城乡一体化为导向，在规划目标和策略上以促进区域城乡统筹发展和区域空间整体利用为重点，统筹安排城乡空间功能和空间利用的规划。

四、行业规划

行业规划即行业发展规划。是指根据国民经济中长期总体规划的要求和行业特点，为组织、协调和指导本行业所属建设单位经营活动发展而制定的总体计划。行业规划是行业管理的首要职能。行业规划在经济管理中有联通上下，平衡左右的作用，因此它既是国民经济整体规划的基础，又是地区与企业制定规划的依据。制定行业发展规划是加强行业管理的关键。

行业规划主要有两方面的内容：一是行业生产能力的规划，包括在相当长时期内行业的生产发展方向、发展速度、重点与短线产品发展和新增生产能力的规模及其途径，以及主要技术经济指标应达到的水平规划；行业组织结构调整规划；企业的改组、联合与关、停、并、转、迁规划；行业的地区分工及行业内各企业的专业分工、内外协作与经济联合规划等。二是行业技术发展规划，包括行业的技术改造规划；技术引进规划；新产品开发规划以及采用新技术、新工艺规划等。

行业发展规划是根据国家社会经济发展长远规划的方针、政策，在预测分析市场或社会需求变化的基础上，确定本行业发展的指导思想、发展目标、产业政策，结构变化、布局规模等改革与发展的方向，制定实施的总体方案和指标，使本行业在国民经济中发挥更大作用。规划研究的主要内容包括发展战略目标；发展思路和开发方案；发展规划的条件；产业结构和产业政策；投资方案和备选项目。

第三节　项目咨询

一、机会研究

机会研究也称投资机会鉴别，是指为寻找有价值的投资机会而进行的准备性调查研究。其目的是发现有价值的投资机会。

机会研究的内容包括市场调查、消费分析、投资政策、税收政策研究等，其研究重点是分析投资环境，如在某一地区或某一产业部门，对某类项目的背景、市场需求、资源条件、发展趋势以及需要的投入和可能的产出等方面进行准备性的调查、研究和分析，从而发现有价值的投资机会。投资机会研究的成果是机会研究报告。

二、投资融资策划

对项目融资的定义有多种表述方法，但是无论如何表述，必须涵盖最基本的内容，其一，项目融资是以项目为主体安排的融资，项目的导向决定了项目最基本的融资方法。其二，项目融资中的贷款偿还仅限于融资项目本身，即项目未来用于偿还贷款的现金流量和项目本身的资金价值。

项目融资，是“为一个特定经济实体所安排的融资，其贷款人在最初考虑安排贷款时，满足于使用该经济实体的现金流量和收益作为偿还贷款的资金来源，并且满足于使用该经济实体的资产作为贷款的安全保障”。

投资融资策划书的编制内容包括以下几个方面：

（一）资金来源

说明项目权益资金的来源及方式，权益资金筹措时，权益资本的比例不仅要满足国家规定的不同行业最低要求，还应考虑债权人的要求，同时根据项目具体情况和投资者的情况，参照行业平均水平，合理确定投资项目权益资本比例。

值得注意的是：上报国家和地方政府有关部门审批的项目，30%的铺底流动资金必须是权益资本。

（二）资金使用计划

根据项目的实施计划、资金的筹措情况以及使用条件等编制投资计划与资金筹措表。

（三）融资成本分析

主要分析计算债务资金成本、权益资本成本和加权平均资金成本。

权益资本采用资本定价模型计算资金成本。一般可行性研究报告中，可只做债务资金成本分析，根据项目的财务分析结果和债务资金利息的抵税因素，向投资者做出提示，合理确定各种资金的使用比例。

（四）融资风险分析

根据融资成本的分析和资金使用条件，结合项目财务分析结果，向投资者提出风险提示。

采用项目融资模式的投资项目，要结合项目具体情况，在做融资成本分析的同时，专题做风险分析。

（五）融资渠道分析

根据项目具体情况，结合资金来源渠道、融资成本等，进行融资渠道分析，提出合理的融资渠道建议。包括政府资金介入的必要性和可能性分析、吸收其他不同渠道资金的必要性和可能性分析等，提出资金构成建议。

三、项目建议书

所谓项目建议书，是在项目的最初阶段，从总体上和宏观上考察拟建项目建设的必要性、建设条件的可行性和获利的可能性，并做出项目的投资建议和初步设想，以作为国家、地区或企业选择投资项目的初步决策依据和进行可行性分析的基础。

由于项目建议书是初步选择投资项目的依据，各部门或地区（行业）和各投资主体应按照国民经济和社会发展的长远规划、行业规划、地区规划等要求，经调查、预测、分析和初步可行性分析，提出项目的大致设想，编制项目建议书。投资项目建议书应包括如下几方面的主要内容：

（一）必要性和依据

关于投资项目建设必要性和依据的内容。首先，应阐明拟建项目提出的背景、拟建地点，提出（或出具）与项目有关的长远规划或行业、地区规划资料，说明项目建设的必要性。其次，对改扩建项目要说明现有企业概况。再次，对于引进技术和设备的项目，还需概要说明国内外技术的差距及进口的理由、工艺流程和生产条件等。

（二）初步设想

关于产品方案、拟建规模和建设地点初步设想的内容。

（三）协作关系初步分析

关于资源、交通运输及其他建设条件和协作关系初步分析的内容。其中包括：拟利用资源供应的可能性和可靠性；主要协作条件情况、项目拟建地点水电及其他公用设施、地方材料的供应情况分析；对于技术引进和设备进口项目应说明主要原材料、电力、燃料、交通运输及协作配套等方面近期和远期的要求，以及已具备的条件和资源落实情况。

（四）投资估算和资金筹措设想

关于投资估算和资金筹措设想的内容。根据掌握数据的情况，可对投资进行详细估算，也可以按单位生产能力或类似企业情况进行估算或匡算。投资估算中应包括建设期利息、投资方向调节税和考虑一定时期内的涨价影响因素（涨价预备金），流动资金可参照同类型企业情况进行估算。资金筹措计划中应说明资金来源，利用贷款的需要附上贷款意向书，分析贷款条件及利率，说明偿还方式，测算偿还能力。对于技术引进和设备进口项目应估算项目的外汇总用汇额及其用途、外汇的资金来源与偿还方式，以及国内费用的估算和来源。

（五）项目建设进度安排

关于项目建设进度安排的内容。涉及建设前期工作的安排，若是涉外项目应包括询价、考察、谈判、设计及项目建设需要的时间和经营时间等内容。

（六）经济效益和社会效益等的初步估计

关于经济效益和社会效益等的初步估计内容（应含初步的财务评价和国民经济评价内容）。

四、可行性研究报告

可行性研究是建设项目前期工作的重要内容，是建设项目投资决策的重要依据。可行性研究的成果是可行性研究报告。政府投资项目必须进行可行性研究，按照程序要求编制和报批可行性研究报告，其内容和深度参照国家发展改革委《投资项目可行性研究指南》（2002年）及其相关规定，其他投资项目应参照行业、地区、国家或国际组织有关规定或规范，根据项目性质及建设地点等具体情况编制。

可行性研究的重点内容包括：

（一）投资必要性

主要根据市场调查及预测的结果，以及有关的产业政策等因素，论证项目投资建设的必要性。在投资必要性的论证上，一是要做好投资环境的分析，对构成投资环境的各种要素进行全面的分析论证，二是要做好市场研究，包括市场供求预测、竞争力分析、价格分析、市场细分、定位及营销策略论证。

（二）技术可行性

主要从项目实施的技术角度，合理设计技术方案，并进行比选和评价。各行业不同项目技术可行性的研究内容及深度差别很大。对于工业项目，可行性研究的技术论证应达到能够比较明确地提出设备清单的深度；对于各种非工业项目，技术方案的论证也应达到工程方案初步设计的深度，以便与国际惯例接轨。

（三）财务可行性

主要从项目及投资者的角度，设计合理财务方案，从企业理财的角度进行资本预算，评价项目的财务盈利能力，进行投资决策，并从融资主体（企业）的角度评价股东投资收益、现金流量计划及债务清偿能力。

（四）组织可行性

制定合理的项目实施进度计划、设计合理的组织机构、选择经验丰富的管理人员、建立良好的协作关系、制定合适的培训计划等，保证项目顺利执行。

（五）经济可行性

主要从资源配置的角度衡量项目的价值，评价项目在实现区域经济发展目标、有效配置经济资源、增加供应、创造就业、改善环境、提高人民生活等方面的效益。

（六）社会可行性

主要分析项目对社会的影响，包括政治体制、方针政策、经济结构、法律道德、宗教民族、妇女儿童及社会稳定性等。

（七）风险因素及对策

主要对项目的市场风险、技术风险、财务风险、组织风险、法律风险、经济及社会风险等风险因素进行评价，制定规避风险的对策，为项目全过程的风险管理提供依据。

五、投资估算

建设项目投资的估算包括建设投资、建设期利息和流动资金估算。

建设投资估算的内容按照费用的性质划分，包括工程费用、工程建设其他费用和预备费用三部分。其中，工程费用包括建筑工程费、设备及工器具设置费、安装工程费。预备费用包括基本预备费和价差预备费。在按形成资产法估算建设投资时，工程费用形成固定资产。工程建设其他费用可分别形成固定资产、无形资产及其他资产。为简化计算，预备费一并计入固定资产。

建设期利息是债务资金在建设期内发生并应计入固定资产原值的利息，包括支付金融机构的贷款利息和为筹集资金而发生的融资费用。建设期利息单独估算以便对建设项目进行融资前和融资后的财务分析。

流动资金是指生产经营性项目投产后，用于购买原材料、燃料、支付工资及其他经营费用等所需的周转资金。它是伴随着建设投资而发生的长期占用的流动资产投资，流动资金=流动资产-流动负债。其中，流动资产主要考虑现金、应收账款和存货；流动负债主要考虑应付账款和预收账款。因此，流动资金的概念，实际上是财务中的营运资金。

六、评估咨询

项目评估是投资项目前期决策的一个重要环节，是对项目前期咨询成果的再论证、再评价过程，是为最终决策提供可靠依据的专业性程序。

项目评估是指工程咨询机构接受政府、园区、企业、银行等金融机构或其他第三方机构的委托，对规划、项目建议书（初步可行性研究报告）、可行性研究报告、项目申请报告、资金申请报告、政府和社会资本合作（PPP）实施方案等项目前期咨询成果进行评估论证，并根据不同的评估目的、评估内容和评估要求，从专业角度，科学地、实事求是地回答委托方的疑问，客观评价咨询成果质量，提出明确的评估结论，并进一步提出咨询意见或建议的工作过程。

项目评估的内容包括以下几个方面：

（1）项目建设的必要性评估。

（2）项目建设的条件评估。

（3）项目技术评估。

（4）基础数据的预测和分析。

（5）项目的财务评估。

（6）项目的组织管理评估。

（7）项目的国民经济评估和社会评估。

（8）项目的风险评估。

（9）项目的总评估。

第四节　专业技术服务

按国家及地方的法律法规要委托中介咨询机构提供专项评估报告编制与评审报告（表2-2）。

工程建设项目专项评估事项汇总表 **表 2-2**

项目	与土地状况相关的评估	工业项目相关的评估	对周边产生影响	场地内存在影响因素
1	地质灾害评估报告	环境影响报告书（表）	社会稳定性风险评估报告	建设项目对既有市政设施安全影响评估报告
2	建设项目压覆重要矿产资源评估报告	节能评估报告	交通影响评价报告	轨道交通控制保护设计专篇
3	使用林地可行性报告（或林地现状调查表）	建设项目安全评价报告	洪水影响评价报告	市政排水污水结构设施安全评估报告
4	地震安全性评价报告	生产建设项目水土保持方案报告书		保障公路、公路附属设施质量和安全的技术评价报告
5				市政设施安全影响评估报告
6				红线范围内保留铁塔保护方案说明，超长高压走廊对建/构筑物的影响报告
7			工程对文物影响评估报告或措施设计	危害气象台站气象探测环境的报告
8			航道通航条件影响评价报告	

一、环境影响评价

环境影响评价简称环评，是指对规划和建设项目实施后可能造成的环境影响进行分析、预测和评估，提出预防或者减轻不良环境影响的对策和措施，进行跟踪监测的方法与制度。

环境影响评价是指对拟议中的建设项目、区域开发计划和国家政策实施后可能对环境产生的影响（后果）进行的系统性识别、预测和评估。环境影响评价的根本目的是鼓励在规划和决策中考虑环境因素，最终达到更具环境相容性的人类活动。

环境影响评价的过程包括一系列的步骤，这些步骤按顺序进行。在实际工作中，环境影响评价的工作过程可以不同，而且各步骤的顺序也可变化。

环境影响评价报告书的主要内容

1.概述

简要说明建设项目的特点、环境影响评价的工作过程、分析判定相关情况，关注的主要环境问题及环境影响、环境影响评价的主要结论等。

2. 总则

应包括编制依据、评价因子和评价标准、评价工作等级和评价范围、相关规划及环境功能区划、主要环境保护目标等。

3. 工程分析

工程分析是环境影响评价中分析项目建设环境内在因素的重要环节，是决定环境影响评价工作质量好坏的关键，是把握项目环境影响特点的重要手段，在建设项目环境影响评价工作中占有举足轻重的地位。

（1）建设项目概况。

（2）影响因素分析。

（3）污染源源强核算。

4. 环境现状调查与评价

（1）环境现状调查的方法。

（2）环境现状调查与评价内容。

5. 环境影响预测与评价

（1）环境影响预测与评价方法。

（2）环境影响预测与评价内容。

6. 环境保护措施及其可行性论证

7. 环境影响经济损益分析

8. 环境管理与监测计划

9. 环境影响评价结论

二、环境污染保护措施

环境污染保护措施汇总表可分为施工期和运营期，参见某企业搬迁项目环境影响报告书（节选）中的环境污染保护措施汇总表（表2-3）。

环境污染保护措施汇总表 表2-3

时段	环境要素	治理项目	治理措施	治理效果	投资估算（万元）
施工期	生态环境	水土保持	施工区域布置完善的排水系统，施工完成后及时对施工场地进行绿化	减少水土流失	6.0
	声环境	加强管理	选用低噪高效设备；合理安排施工作业时间；施工场地内合理布置施工机具；运输车辆安排昼间运输，严禁超速、超载	避免噪声扰民	5.0

续表

时段	环境要素	治理项目	治理措施	治理效果	投资估算（万元）
施工期	环境空气	施工扬尘	推广湿式作业；施工车辆清洗。粉性材料采取包封措施	减少扬尘污染	3.0
		施工机具尾气	加强施工机具保养维护		1.5
	水环境	施工废水	施工废水经沉淀处理后尽可能回用	减少污废水对环境影响	2.5
		生活污水	利用园区内市政污水管网，市政粪车收集外运		1.0
	固体废物	生活垃圾	设收集点统一收集后，由园区环卫统一运走处置	减少生活垃圾对环境的影响	0.5
	固体废物	建（构）筑物基础开挖弃方	用于项目二期用地的填方	减少弃土弃渣对生态环境的不利影响	3.5
小计					23.0
运营期	声环境	噪声	合理布置厂区；对主要噪声设备采取隔声、减振等措施；设备安置在厂房内，制冷室冷却塔设置隔声屏	厂界达标噪声不扰民	5.0
	水环境	生活污水	设置三座生化池，处理规模分别为20m³/d、35m³/d、25m³/d，生活污水处理达三级标准后送园区污水处理厂进一步处理，污水处理厂建成之前，食堂废水经隔油池处理后与其他生活污水一并经过生化处理，达到一级标准后经园区市政污水管网排入附近河流	减小对地表水体影响	20.0
		生产废水	清洗废水及喷漆废水经成套废水处理设施（处理规模25m³/d）处理达三级标准后送园区污水处理厂进一步处理； 污水处理厂建成之前，生产废水经废水处理设施处理后，进入生产废水生化池进一步处理达一级标准后经园区市政污水管网排入附近河流		30.0
			制冷站树脂再生酸碱含盐废水0.2m³/d经中和处理后排入市政雨水管网		5
			循环冷却水20m³/d排入市政雨水管网		0
	环境空气	冲压车间焊接废气	设置一套中央烟尘净化系统处理，处理后的烟气经15m高烟囱（5号排气筒）高空排放	对环境空气影响小	6.0
		电加装配车间焊接废气	设置一套中央烟尘净化系统处理，处理后的烟气排放车间内		9.0
		绝缘漆烘干尾气	真空压力浸漆设备，全封闭作业		计入主体工程

续表

时段	环境要素	治理项目	治理措施	治理效果	投资估算（万元）
运营期	环境空气	电加装配车间喷漆废气	设置两座旋杯静电喷涂室，废气经水帘吸收后，进入活性炭吸附装置处理后尾气由15m烟囱（1号排气筒）高空排放	对环境空气影响小	纳入主体工程
		电加装配车间烘干废气	烘干间及流平间废气经风机收集后，进入活性炭吸附装置处理后尾气由15m烟囱（2号排气筒）高空排放		计入主体工程
		石油机具车间喷漆废气	设置一座旋杯静电喷涂室，涂漆室废气经水帘吸收后，进入活性炭吸附装置，处理后尾气由15m烟囱（3号排气筒）高空排放		纳入主体工程
		石油机具车间烘干废气	烘干间废气经风机收集后活性炭吸附装置，处理后尾气由15m烟囱（4号排气筒）高空排放		计入主体工程
		喷粉废气	静电喷粉喷房内具有良好的抽风负压环境，经多旋风+后滤芯式过滤器两级回收利用后，抽排到车间内		纳入主体工程
		环氧浇注废气	废气经活性炭吸附后，经15m高烟囱（6号排气筒）高空排放		5.0
		食堂油烟	使用天然气、电能清洁能源，油烟经过油烟净化装置处理后，通过专用烟道引至楼顶达标排放		2.0
	固体废物	危险废物	在联合厂房东侧集中设置危险品临时贮存设施，分类储存收集，交由具有危废处理资质的单位处置	得到有效处理，不污染周边环境	纳入主体工程
		一般固废	设固体废物堆置点，回收或交由当地环卫部门处理		3.0
	绿化	厂区绿化	绿地率16.72%	厂区绿化美化	12.0
	风险影响	风险事故	建立风险管理措施及应急预案	防治风险事故产生，将事故影响降至最低	3.0
小计					100.0
合计					123.0

三、节能评价

（一）节能评价的要求

节能贯穿到建设项目的技术方案、设备选择、节能措施、节能管理等各个方面，是一项系统工程，建设项目实行能评一票否决权。建设项目在可行性研究阶段同时要开展节能评价，按照规定编报节能评价有关文件。建设项目在可行性研究时同节能研究内容形成互为条件关系，建设项目建设方案研究为节能评价提供条件。建设方案研究及其节能篇章又要落实节能评价对能耗的要求。

（二）节能评价的分析内容

节能评价的分析内容包括以下几个方面：

1.项目节能方案及措施分析评价

2.项目能耗水平分析评价

3.项目节能效果分析评价

4.节能优化建议

（三）案例

某企业智能装备工厂建设项目节能评价报告（节选）

1.项目概况

该项目总建设投资约15亿元，占地面积350000m^2，建筑面积230000m^2，拟建项目租赁某公司的现有标准厂房（一期厂房），购置拧紧机、分拣机、旋转机等设备，新建8条下料成型线、12条焊接机加线、2条涂装线、2条整车装配线及其他公辅设施，项目建成后，形成年产挖掘机28800台（其中小挖掘机18000台、中挖掘机8400台、大挖掘机2400台）。

工作制度。实行2班生产制度，每班10h，年生产时间250天。

劳动定员。1070人，其中管理人员70人。

建设周期为13个月。

2.指标优化

该项目指标优化情况如表2-4所示。

指标优化对比表 表2-4

类型	序号	名称	指标		变化情况
			评价前	评价后	
主要能效指标	1	单位产品能耗kgce/辆	未计算	436.94	
主要经济技术指标	1	万元产值能耗tce/万元	未计算	0.013	
	2	万元增值能耗tce/万元	未计算	0.091	
能源消费情况	1	年综合能源消费量（等价值）(tce)	未计算	11507.90	
	2	年综合能源消费量（等价值）(tce)	未计算	26225.25	

续表

类型	序号	名称	指标		变化情况
			评价前	评价后	
能源消费情况	3	一次能源消费量			
	(1)	柴油(t)	252	1090.28	增加1338.28
	(2)	天然气(m^3)	9900	9900	无变化

3. 节能措施及节能效果

该项目主要节能措施及节能效果见表2-5。

节能措施效果表 **表2-5**

阶段	用能系统(设备)	节能措施名称	实施方案概要	节能效果
能评前	空压机	无	无	无
	冷水机组	2级能效	能效设备	
能评后	空压机	空压机余热回收	余热作为空调机组热源节能量	节电625 × 10^4kWh
		集中控制空压机节能	通过整体集中控制系统，减少不必要的离心空压机放空等压缩空气消耗	节电13.82 × 10^4kWh
	冷水机组	1级能效	提高能效等	节电15.44 × 10^4kWh
	合计			节电654.26 × 10^4kWh

4. 主要用能工艺(生产工序)节能分析评价

该项目主要用能工序主要包括下料成型车间、焊接车间、涂装车间、装配车间、公用工程等工序。工艺和工序用电水平见表2-6。

主要工艺和工序用电水平表 **表2-6**

序号	用电设备	用电量(10^4kWh)	比例
1	下料成型车间	712.65	8.97%
2	焊接车间	2774.91	34.95%
3	涂装车间	2522.63	31.77%
4	装配车间	553.17	6.97%
5	公用工程	718.84	9.05%
6	生活用水设备	60.32	0.76%
7	通风设备	104.78	1.32%
8	照明	493.48	6.21%
9	设备用电量小计	7940.77	100%

通过表2-6可知，在该项目生产车间中，焊接车间和涂装车间能耗占比最大，合计占项目生产总能耗的66.71%。工艺设备采用的生产工艺先进、成熟，生产线自动化程度高，选择与生产工艺适应性高的生产设备，同时采取点焊、循环冷却水、余热回收及机器人焊接等工艺节能措施，能达到降低生产能耗，提高生产效率的目的。建议在运营管理中，着重加强对能耗高的焊接车间和涂装车间的节能监管。

四、地质灾害评估

根据《地质灾害防治管理办法》和《地质灾害防治条例》要求，有可能导致地质灾害（主要包括崩塌、滑坡、泥石流、地面塌陷、地裂缝、地面沉降等）发生的工程项目建设和在地质灾害易发区内进行工程建设，在申请建设用地之前必须进行地质灾害危险性评估。编制和实施水利、铁路、交通、能源等重大建设工程项目时，应当充分考虑地质灾害防治要求，避免和减轻地质灾害造成的损失。在地质灾害易发区内进行工程建设，应当在项目决策分析与评价阶段进行地质灾害危险性评估，并将评估结果作为可行性研究报告的组成部分。

对经评估认为可能引发地质灾害或者可能遭受地质灾害危害的建设工程，报告编制和评估单位有责任提出应当配套建设地质灾害治理工程。地质灾害治理工程的设计、施工和验收应当与主体工程的设计、施工、验收同时进行。地质灾害危险性评估包括下列内容：工程建设可能诱发、加剧地质灾害的可能性；工程建设本身可能遭受地质灾害危害的危险性；拟采取的防治措施等。

地质灾害评估报告参见深圳市儿童医院科教综合楼项目地质灾害危险性评估报告（节选）见表2-7。

地质灾害危险性评估内容摘要　　表2-7

项目名称	广东省深圳市福田区深圳市儿童医院科教综合楼项目地质灾害危险性评估报告
评估范围	广东省深圳市福田区深圳市儿童医院科教综合楼项目拟建场地及附近可能产生地质灾害或遭受地质灾害影响的范围，大致为用地红线向外扩展50～70m
评估级别	根据深圳市儿童医院提供的深圳市儿童医院科教综合楼项目方案设计，拟建深圳市儿童医院科教综合楼规划楼高小于100m，拟设床位约500张，属较重要建设项目。评估区地质环境条件复杂程度为中等。根据《广东省地质灾害危险性评估实施细则》(2016年修订版)，按拟建项目重要性与地质环境条件复杂程度划分，该项目评估等级为二级
地质环境条件复杂程度评价	区域地质背景条件中等，地形地貌条件中等，地质构造条件简单，地层岩性和岩土体工程地质性质复杂程度中等，水文地质条件简单，人类工程活动对地质环境影响程度中等。综合判定：评估区地质环境条件复杂程度为中等

续表

地质灾害发育现状	经野外综合地质灾害调查，评估区内未见已发地质灾害。评估区现状地质灾害弱发育
地质灾害危险性预测评价	通过对评估区边坡稳定分析及周边地质灾害综合调查，预测该工程在建设过程中及完工后，工程建设可能引发的地质灾害为基坑崩塌/滑坡及地面沉降，其中基坑崩塌/滑坡的危害中等，危险性中等；地面沉降危害程度为小，危险性为小；工程建设可能遭受的地质灾害为地面沉降，其危害程度为小，危险性为小
地质灾害危险性分区评估	通过综合分析评估区的地质环境条件、已有工程建设类型、潜在地质灾害危险性大小，将评估区地质灾害危险性划分为危险性中等区（Ⅱ）和危险性小区（Ⅲ）两个区；其中危险性中等区（Ⅱ）面积为17867.03m^2，占评估区总面积的39.50%，危险性小区（Ⅲ）面积为27374.29m^2，占评估区总面积的60.50%
地质灾害防治措施	1.基坑崩塌/滑坡的防治措施 （1）邀请有相关资质的单位对该场地基坑进行专门的岩土工程勘察和基坑支护设计，采取安全合理的基坑支护措施。 （2）应详细查明开挖范围内及邻近场地地下水特征，在此基础上采取有效的地下水控制方式，另外要防止基坑外地表水体流入坑内。 （3）土方开挖完成后应立即对基坑进行封闭，防止水浸和暴露，并应及时进行地下结构施工。 （4）当基坑周边有超载时，不得超过设计荷载限制条件。 （5）基坑开挖和地下工程施工过程中，应对基坑岩土性状、支护结构变位、沉降位移观测和周围环境条件的变化进行现场监测，并将监测结果及时反馈给有关单位和人员。 2.地面沉降的防治措施 对于建设场地内及场地外的地面沉降应该采取如下工程措施： （1）通过对场地做详细的工程地质勘察，确定各岩土层的承载力，根据不同的建（构）筑物对承载力的要求进行基础设计，在荷载较大的情况下，优先选用桩基础作为建筑的基础形式，并对地基的沉降量进行验算，最终确定合适的基础持力层。 （2）对填土分布地段，应采取合理的处理措施，如强夯或者复合地基，桩基础等。填方地段的围墙、道路等设施，在满足地基不均匀沉降前提下，可采用天然地基；中型荷载建构筑物可采用桩基础；重型荷载建构筑物需采用桩基础以中～微风化岩为持力层。路基处理可采用强夯或者复合地基，以增强整个路基的整体性，从而防止不均匀沉降，减轻地面沉降造成的柔性路面开裂。桩础及地基处理施工后应按规范要求进行施工质量检测工作，检测手段建议选择钻芯法基单桩复合地基载荷试验。 （3）基坑支护采取合理的截排水措施。 （4）加强对地面沉降的监测，做到及时发现及时处理，最大限度地减少地质灾害影响

五、地震安全性评价

地震安全评价是指根据对建设工程场地条件和场地周围的地震活动与地震地质环境的分析，按照工程设防的风险水准，给出与工程抗震设防要求相应的地震烈度和地震动参数，以及场地的地震地质灾害预测结果。

（一）地震安全性评价的范围

（1）国家重大建设工程。

（2）受地震破坏后可能引发水灾、火灾、爆炸、剧毒或者强腐蚀性物质大量泄露或者其他严重次生灾害的建设工程，包括水库大坝、堤防和贮油、贮气、贮存易燃易爆、剧毒或者强腐蚀性物质的设施以及其他可能发生严重次生灾害的建设工程。

（3）受地震破坏后可能引发放射性污染的核电站和核设施建设工程。

（4）省、自治区、直辖市认为对本行政区域有重大价值或者有重大影响的其他建设工程。

（二）地震安全性评价报告应当包括的内容

（1）工程概况和地震安全性评价的技术要求。

（2）地震活动环境评价。

（3）地震地质构造评价。

（4）设防烈度或者设计地震动参数。

（5）地震地质灾害评价。

（6）其他有关技术资料。

六、安全评价

建设项目应按规定进行安全预评价，安全预评价是项目安全评价工作中的重要一环。构建和谐社会、美好生活，保障建设项目从建设到生产的本质安全和过程安全以及建立安全防范体系，是建设项目决策与分析的一项重要内容，也是工程咨询人员的一项重要责任。

尽管从建设项目管理程序上，安全预评价已经不再作为项目审批的前置条件（改为部门间征求意见），但从项目决策内容和要求来看，安全预评价的结论，将影响项目决策的依据文件和结果。

安全评价是以实现安全为目的，应用安全系统工程原理和方法，辨识与分析工程、系统、生产经营活动中的危险、有害因素，预测发生事故或职业危害的可能性及其严重程度，提出科学、合理、可行的安全对策措施建议，做出评价结论的活动。安全评价可针对一个特定的对象，也可针对一定区域范围。

安全预评价报告的基本内容包括以下几个方面：

（1）结合评价对象的特点，阐述编制安全预评价报告的目的。列出有关的法律法规、规章、标准、规范和评价对象被批准设立的相关文件及其有关参考资料等安全预评价的依据。

（2）介绍评价对象的选址、总图布置、水文情况、地质条件、工业园区规划、生产规模、工业流程、功能分布、主要设施、设备、装置、主要原材料、产品（中间产品）、经济技术指标、公用工程及辅助设施、人流、物流等概况。

（3）列出辨识与分析报告、有害因素的依据、阐述辨识与分析危险、有害因素的过程。

（4）阐述划分评价单元的原则、分析过程等。

（5）列出评定的评价方法，并做简单分析，阐述选定此方法的原因。详细列出定性、定量评价过程，明确其中的危险源的分析、监控情况以及预防事故扩大的应急预案内容，给出相关评价结果，并对得出的评价结果进行分析。

（6）列出安全对策措施建议的依据、原则、内容。

（7）给出评价结论。

七、水土保持方案评价

水土保持是指自然因素和人类活动造成水土流失所采取的预防和治理措施。国家颁布《中华人民共和国水土保持法》，明确规定对可能造成水土流失的建设项目开展水土保持方案评价。

水土保持方案评价的主要内容包括以下几个方面：

（一）水土保持方案评价的范围

水土保持方案分为水土保持方案报告书和水土保持方案报告表（统称水土保持方案评价文件），凡征占地面积在一公顷以上或挖填土石方总量在一万 m^3 以上开发建设项目，应当编报水土保持方案报告书；其他开发建设项目应当编报水土保持方案报告表。

建设项目的初步设计，应当依据水土保持技术标准和经批准的水土保持方案，编制水土保持篇章，落实水土流失防治措施和投资概算。

（二）水土保持方案报告书编制的主要内容

（1）方案编制的总则。包括目的、意义，编制依据、采用的标准等。

（2）建设项目地区概况。包括项目名称、位置、建设规模、地质、地貌、土壤、植被、水文、气象、河流及泥沙等情况。

（3）生产建设过程中水土流预测。包括水土流失时段的划分，预测的内容和方法等。

（4）水土流失防治方案。包括防治责任范围、防治措施、工程进度及其工程量、水土流失监测等。

（5）水土保持投资估（概）算及效益分析。

（6）方案实施和保证措施。包括管理措施、技术保证措施、资金来源及管理使用方法等。

八、防洪评价

依据国家计委、水利部《河道管理范围内建设项目管理的有关规定》（水政〔1992〕7号），对于河道管理范围内建设项目，应进行防洪评价，编制防洪评价报告。

防洪评价报告应在建设项目建议书或预可行性研究报告审查批准后、可行性研究报告审查批准前由建设单位委托具有相应资质的编制单位进行编制。

（一）防洪评价报告的主要内容

评价报告内容应能满足《河道管理范围内建设项目管理的有关规定》审查内容的要求，应包括以下主要内容：

1. 概述

概述应包括项目背景、评价依据、技术路线及工作内容等。

2. 基本情况

基本情况包括建设项目概况、建设项目所在河段的河道基本情况、现有水利工程及其他设施、水利规划及实施安排等。关键是针对性、准确性和规范性。

3. 河道演变

主要介绍建设项目所在河段的历史演变过程与特点，分析近期河床冲淤和河势变化情况，明确河床演变的主要特点、规律和原因，对河道演变趋势进行预估。

4. 防洪评价计算

评价计算内容主要包括水文分析、壅水、冲刷与淤积、河势影响分析计算（数学模型分析计算）、堤防渗流和边坡稳定分析计算。计算工况条件一般应包括：

（1）所在河段的平槽标准（有深泡情况）、现状防洪标准、规划标准。

（2）建设项目本身设计（校核）标准。

5. 防洪综合评价

防洪综合评价是报告的重点和难点。主要内容包括项目建设与有关规划的关系及影响分析。项目建设是否符合防洪标准、有关技术和管理要求的影响分析。建设项目对河道泄洪能力的影响分析。建设项目对河势稳定的影响分析。项目建设对堤防、护岸和其他水利工程及设施的影响分析。项目建设对防汛抢险的影响分析。建设项目防御洪涝的设防标准与措施是否适当的影响分析。建设项目对第三人合法水事权益的影响分析。

6. 防治与补救措施

重点是对主体工程的设计方案调整和优化方面的要求。

7. 结论与建议

一般要明确补救措施专项设计的范围和内容。

（二）案例

华盛路（华丰路—华宁路）市政工程涉大浪河防洪评价报告（节选）

1. 项目工程位置

新建道路位于龙华区大浪街道，跨越龙华河一级支流大浪河，涉河桩号为4+630.99 ～ 4+569.15（图2-1）。

图2-1　项目与河道位置关系示意图

2. 防洪评价计算

（1）计算说明。

项目所涉及河段在大浪河干流范围内，现阶段已按规划防洪标准50年一遇进行了综合整治。项目涉及大浪河干流水力计算所需的设计洪峰流量、河道水位线等基础数据均可直接引用《深圳市观澜河流域（大浪河）综合整治工程初步设计报告》的成果。

（2）防洪评价计算内容。

防洪评价计算目的是为工程建设对河道泄洪、河势稳定、堤防护岸、其他水利工程与设施、防汛抢险等的影响分析，及可能产生的对第三者合法权益的影响分析等，提供水文依据。

本项目防洪评价内容包括：①大浪河行洪影响分析；②河道冲淤和河势影响分析；③堤岸稳定分析；④施工影响分析。

（3）大浪河防洪影响分析。

1）引用已有成果。

①降雨分析计算。依据《深圳市观澜河流域（大浪河）综合整治工程初步设计报告》，直接引用其降雨计算成果见表2-8。

设计暴雨插图参数成果表 **表2-8**

时程（h）		1/6	1	6	24	72
电暴雨量（mm）		19.6	55	105	175	240
变差系数 C_v		0.24	0.40	0.52	0.5	0.5
模比系数 K_p	p=1%	1.7	2.31	2.83	2.72	2.74
	p=2%	1.59	2.08	2.48	2.42	2.42
设计面雨量 H_p（mm）	p=1%	33.32	112.97	296.66	478.80	656.64
	p=2%	31.16	114.52	260.89	422.78	579.81

②洪水计算。设计洪水按《广东省暴雨径流查算图表使用手册》（广东省水文总站，1991），大浪河流域设计洪水计算通过广东省综合单位线法和推理公式计算，经过与历次计算成果相比较，洪水计算成果是合理的，各控制断面洪水成果见表2-9。

各断面设计洪水成果表 **表2-9**

断面	集雨面积（m^2）	频率p（%）		
		1	2	20
石坳支流	2.28	52.43	46.26	26.15
大船坑支流	3.53	99.15	92.77	48.87
涉河处现状	3.54	99.15	92.77	48.87
人工湖	5.80	113.50	100.02	55.69

各控制断面枯水期洪峰见表2-10。

大浪河流域控制断面枯水期洪峰 **表2-10**

断面	集雨面积（m^2）	洪峰（p=20%）			洪峰（p=10%）		
		12～1	12～2	10～3	12～1	12～2	10～3
石坳支流	2.28	1.96	2.62	5.67	3.10	3.80	7.75
大船坑支流	3.53	3.82	5.13	11.09	6.07	7.42	15.14
涉河处现状	3.54	3.82	5.13	11.09	6.07	7.42	15.14
人工湖	5.80	4.62	6.20	13.39	7.33	8.96	18.29

③ 河道防洪分析。依据《深圳市观澜河流域（大浪河）综合整治工程初步设计报告》，直接引用其设计洪水水位线和相关结构设计等成果。结合大浪河综合整治工程，起推水位为大浪河出口断面0+000.00处，本次水面线计算断面主要为明渠，断面材料有混凝土挡墙、浆砌石挡墙、天然河底等。结合大浪河综合整治工程，混凝土挡墙糙率取0.017，浆砌石挡墙糙率取0.025，天然河底糙率取0.03，见表2-11。

大浪河综合整治设计水面线成果表 **表2-11**

桩号	设计流量（m^3/s）	水深(m)	设计水面线P=2%(m)	备注
0+000.00	153.64	4.44	52.43	河口
0+017.28	153.64	3.83	52.51	1号桥下游
0+029.28	153.64	3.46	52.56	1号桥上游
0+216.04	153.64	4.00	53.57	2号桥下游
0+252.17	153.64	4.22	53.95	2号桥上游
0+592.71	153.64	3.48	55.48	3号桥下游
0+609.45	153.64	3.72	55.80	3号桥上游
0+924.86	153.64	3.94	56.97	4号桥下游
0+935.59	153.64	4.05	57.09	4号桥上游

续表

桩号	设计流量 (m^3/s)	水深(m)	设计水面线P=2%(m)	备注
1+174.82	132.15	3.94	57.46	5号桥下游
1+191.82	132.15	3.92	57.48	5号桥上游
1+406.31	132.15	3.69	57.76	6号桥下游
1+423.31	132.15	3.67	57.78	6号桥上游
1+627.70	132.15	3.27	57.87	7号桥下游
1+850.70	132.15	3.27	58.17	7号桥上游
2+083.84	132.15	3.64	59.41	8号桥下游
2+144.84	132.15	3.58	59.61	8号桥上游
2+483.49	116.61	3.28	60.08	9号桥下游
2+532.39	100.02	3.59	60.58	9号桥上游
3+349.78	100.02	3.31	64.15	人工湖进口处
3+507.37	100.02	3.15	64.55	10号桥下游
3+510.88	100.02	3.15	64.56	10号桥上游
3+764.12	100.02	3.09	65.39	11号桥下游
3+781.20	100.02	3.09	65.45	11号桥上游
4+095.77	100.02	2.54	66.38	12号桥下游
4+101.91	100.02	2.56	66.43	12号桥上游
4+183.98	100.02	2.46	66.68	13号桥下游
4+194.10	100.02	2.44	66.68	13号桥上游
4+275.42	100.02	2.26	66.83	14号桥下游
4+279.42	100.02	2.25	66.84	14号桥上游
4+360.78	100.02	2.87	67.78	15号桥下游
4+373.31	100.02	2.88	67.85	15号桥上游
4+569.15	92.77	2.49	68.34	16号桥下游
4+890.90	87.42	3.26	70.80	16号桥上游
5+714.38	46.26	2.10	74.49	17号桥下游
5+797.69	46.26	2.10	74.91	17号桥上游
支0+000.00	18.04	2.27	71.49	石凹支渠入口
支0+115.88	18.04	1.46	71.56	18号桥上游
支0+272.42	18.04	0.86	72.57	
支0+573.19	18.04	1.51	74.56	19号桥上游

2）水面线复核。

大浪河河段的设计洪水水面线计算，起推水位采用人工湖处断面的水面线3+349.78，糙率取0.03，人工湖处的50年一遇设计洪水水位为64.15m，根据明槽恒定渐变流微分方程：

$$\frac{dE_s}{ds}=i-J$$

$$E_s=h+\frac{\alpha v^2}{2g}=h+\frac{\alpha Q^2}{2gA^2}$$

式中：J、i——渠道的水力坡度和底坡；

s——渠道沿流动方向的沿程坐标，m；

E_s——明槽过水断面的断面比能，m；

Q——流量，m^3/s；

g——重力加速度，m/s^2；

α——动能修正系数；

h——水深，m；

A——过水断面面积，m^2；

v——流速，m/s；

通过计算，桥梁建成后水面线计算成果如表2-12所示。

计算洪水水面线成果表 **表2-12**

计算断面 地点	断面形式	计洪水位（m）	水深（m）	堤顶高程
大船坑支流	梯形	69.35	2.36	71.31
桥梁处	矩形	68.25	2.40	69.30
人工湖	梯形	64.15	3.31	64.34

根据《堤防工程设计规范》GB 50286—2013中规定，一般堤段取堤顶安全超高为0.5m。特殊堤段，如堤后紧邻有岸上（后坡脚）工业或民用建筑物时，堤顶超高综合取值0.9m。堤顶高程和现状堤岸高程一致，不影响周边汇水，校核洪水流情况下不会出现漫顶。

桥梁处设计洪水下的水深为2.40m，此工况下桥下净空为0.62m，满足设计要求。水面线比现状情况下降低了0.09m。堤顶高程保持现状不变69.30m，满足规范要求。

因此，河道桩号4+569～4+630段的设计过流能力能满足河道50年一遇的行洪要求。

九、社会评价

社会评价是对建设项目中的社会因素、社会事项及其产生的影响进行评价的一种方法。要求应用社会学、人类学、项目评估学的理论和方法，通过系统地调查、收集与项目相关的社会资料和数据，识别项目实施过程中的各种社会因素、利益相关者和可能出现的各种社会事项，分析项目可能产生的社会影响、社会问题和社会风险，提出尽可能扩大正面社会效果、减少或避免项目负面社会影响的措施，编制社会管理措施方案，并在项目实施过程中监测和评估项目社会效果的实现程度，保证项目顺利实施并使项目效果持续发挥。

（一）社会评价的主要内容

1.社会调查

社会调查是项目社会评价的重要环节。项目社会评价过程，实质上是以所收集到的社会信息为基础，对相关信息资料的调查、整理和分析的过程。

2.社会分析

（1）社会影响分析。

（2）社会互适性分析。

（3）社会风险分析。

（4）社会可持续性分析。

3.社会管理方案制定

（1）利益加强计划。

（2）负面影响减缓计划。

（3）利益相关者参与计划。

（4）社会监测评估计划。

（二）社会稳定风险分析（评估）

按照中国基本建立的社会稳定风险分析（评估）制度，凡与人民群众切身利益密切相关、牵涉面广、影响深远、易引发矛盾纠纷或有可能影响社会稳定的重大事项（包括重大项目决策、重大改革、重大活动和重点工作领域等），在投资项目实施前，都要开展社会稳定风险分析（评估）。重大固定资产投资项目的可行性研究报告或项目申请报告中要求对社会稳定风险分析设独立篇章，对特别重大和敏感的项目可单独编制社会稳定风险分析报告。项目所在地人民政府或项目主管部门委托评估机构对社会稳定风险分析报告或篇章进行评估。评估机构出具的社会稳定风险评估报告是投资主管部门批复或核准项目的重要依据。

1.社会稳定风险分析的主要内容

（1）风险调查。

（2）风险识别。

（3）风险估计。

（4）风险防范与化解措施制定。

（5）落实风险防范措施后的风险等级判断。

2.社会稳定风险分析报告（独立篇章）的编写要点

（1）项目概况。

（2）编制依据。

（3）风险调查。

（4）风险识别。

（5）风险估计。

（6）风险防范和化解措施。

（7）采取风险防范和化解措施后的风险等级。

（8）风险分析结论。

（三）案例

内蒙古革命历史博物馆社会稳定风险评估报告（节选）
摘录“土地征收补偿风险的综合评价”

报告中对该项目可能引发的不利于社会稳定的六大类风险可能性大小进行了单项评价，为便于度量该项目整体风险的大小，有必要对各类风险的可能性大小进行量化，然后得到项目的综合风险大小。风险程度评判参考标准见表2-13。

风险程度评判参考表 **表2-13**

风险程度	发生的可能性和后果
重大风险	可能性大，社会影响和损失大，影响和损失不可接受，必须采取积极有效的防范化解措施
较大风险	可能性较大，或社会影响和损失较大影响和损失是可以接受的，需采取一定的防范化解措施

续表

风险程度	发生的可能性和后果
一般风险	可能性不大，或社会影响和损失不大，一般不影响项目的可行性，应采取一定的防范化解措施
较小风险	可能性较小，或社会影响和损失较小，不影响项目的可行性
微小风险	可能性很小，且社会影响和损失很小，对项目影响很小

首先根据当地以往征地经验和民意调研结果确定每类风险因素的权重W，取值范围为[0，1]，W取值越大表示某类风险在所有风险中的重要性越大。其次确定风险可能性大小的等级值C，报告已将风险划分为5个等级（很小、较小、中等、较大、很大），等级值C按风险可能性由小至大分别取值为0.2、0.4、0.6、0.8、1.0。然后将每类风险因素的权重与等级值相乘，求出该类风险因素的得分（即为W×C），把各类风险的得分加总求和即得到综合风险的分值，即∑W×C。综合风险的分值越高，说明项目的风险越大。一般而言，综合风险分值为0.2～0.4时，表示该项目风险低，有引发个体矛盾冲突的可能；分值为0.41～0.7时，表示该项目风险中等，有引发一般性群体事件的可能；分值为0.71～1.0时，表示该项目风险高，有引发大规模群体事件的可能。该项目综合风险值求取见表2-14。

项目风险综合评价表 **表2-14**

风险类别	风险权重（W）	风险发生的可能性（C）					W×C
		微小0.2	较小0.4	一般0.6	较大0.8	重大1.0	
项目合法性，合理性遭质疑的风险	0.10		√				0.04
项目可能造成环境破坏的风险	0.15	√					0.03
群众抵制征收的风险	0.20		√				0.08
群众对生活环境变化的不适风险	0.15		√				0.06
群众对生活保障担忧的风险	0.20	√					0.04
项目可能引发社会矛盾的风险	0.20		√				0.08
综合风险							0.33

从表2-14中可看出，项目土地征收补偿安置可能引发的不利于社会稳定的综合风险值为0.33，风险程度低，意味着项目实施过程中出现群体性事件的可能性不大，但不排除个体矛盾冲突的可能。

十、项目后评价

（一）项目后评价报告的主要内容

1.项目建设全过程回顾与评价

（1）项目决策阶段。回顾与评价的重点是项目决策的正确性；评价项目建设的必要性、可行性、合理性；分析项目目标实现的程度、产生差异或失败的原因。合理性和效率是本阶段评价衡量的重要标尺。

（2）项目建设准备阶段。回顾与评价的重点是各项准备工作是否充分，开工前的各项报批手续是否齐全。效率是本阶段评价衡量的重要标尺。

（3）项目建设实施阶段。回顾与评价的重点是工程建设实施活动的合理性和成功度，项目建设单位的组织能力与管理水平。此阶段项目执行的效率和效益是评价衡量的重要标尺。

（4）项目投产运营阶段。回顾与评价的重点是项目由建设实施到交付生产运营转换的稳定、顺畅。项目效益和可持续性是评价衡量的重要标尺。

2.项目效果效益评价

（1）技术效果评价。

项目技术效果评价是针对项目实际运行状况，对工程项目采用的工艺流程、装备水平进行再分析，主要关注技术的先进性、适用性、经济性、安全性。

（2）财务和经济效益评价。

财务效益后评价应进行项目的盈利能力分析、清偿能力分析、财务生存能力和风险分析。经济效益后评价是根据项目实际运营指标，根据变化了的内、外部因素更新后的预测数据，全面识别和调整费用和效益，编制项目投资经济费用效益流量表，从资源合理配置的角度，分析项目投资的经济效益和对社会福利所做的贡献，评价项目的经济合理性，判别目标效益的实现程度。

（3）管理效果评价。

项目管理评价是对项目建设期和运营期的组织管理机构的合理性、有效性，项目执行者的组织能力与管理水平进行综合分析与评价。

3.项目影响评价

（1）环境影响评价。

环境影响后评价一般包括项目的污染控制、区域的环境质量、自然资源的利用、区域的生态平衡和环境管理能力。

（2）社会影响评价。

社会影响评价首先应确定受影响人群的范围，有针对性地反映其受影响程度及对影响的反作用。社会影响评价的方法是定性和定量相结合，以定性为主，在各要素评价分析的基础上，做综合评价。恰当的社会影响评价调查提纲和正确的分析方法是社会影响评价成功的先决条件，应慎重选择。

4.项目目标评价与可持续性评价

（1）项目目标的评价。

项目目标评价的任务在于评价项目实施中或实施后，是否达到在项目前期评估中预定的目标、达到预定目标的程度，分析与预定的目标产生偏离的主观和客观原因；提出在项目以后的实施或运行中应采取的措施和对策，以保证达到或接近达到预定的目标；必要时，还要对有些项目预定的目标进行分析和评价，确定其合理性、明确性和可操作性，提出调整或修改目标的意见和建议。

（2）项目的可持续性评价。

项目的可持续性是指在项目的建设资金投入完成之后，项目可以按既定目标继续执行和发展，项目投资人和项目建设单位愿意并可能依靠自己的力量继续去实现既定目标。可持续性评价即实现上述能力可能性的评价。可持续性也是项目目标评价的重要内容之一。

（3）项目的成功度评价。

项目成功度评价是在对项目效益、效果和影响的评价的基础上，在项目目标评价层次之上，对项目进行的更为综合的评价判断，综合得出项目总体成功与否的评价结论。

（4）综合性结论。

可持续性评价和项目成功度评价，可以对项目的决策和执行状况及前景有一个完全判断，得出综合性结论。该结论既是一个综合判断，也应根据项目特点或委托方要求有所侧重。

5.主要经验与教训、对策与建议

通过项目全过程回顾与评价，归纳出对项目具有决定性影响、对全局具有参考作用的经验与教训，提出对策与建议。

（二）案例

四川油气田江油基地灾后异地重建项目后评估报告

1.项目概况

（1）建设规模。

项目征地面积425亩[1]，实用占地面积约310余亩，总建筑面积达64.04万m^2，江油生活基地灾后重建项目计划建设住宅4622套，配套公建及商业建筑5.42万m^2，如此大规模且同时建设的工程，在四川油气田和江油市属首例。

（2）建设性质。

新建住宅项目。其中1号地块为公建配套建设的医院、社区服务中心和幼儿园，2、3、4号地块建设性质为17～26层的住宅小区，商业配套及附属设施。

（3）投资规模。

项目总投资暂定：16.5亿元。

（4）项目建设周期。

2009年1月～2012年9月，其中项目前期（工程设计、用地拆迁、招标、报规报建、施工准备阶段）从2009年1月～2010年3月。

项目施工和验收阶段2010年3月～2012年10月。

项目移交阶段2012年5月～2012年12月。

2.项目管理综合评估

（1）项目管理评价。

1）阳光操作，全程监督。该重建项目从立项、规划、设计、审批、招标投标、开工建设至竣工验收期间，未发生一起违纪违规举报案件。

2）创新机制，搭建阳光操作平台。成立四川油气田江油生活基地灾后异地重建项目“四级”重建项目领导机构，建立了联席会议制度，以及由纪检监察、工会等部门，员工代表、退休职工代表、石油社区代表等组成的灾后重建项目监督组。

3）创新管理，全程跟踪监督不留死角。切实采取三项监控措施，对项目立项、设计、招投标和施工实行全程跟踪监控，对项目资金的拨付、使用实行全程跟踪监控，对重建项目物资采购、询价、对比、质量、验收、发放和使用等环节实行全程跟踪监控，确保了跟踪监控的全覆盖。

[1] 1亩=666.67m^2。

4）创新方法，注重监督实际效果。对重要项目安排、重点项目建设、大额资金拨付、大宗建材物资采购等都制定了切实可行的具体措施和制度。重点监督并规范操作行为，有效确保了重建资金的使用效率和重建成本的管控能力。

5）阳光重建，监督先行。矿区坚持务实清廉的工作作风和阳光操作的重建理念。拆除影响阳光重建的“隔心墙”，将监督管理关口前移。对职工群众关心的工程进度、质量、户型设计、环境绿化、社区功能配套设施、资金使用和后期选房等敏感问题，利用各种载体主动与职工群众保持互动沟通交流，倾听职工群众的意见和建议，重大决策让职工群众参与和监督，化解了职工群众内心的顾虑和隔膜，提升了阳光重建和廉洁重建的实际效果。

（2）规划设计工作评估。

1）四川油气田江油基地位于江油市城区南段，周边市政配套设施完善，交通便利，地形地貌方正平坦，为创造优秀的居住小区提供了优良的先决条件。在项目规划设计中，着重户型的实用性、空间尺度的适宜性和环境资源的共享性，打造具有现代都市气质的高品质舒适性住宅。

2）严格按照国家基本建设程序，办理项目土地使用证；用地规划许可证；建设规划许可证；消防、人防、环保、施工图审查；施工许可证等有关报建手续，共计完成68次报建资料。

（3）招标与成本控制评估。

1）严格按照国家招投标法组织项目招投标，通过公开招标，择优选择了工程设计、地质勘查、工程监理、工程施工和工程材料、设备供应商等单位，项目共计完成55次招标，择优选取53家参建单位及材料设备供应商。

2）该项目采取自行组织招标模式。由矿区和重庆联盛项目管理有限公司共同组建的项目部，承担了项目招标全部工作内容，涉及公开招标的工程，通过委托重庆联盛项目管理有限公司招标部的具有招标执业资格的专业人员，负责组织开标。

3）经验，自行组织招标模式，除去了委托招标代理机构环节，加快了招标进度，满足了项目建设总体工期，同时节约了招标代理服务费150余万元，降低了项目总体投资成本。

招标时工程量清单中的暂定材料价，按合同约定需甲方认质认价，均通过工程业务联系单方式，将甲控乙供材料的品牌、单价下发给施工单位，要求各施工单位对照各自工程量清单，严格按照甲方核定的品牌和单价遵照执行。

4）教训，在土建15个标段的招标过程中，由于工作量巨大，江油市招标主管部门的开标室有限，不能满足一次多个标段同步开标的要求，导致部分标段的开标时间延误2～7天。招标过程中，发生2个土建标段流标情况（10标和11标），对后期的两个标段工期造成延误，延误时间近30天。

（4）财务管理评估。

1）项目建设全过程中财务管理制度健全、管理方法控制措施得力，有效规避了项目财务风险，节约投资2883.85万元。

2）按照国家灾后重建的相关政策，项目积极争取税费减免，向江油市地方政府提交申请函，得到江油市政府的大力支持和批准，合计减免费用4788.12万元，缓解了项目建设的资金压力，有效降低项目的工程造价。

3）严格管理工程设计变更流程，在实施前做好技术可行分析和经济评估。

4）严格执行未计价材料（设备）核价制度，坚持现场和监督办同步核价原则，确保材料的品质和造价可控。

（5）项目工程管理评估。

1）工程进度管理。建立项目进度计划管理体系，包括编制项目里程碑计划、一级网络总进度计划，项目前期阶段二级进度计划、施工阶段二级进度计划、2009、2010、2011及2012年度工作计划等。

执行过程中严格考核进度目标，动态控制和调整，并按审定的项目一级进度网络计划进行项目进度控制。

2）项目管理标准化。按照建设项目管理规范的要求，编制了项目管理纲要、工作手册、工作制度、管理流程、工作用表等技术文件。

3）项目施工准备策划。做好项目施工场地总平面规划，并配合完成施工前期的现场雷鸣堰改道、“三通一平”和取种植土施工工作。

4）施工阶段管理。制定项目工程施工现场管理办法，配合监理单位做好工程施工安全、质量、工期、成本监督及控制，项目共计发出586次工作联系单同时协调施工工艺调整、工程协调配合等工作。

5）施工安全和HSE管理。严格按照中石油集团公司和川西北矿区的HSE（健康、安全、环境）管理制度要求，编制项目HSE管理方案和细则和项目风险管理预案，组建项目HSE管理组织架构，落实了项目HSE管理专职人员。

加强HSE管理日常巡视检查，及时发现和消除施工安全隐患，处罚消除安全违章行为，结合每月定期组织工程安全质量大检查，贯彻落实相关制度。

6）工程竣工验收。严格执行项目工程竣工验收方案、验收工作计划和流程，主持项目专项验收、竣工验收和综合验收工作，共计完成24次。同时做到工程档案资料与工程同步验收。遵守“项目先竣工验收，后交付投入使用”原则。

（6）项目移交与运维管理评估。

1）生活基地属智能化电梯住宅小区，矿区对物业管理进行了前期介入和统筹安排，选派一批有素质有能力的年轻职工进行专业培训，包括物业管理员、服务员、保安员和电梯工等多工种，有效提高物业从业人员的素质和技术。建设单位入驻后，物业服务规范、到位，物业服务水平与智能化建设相匹配。

2）详细的交房流程。长达5个多月4000多套住房的交房过程中，整个过程中始终保持诚恳的工作态度，得到建设单位的认可。

3）物业管理公司通过两年多时间的运维管理，服务满意度测评达标，充分体现了“建设单位利益第一位，服务内容全面化，保证物业管理服务质量。”的服务宗旨，通过良好高效的物业服务，提高物业的使用效率和经济效益，促使物业的保值和增值，构筑起一个有利于人与人之间沟通、人与自然和谐、人与文化融通、健康开放的工作和生活环境。

（7）项目社会效应评估。

1）社会稳定效应。四川油气田江油基地灾后异地重建项目是中石油集团公司在广泛征求“5.12”地震受灾职工群众意见基础上决策实施的重大重建项目，一次性集中安置地震后15000余名职工群众，是四川油气田50多年建设史上一次性开工规模最大的民生工程，有效地解决了员工的后顾之忧，确保了社会稳定。

2）区域发展带动效应。带动了江油市明月新城整个地区的快速发展：该区域定位“李白故里、休闲胜地、商贸腹地、城市新区”，规划用地10.585km^2，规划人口10万～13万人，总建筑面积990万m^2。项目是明月新城区域的第一个超大规模建设工程，同时包含项目周边五条市政道路的建设、涪江沿江河堤整治和滨江路的美化、江油市政务服务中心建设等，快速的带动了明月新城区域大量房地产开发的配套设施建设。

3）荣誉。项目管理部荣获：①西南油气田公司“先进基层党组织”荣誉。②2011年四川省“江油市重大项目推进奖”荣誉。③2011年荣获“四川省工人先锋号”殊荣。④中华全国总工会颁发的“全国工人先锋号”殊荣。

第五节　报批报建

一、项目立项、可研批复

项目立项可研批复为第一阶段，具体内容见表2-15。

第一阶段计划表　　　　表2-15

<table>
<tr><th>序号</th><th colspan="2">审批/协议事项
审批/协议事项
持续时间</th><th>审批部门</th><th>中介机构</th></tr>
<tr><td>1</td><td colspan="2">收集政府相关会议纪要文件</td><td></td><td></td></tr>
<tr><td rowspan="2">2</td><td rowspan="2">项目建议书</td><td>编制</td><td></td><td>中介服务单位</td></tr>
<tr><td>审批</td><td>发展改革委员会</td><td></td></tr>
<tr><td rowspan="5">3</td><td rowspan="5">可行性研究报告</td><td>可行性报告编制</td><td></td><td>中介服务单位</td></tr>
<tr><td>各项评估报告编制</td><td></td><td>中介服务单位</td></tr>
<tr><td>各项评估报告专家论证评审</td><td>对应的政府部门</td><td></td></tr>
<tr><td>概念性方案</td><td></td><td>中介服务单位</td></tr>
<tr><td>审批</td><td>发展改革委员会</td><td></td></tr>
<tr><td>4</td><td colspan="2">拟供用地规划图</td><td></td><td>政府指定测绘单位</td></tr>
<tr><td>5</td><td colspan="2">项目用地预审意见</td><td>规划自然资源局</td><td></td></tr>
</table>

二、用地规划许可

用地规划许可为第二阶段，具体内容见表2-16。

第二阶段计划表　　　　表2-16

序号	审批/协议事项 持续时间	审批部门	中介机构
1	1:500现状地图		政府指定测绘单位
2	勘测定界报告书及划拨红线图		政府指定测绘单位
3	建设用地规划许可核发	规划自然资源局	
4	划拨审查、用地批准核发	规划自然资源局	
5	土地权属证	规划自然资源局	

三、工程规划许可

工程规划许可为第三阶段，具体内容见表2-17。

第三阶段计划表 **表2-17**

序号	审批/协议事项 持续时间	审批部门	中介机构
1	初步勘察报告编制		中介服务单位
2	方案设计文件编制		中介服务单位
3	建设工程规划许可证核发	规划自然资源局	

四、施工许可

施工许可为第四阶段，具体内容见表2-18。

第四阶段计划表 **表2-18**

序号	审批/协议事项 持续时间	审批部门	中介机构
1	详勘报告编制		中介服务单位
2	初步设计文件编制		中介服务单位
3	初步审查	住房和城乡建设委员会	
4	概算审批	发展改革委员会	
5	施工图设计文件编制		中介服务单位
6	施工图审查		中介服务单位
7	工程量清单编制与限价		中介服务单位
8	施工、监理招标		中介服务单位
9	安监、质监备案	安监站、质监站	
10	施工许可证	住房和城乡建设委员会	

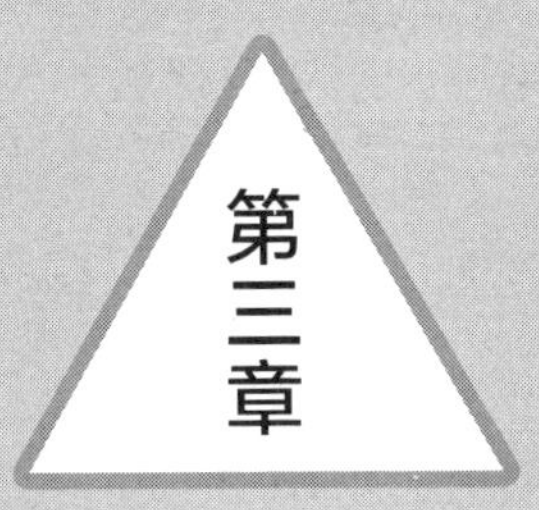

设计管理

工程项目设计是设计单位根据建设单位的需求和建设工程规范、标准，相关法律法规的要求，通过现有场地、工程勘察、建造方式、建筑材料、施工装备、建筑设备、施工工艺等一系列要素，对拟建项目所需的技术、经济、资源、环境等条件进行综合分析、论证，用工程语言编制建设工程设计文件及提供相关服务。

设计管理是全过程工程咨询机构受项目建设单位的委托，通过与建设单位充分沟通，弄清建设单位对项目的构思与意图、定位以及功能要求，在项目建设单位与设计单位之间发挥桥梁纽带作用，并代表项目建设单位对设计单位实施协调管理。并对所选的建设地点的规划条件、宗地条件及周边环境条件进行深入分析和调研，对概念性方案、方案设计、初步设计、施工图设计进行审核，对施工过程中的设计服务起到协调与管理作用，对设计质量和设计进度进行控制。设计阶段是影响建筑工程造价和品质最重要的环节，通过在设计管理过程中对设计关键点的有效预控，提高建设项目的品质并控制项目工程造价，实现最佳的性价比。

设计管理机构是应用项目管理理论与技术，对设计任务、资源、各种要素进行合理计划、组织、指挥、协调和控制。

第一节　设计管理工作的目标

通过设计管理使其设计单位在规划条件、宗地条件及周边环境的约束下，充分发挥设计者的创意，使设计产品体现建设单位对非物质文化的精神层面需求，满足建设单位对建筑的功能需求，准确把握建设单位对项目的定位，为设计单位准确及时传递建设单位意图，使设计产品达到坚固、经济、环保，造型均衡美观、比例协调，功能合理，性价比合理，实现项目安全可靠、适用和经济的三大目标。

项目安全可靠是通过设计标准进行控制，包括设计规范、规程、标准、规定，建设单位标准及要求和订立设备生产厂家的标准。具体控制内容包括建设规模、使用年限、建造方式、占地面积、工艺装备、建筑标准、配套工程、劳动定员、环境保护、安全防护、卫生标准及防灾抗灾级别等标准或指标。

适用是对工程项目要具有良好的使用功能和美观效果进行控制，主要是在项目决策阶段、方案设计阶段和初步设计阶段形成，是通过各设计环节进行控制，具体控制内容包括总平面布置、工艺和交通流线布置、室内平面布局、面积及空间分析、立面形象，以及达到通风、照明、空调、日照、防尘、防毒、防煤气、防火等要求。

经济是保证工程安全可靠和适用的前提下，做到建设周期短、投资省、能源节约、投产使用后经济效益高，维修少、运行成本低。其中设计参数的选择，是控制经济决定性的关键因素，首先建设单位提供的原始数据必须准确、有依据、可追溯；其次要依据国家的规范、规程、标准、规定和材料设备厂家提供的资料；然后设计单位选定参数，必须要先进、合理、具有科学性，能通过检验；最后是对设计单位成果进行技术经济的综合评价，按客观实际情况进行反复咨询调研确定。

第二节　设计管理工作主要职责

设计管理工作主要职责包括以下几个方面：

(1) 项目需求分析（功能/工艺需求），编制项目需求分析表。

(2) 对规划条件、宗地条件作调研和分析，编制场地调研分析表。

(3) 编制设计任务书。

(4) 协助建设单位制定项目限额设计目标。

(5) 向建设单位提出设计招标方式的建议，编制设计招标标段划分的合理方案，根据《工程设计资质标准》，协助招标管理团队组织工程勘察设计招标。

(6) 协助建设单位进行设计合同审核及洽谈，在建设单位授权下对设计合同实施管理。

(7) 编制设计管理工作计划，对设计进度进行控制，保障设计工作按合同约定时间完成。

(8) 协助建设单位组织内外部专家对设计单位方案、初步设计、施工图设计进行评审；督促设计单位进行工程设计优化，技术经济方案比选并进行投资控制。

（9）对设计质量严格把关，提出设计深度、设计质量的要求，减少设计变更。

（10）管理和协助设计单位为估算提供充分合理的技术与经济指标、提供准确的概算报告，确保施工图深度达到编制工程量清单的要求。

（11）协助建设单位及设计单位组织项目超限审查沟通及评审工作。

（12）协助设计单位完成施工图外审送审及沟通工作。

（13）协助监理团队组织项目施工图多方会审及设计单位技术交底。

（14）协调设计单位参与项目专项施工方案评审工作。

（15）负责对项目设计变更从设计及技术角度进行审查，对重大设计变更组织专家进行评审。

（16）协调并管理设计单位派驻设计代表为现场施工过程提供技术指导与服务。

（17）建立设计文件的管理系统，确保更新设计文件及时发放和旧文件的及时回收，整理完整合格的设计文件归档。

（18）其他有关项目设计及技术管理工作。

第三节　建设单位需求分析

建设单位需求分析是将建设单位的构想和意图，包括对项目的定位、理念，项目功能，对项目品质、品味的追求等内容，用工程语言进行确定和表达。

编制需求分析调研表应以提示性和选择性的方式，使建设单位可以循序渐进的理解项目，为建设单位提供清晰的思路以便进行决策和确定，见表3-1。

建设单位需求表　　**表3-1**

调研项目	建设单位需求
总体需求	
一、项目概况	
项目名称	
二、设计理念	
1.理念	
2.建筑风格	
3.档次定位	
4.形象定位	

续表

调研项目	建设单位需求
总体需求	
三、功能需求	
1.主要功能	
2.附属功能	
3.功能区块配比	
四、总体规划	
1.总体布局	
2.交通组织	
3.项目分期需求	
4.绿建及环保要求定位	
给水排水专业需求	
一、热水系统	
1.热源选择	
2.供水方式	
3.循环方式（集中）	
4.抄表方式	
二、排污系统	
1.合流与分流	
2.污废水处理	
3.污废水提升	
三、雨水系统	
系统形式	
四、雨水回用系统	
1.雨水用途	
2.雨水收集池	
弱电智能化专业需求	
一、弱电智能化专业系统定位	
智能化系统定位	
二、通常应建设的系统	
1.综合布线及网络系统	
2.信息接入系统	
三、宜建设的系统	
1.楼宇设备自控系统	
2.无线对讲	

续表

调研项目	建设单位需求
弱电智能化专业需求	
3.程控交换	
A.位置	
B.大屏	
C.其他	
4.智能建筑集成管理	
5.其他系统	
暖通专业需求	
一、项目概况	
1.项目所在地	
2.能源状况	
二、供暖系统	
1.能源选择	
2.供暖形式	
3.热计量方式	
三、空调系统	
1.能源选择	
2.空调系统选择	
3.主要设备	
4.档次定位	
5.空调计量方式	
四、通风及防排烟系统	
1.风机设备	
2.档次定位	
3.车库通风	
4.控制方式	
室内精装修风格色调与档次需求	
一、地区	
二、色调	
三、风格	
景观专业需求	
一、项目概论	
1.项目性质	
2.总占地面积	

续表

调研项目	建设单位需求
景观专业需求	
3.建筑面积	
4.景观面积	
二、景观风格	
1.泛亚洲风格	
2.泛欧洲风格	
3.现代风格	
4.中式风格	
5.其他风格	
三、硬景部分	
1.围墙	
2.亭	
3.廊	
4.棚架	
5.假山	
6.水景	
7.雕塑	
8.道路及硬质铺装	
9.健身、游乐场所	
10.便民设施	
四、软景部分	
1.面积配比需求	
2.造价配比需求	
3.植物配置需求	
五、配套部分	
1.休息设施	
2.垃圾转运站	
3.公共卫生间	
4.垃圾收集点	
5.门卫房（保安亭）	
6.户外照明	
7.智慧园区	
8.灌溉系统	

第四节　场地调研分析

场地调研分析是在项目资料收集与分析基础上，对现场进行实地踏勘和测设，真实细致了解场地内现状建设条件与自然条件，以及场地外各方面的情况，以便掌握其规划意图、场地内外真实情况，为下一步设计、施工提供可靠真实依据。场地调研分析分为基础资料搜集和现场踏勘二个步骤。

一、基础资料搜集

基础资料主要包括以下几个方面：

（1）政府及有关部门制定的法律、法规、规范、政策文件和规划成果、防洪、消防、抗震防灾、人防等资料。

（2）场地内地形地貌、水文地质、植被、气象气候、日照等自然条件资料。

（3）规划地块和邻近地区的文物保护单位、历史建（构）筑物、非物质文化遗产、古树名木及城市的文化底蕴、空间肌理、建筑特色等。

（4）场地地形图、地界、面积、地价、地籍资料。

（5）场地内各类建（构）筑物的质量、功能、结构资料。

（6）规划范围内道路交通规划、城市交通设施布局的相关资料；周边交通、市政等基础设施和地下商业、文化娱乐等公共设施的地下空间利用资料。

（7）基础配套设施资料包括地下管网、供水（供水方式、设施）、排水（排水体制和污水、雨水设施）、电力（用电负荷、电源、供电方式、电力工程设施及中低压配网等）、通信（通信用户、通信管网、通信工程设施等）、燃气（气源、用气量、供气方式、燃气输配系统、燃气管网、燃气场站设施等）、供热（热源、热负荷、供热方式、供热管网等）、环卫（垃圾转运站、垃圾收集点、公共厕所和餐厨垃圾处理设施等）。

（8）场地内的施工条件等。

二、现场踏勘

（一）现场踏勘主要内容

现场踏勘以场地内为主，同时包括场地的周围区域，通过踏勘人员辨识、摄影和照相、测设、现场笔记等方式记录现状踏勘时状况。现场踏勘主要包括以下内容：

（1）查勘地形坡向、坡度，重点踏勘山头、洼地、山脊、山谷、鞍部、挡土墙、峭壁、土坎、池塘、边坡等地形地貌。

（2）观察日照、风象、风速、气温、降水、雷电等气象情况。

（3）查勘场地岩石走向、土质情况，以及崩塌、滑坡、冲沟、断层、岩溶、采空区等不良地质情况。

（4）观察地表水、场地排水、地下水、场地防洪情况。

（5）查勘古迹、文物、名贵树种、坟地具体位置、面积和保护范围。

（6）查勘场地四周建（构）筑物情况，如场地距附近建（构）筑物、公路、铁路、码头和城镇的距离，附近有无有害物干扰，有无积水塘等。

（7）查勘场地建（构）筑物现状，如原有建（构）筑物、绿地植被、高压线及原有沟渠、管线可否使用。

（8）查勘场地内外交通运输情况，如原有道路可否利用，与外部交通联系是否方便，人流、车流情况，是否需要道路开口情况等。

（9）核实场地内地下管网位置。查勘场地基础设施（包括临时设施），如水、电、气等市政接口位置、供应位置，接线方向及距离。

（10）对资料收集和现场踏勘所涉及的疑问，以及对信息补充和对已有资料的考证，联系场地现状或历史的知情人，采取当面交流、电话交流、电子或书面调查表等方式访谈。

（二）案例

××项目及周边的场地、环境情况现场踏勘情况汇总见表3-2。

××项目及周边的场地、环境情况现场踏勘汇总表　　表3-2

要点分类	踏勘事项	有/无	附图/照片	备注、说明
三通一平	通路：①市政路②水泥路③土路	√		交通便利
	通电	√		周边供电系统完善
	排水	√		现状市政排水系统及小区排水系统
	场平：①自然地貌②拆迁未完成③整备土地	√		场地未平整；根据现场情况，拆迁工作仅余两栋，一栋铁皮厂房600m²，一栋为现状混凝土房1300m²（烂尾楼）位置为进入华盛路项目红线范围6m处
紧邻环境	东邻：加油站			
	南邻：现状华盛路			
	西邻：华宁路及一栋铁皮厂房和一栋烂尾楼			一栋铁皮厂房建筑面积约600m²；一栋现状混凝土房建筑面积约1300m²；位置为进入华盛路项目红线范围6m处

续表

<table>
<tr><th>要点分类</th><th colspan="2">踏勘事项</th><th>有/无</th><th>附图/照片</th><th>备注、说明</th></tr>
<tr><td rowspan="2">紧邻环境</td><td colspan="2">北邻：北接大浪北路与华宁路路口</td><td></td><td></td><td></td></tr>
<tr><td colspan="2">东南侧或西北侧</td><td></td><td></td><td></td></tr>
<tr><td rowspan="10">特殊环境</td><td colspan="2">是否临江、河、湖、塘、海等</td><td>√</td><td> </td><td>项目道路上跨大浪河</td></tr>
<tr><td colspan="2">临高速路</td><td>√</td><td> </td><td>要下穿机荷高速</td></tr>
<tr><td colspan="2">临地铁</td><td>×</td><td></td><td></td></tr>
<tr><td colspan="2">临闹市、居民小区等</td><td>√</td><td> </td><td>项目起点及终点临闹市、居民小区</td></tr>
<tr><td rowspan="4">地下</td><td>电力管廊</td><td>×</td><td></td><td></td></tr>
<tr><td>通信光缆</td><td>×</td><td></td><td></td></tr>
<tr><td>给水排水管网</td><td>×</td><td></td><td></td></tr>
<tr><td>古墓、采空区、暗河</td><td>×</td><td></td><td></td></tr>
<tr><td>地上市政苗木种类</td><td>乔木</td><td>√</td><td> </td><td>在场地内，需迁移</td></tr>
</table>

续表

要点分类	踏勘事项		有/无	附图/照片	备注、说明
特殊环境	地上市政苗木种类	灌木	√		在场地内，需迁移
		草	×		
	空中	空中架设线路是否拆除	×		
		高压线等	√		有高压线通过道路上方，需拆除后埋地敷设
其他评估事项	是否搭设施工围挡		×		
	是否有地勘资料		√		缺失部分点位（涉及机荷高速路段）
	是否涉及桥梁、河道、码头		×		
	场地内有无通信、电缆、雨水、污水、供水、燃气管线等		√		本项目下穿高压燃气管道
	场地内是否涉及危岩保护区、生态保护区等		×		
	场地内是否涉及国防、军事等设施		×		

第五节　场地勘察的管理

一、场地勘察

工程勘察是根据建设工程场地情况和法律法规的要求，通过测量、测绘、测试、地质调查以及综合性的评价和研究，查明、分析、评价拟建项目建设场地地形、地貌、地层、岩性、地质构造、水文地质条件和各种自然地质现象，以及地质地理环境特征和岩土工程条件，编制建设工程勘察文件的活动。根据《岩土工程勘察规范》GB 50021—2001将各类岩土工程勘察地分为四个阶段，即：可行性研究勘察、初步勘察、详细勘察及施工勘察。

工程勘察的目的在于正确认识自然与工程建设的相互关系和影响，为项目实施建设的可行性研究，选址规划、建筑设计、地基处理、施工监测、建成后检验以及建设环境的保护与治理提供基础资料与依据。工程勘察是项目建设的基础工作，在项目建设实施的各重要环节中居先行地位，也是设计工作的先导。

二、勘察管理工作内容

由于工程勘察的质量和进度直接影响工程的质量、建设进度和投资效益，因此工程勘察阶段工程项目管理在设计阶段尤其重要。工程勘察阶段工程项目管理包括以下内容：

（一）审查工程勘察任务书，拟订工程勘察工作计划

审查由规划、设计单位编制的勘察任务书。审查的主要内容包括：工程名称、项目概况、拟建设地点、勘察范围、勘察具体内容与要求、提交勘察成果内容与时间。并根据工程项目建设计划和设计进度计划拟订工程勘察进度计划。

（二）受建设单位委托、优选勘察单位

拟订勘察招标文件；审查勘察单位的资质、信誉、技术水平、经验、设备条件以及对拟勘项目的勘察大纲或方案；参与勘察招标，根据《工程勘察资质标准》规定，协助建设单位优选勘察单位；参与勘察合同谈判；拟订勘察合同。

（三）向工程勘察单位提供准备资料

主要工作内容包括：现场勘察条件准备；勘察队伍的生活条件准备；提供有关基础资料。

1. 审查工程勘察纲要

根据勘察工作的进程，提前准备好基础资料，并审查资料的可靠性。审查勘察纲要是否符合勘察合同规定，能否实现合同要求；大型或复杂的工程勘察纲要

会同设计单位予以审核；审查勘察工作方案的合理性、手段的有效性、设备的实用性、试验的必要性；审查勘察工作进度计划。

2.现场工程勘察的监督、管理

(1)工程勘察的质量监督、管理。

督促按时进场；测绘、勘探项目是否完全.并检查其是否按勘察纲要实施；检查勘察点线有无偏、错、漏；操作是否符合规范；检查钻探深度、取样位置及样品保护是否得当；对大型或复杂的工程，还要对其内业工作进行监控(试验条件、试验项目、试验操作等)；审查勘察成果报告。

(2)工程勘察的进度控制。

监督勘察人员、设备是否按计划进场；记录进场时间，根据实际勘察速度预测勘察进度，必要时应及时通知勘察单位予以调整。

(3)检查勘察报告。

检查勘察报告的完整性、合理性、可靠性、实用性，以及对设计、施工要求的满足程度。

(4)审核勘察费。

根据勘察进度，按合同规定，经检查质量、进度符合要求，签发进度工程款。

(5)审查勘察成果报告。

勘察成果提交设计、施工单位使用，协调设计、施工单位与勘察单位的关系，发出补勘指令。

3.签发补勘通知书

设计、施工过程中发现在勘察报告中没有反映，在勘察任务书中也没有要求的勘察资料时，应另行签发补充勘察任务通知书。其中要载明预先商定并经建设单位同意的增加费额。

4.协调勘察工作与设计、施工的配合

及时将勘察报告提交给设计或施工单位作为设计、施工的依据，工程勘察的深度应与设计深度相适应。

根据工程勘察阶段工程项目管理内容，须遵循下列基本原则：

(1)勘察管理必须遵守国家的法律、法规，贯彻国家有关经济建设的方针、政策和科学的投资建设程序。

(2)勘察成果要正确反映客观地形和地质情况，确保勘察原始资料的准确性。结合工程具体特点和要求，提出明确的评价、结论和建议。

(3)坚持正确的工作量，注意合理降低成本，提高效率。在勘察工作中，既要防止因技术保守或片面追求产值而任意加大工作量，又要防止因不适当地减少工作量而影响勘察成果的质量，给工程建设造成事故或浪费。

（4）积极合理地采用新理论、新技术、新方法和新手段。要求勘察单位应结合工程和勘察地区的具体情况，因地制宜地采用先进可靠的勘察手段和评价方法，提高勘察水平。

（5）督促勘察单位认真评价当前环境和地质条件对工程建设的适应性，以及预测工程建设对地质和环境的影响。

（6）勘察工作前期应全面搜集、综合分析和充分使用已有的勘察资料。

（7）督促勘察单位严格遵守安全操作规程，防止出现人身、机器等事故，落实安全生产。

（8）认真研究处理勘察区内可能已有的地下管线等，防止因勘察造成其他部门或单位的损失成造成勘察单位损失。

三、工程勘察管理要点

工程勘察管理贯穿于从编制勘察任务书到勘察成果的利用全过程。包括全过程工程咨询机构（建设单位）的管理和勘察单位自身的管理两大方面，从时间顺序上又可分为勘察任务书编制、选择勘察单位、勘察前准备、勘察及勘察成果利用5个阶段，见表3-3。

工程勘察管理工作的主要任务表 **表3-3**

责任单位 主要阶段	全过程工程咨询机构（建设单位）	勘察单位
勘察任务书编制	确定勘察工作责任者，委托设计单位，提出勘察任务书	
选择勘察单位	物色勘察单位或进行勘察任务招标，进行资格审查，授予勘察任务，签订勘察合同，支付定金	承揽任务或参加投标竞争，接受勘察任务，签订勘察合同
勘察前准备	（1）现场勘察条件准备。 （2）勘察队伍的生活条件准备。 （3）提供有关基础资料。 （4）审查勘察纲要。 （5）确定见证单位	（1）搜集已有资料。 （2）现场踏勘。 （3）编制勘察纲要。 （4）队伍准备。 （5）机械设备准备

续表

主要阶段＼责任单位	全过程工程咨询机构（建设单位）	勘察单位
勘察	（1）督促按时进场。 （2）核实调查、测绘、勘探项目。 （3）检查勘察布点、钻探深度及取样方法。 （4）审查勘察成果报告	（1）野外调查。 （2）测绘，勘察探布点。 （3）测绘、勘探、取样。 （4）试验，分析。 （5）编制图件和报告。 （6）对大型或地质条件复杂的工程进行勘察成果会审。 （7）按设计的进程提交勘察报告
勘察成果利用	交设计、施工单位使用；沟通设计、施工单位与勘察单位的联系，协调他们的关系；发出补勘指令	配合设计、施工进程进行必要的补勘或施工勘察

第六节　概念性方案设计管理

一、概念性方案设计

概念性设计方案是建设工程设计中的重要阶段，强调思路的创新性、前瞻性和指导性，其中设计单位中标后，通常用于设计单位的招标投标或可行性研究报告编制。

概念性方案设计的主要任务为以下3点：

（1）建设单位利用概念性方案设计的效果图和动态效果的画面可以验证对项目的构思与设想，使建设单位、全过程咨询团队、设计者对项目的理解、评审与评价就有了基本条件。

（2）设计管理单位应与概念性方案设计单位充分沟通交流，赢得更多的论证和思考的时间，并为建设单位决策提供条件。

（3）相对准确地作好估算，让建设单位对项目投资金额早日有数。

二、概念性方案设计的内容与深度

依据《建筑工程方案设计招标投标管理办法》（建市〔2008〕63号），建筑工程概念性方案设计文件内容及深度要求，包括以下内容：

①设计总说明

A总体说明

a.设计依据。列出设计依据性文件、任务书、规划条件、基础资料等。

b.方案总体构思。设计方案总体构思理念、功能分区、交通组织、建筑总体与周边环境关系，主要建筑材料、建筑节能、环境保护措施、竖向设计原则。

B设计说明

a.建筑物使用功能、交通组织、环境景观说明。

b.单体、群体的空间构成特点。

c.若采用新材料、新技术，说明主要技术、性能及造价估算。

d.主要经济技术指标见表3-4。

概念性方案设计主要技术经济指标表　　　表3-4

序号	名称	单位	数量		备注
1	总用地面积	m^2			
2	总建筑面积	m^2		地上：	地上、地下部分可分列
3	建筑基地总面积	m^2		地下：	
4	道路广场面积	m^2			
5	绿地面积	m^2			
6	容积率				(2)/(1)
7	建筑密度	%			(3)/(1)
8	绿地率	%			(5)/(1)
9	汽车停车数量	辆		地上：	地上、地下部分可分列
				地下：	
10	自行车停车数量	辆		地上：	地上、地下部分可分列
				地下：	

注：1.当工程项目（如城市居住区）有相应的规划设计规范时，技术经济指标的内容应接其执行。
　　2.计算容积率时，按国家及地方要求计算。

e.结构、电气、暖通、给水排水等专业设计简要说明。

f.消防设计专篇说明。

g.节能设计专篇说明。

h.环境保护设计专篇说明。

C工程造价估算

工程造价估算作为技术经济评估依据，建筑工程概念性方案设计造价估算准确度在该阶段允许范围之内，可根据具体情况作适当调整。

工程造价估算应依据项目所在地造价管理部门发布的有关造价文件和项目有关资料，如项目批文、方案设计图纸、市场价格信息和类似工程技术经济指标等。

工程造价估算编制应以单位指标形式表达。

a.编制说明。工程造价估算说明包括：编制依据、编制方法、编制范围（明确是否包括工程项目与费用）、工要技术经济指标、其他必要说明的问题。

b.估算表。工程造价估算表应提供各单项工程的土建、设备安装的单位估价及总价，室外公共设施、环境工程的单位估价及总价。

②图纸内容

A总平面图纸

应明确表示建筑物位置及周边状况。

B设计分析图纸

通常包括功能分析图、交通组织分析图、环境景观分析图等。

C建筑设计图纸

a.主要单体主要楼层平面图，深度视项目而定。

b.主要单体主要立面图，体现设计特点。

c.主要单体主要剖面图，说明建筑空间关系。

D建筑效果图纸

建筑效果图必须准确地反映设计意图及环境状况，不应制作虚假效果，欺骗评审。

③其他要求

其他需求内容由招标人自行增补。

三、概念性方案设计审核要点

（一）复核设计说明书的完整性和合理性

（1）现状条件分析。

（2）设计原则和总体构思。

（3）用地布局。

（4）综合技术经济论证。

（5）空间组织和景观特色。

（6）道路交通系统规划。

（7）绿地系统规划。

（8）竖向规划。

（9）各项专业工程规划及管线规划。

（10）主要经济技术指标。一般包括：总用地面积、总建筑面积（包括公共建筑面积、地下室面积、配套公共面积等）、容积率、建筑密度、公共绿地面积，绿地率、停车场（库）面积，停车泊位等。

（11）住宅建筑还应说明住宅单体设计特色、户型比例、户型面积、主要住宅朝向及户型组合关系；主要经济技术指标还包括总户数及总人口、住宅建筑容积率、住宅建筑密度、人均公共绿地面积、住宅建筑平均层数。

（二）核实设计图纸的完整性和内容

1.场地区域位置图

标明场地在城市中的位置以及和周围地区的关系，标明场地的对外交通联系和与城市空间（例如：城市中心区、河流山脉、广场绿地等）的关系。

2.场地现状图

标明场地内及外围一定范围内的自然地形地貌、道路、绿化；场地内的各类用地功能、范围；各幢建筑的使用性质、层数等；标明场地内的古树名木、文物古迹及保护范围；标明与场地内有关的各项现状工程管线和基础设施。

3.总平面设计图

标明场地内规划建筑、道路、绿地、广场、停车场与河湖水面的位置和范围；标明各幢建筑物的层数（底层是否架空、是否有地下室或半地下室、顶层是否有跃层或退台）、屋顶形式、使用性质、相邻建筑物之间的间距以及与室外场地的关系；标明场地周边的建筑物与场地用地红线的距离、后退道路红线、绿线距离、与场地外围毗邻建筑物的距离；标明场地围合与开放空间的范围、标明场地的位置及主要出入口位置；标明相邻建筑物的相互间距；标明地下室及地下空间利用的范围和面积；标明保留建筑以及对保留建筑的处理方式（原状保留、外观整修或部分加层等）；标明与特殊建构筑物的景观及空间处理尺度关系；建筑物主要转角点的坐标，各主要控制点的标高；标明室外规划地坪标高和建筑物底层地坪标高。其中，新建住宅建筑需列出户型面积比一览表，各类户型面积占总建筑面积的比例，分栋户型统计一览表、日照分析图等。

4.建筑设计图

建筑平面设计图标明各层所有房间的用途，以及主要立面、剖面图。

5. 道路交通设计图

标明场地内和外围道路红线位置、宽度及横断面；标明场地内道路与外围的交通组织方式及道路网布置的型式；标明场地内主要道路交叉点的控制坐标、标高；标明场地内的主要机动车出入口位置、人行通道位置、紧急通道位置（消防通道防灾疏散通道等）；标明停车场、地下（半地下）车库或停车楼的用地范围、出入口位置、通道宽度和停车泊位、停车面积等。

6. 环境设计图

标明场地内绿地系统布局的总体空间形态以及与人行步行系统、机动车交通组织的关系；标明计算绿地的范围、用地界线和各块的绿地面积；标明计算公共绿地的范围、用地界线和公共绿地面积；标明景观设计的主要节点和景观空间组织关系，标明乔木、灌木、草坪、水景等的总体布局和地形改造的总体形态；标明主要绿地和景观节点的场地特征（动态活动还是静态活动、观赏性绿地还是游憩性绿地）和可提供的活动空间；标明场地与外围道路绿化、公园绿化、广场绿化的关系；标明场地内外临时绿地的范围和面积；标明主要硬质景观的铺地设计（商业步行街、活动广场等）。

7. 市政基础设施布局图

标明各类市政基础设施管线（给水、污水、雨水、电力、通信、燃气、热力等）的进出方向、管线平面位置、管径大小、主要控制点标高，以及有关设施和建构筑物的占地范围、位置、面积等；标明市政基础设施占用基地内空间的情况（例高压线走廊、微波通道、燃气调压站、变电站、给水加压站、污水处理设施等）；现状基础设施的保留利用和迁移变动情况。

8. 表达设计意图的效果图或模型

反映总体布局效果的鸟瞰图；反映基地临街、临河、临主要广场、绿地的透视效果图；反映主要入口处、主体建筑（群）的效果图。

9. 有关城市设计的空间分析图和景观设计图

（三）审核工程量及投资估算

（四）复核依据性文件

（五）复核设计任务书中其他要求

第七节　方案设计管理

一、方案设计的依据

方案设计是设计实质性的开始的阶段，是建设单位对项目实施目标的定位或设想，由建设单位委托的设计单位提供总体规划构思或创意，它可以是对一般设计任务提供的设想性建议，也可以是对一项设计任务提出的原则性、方案性的解决办法。方案设计应满足建设单位的需求和编制初步设计文件的需要，同时满足当地规划部门报审要求。方案设计依据包括以下内容：

（1）与工程设计有关的依据性文件，如选址及环境影响评价报告、用地红线图、可行性研究报告、政府有关主管部门对立项报告的批文、设计任务书等。

（2）设计单位所执行的主要法规和所采用的主要标准。

（3）设计基础资料，如气象、地形地貌、水文地质、抗震设防烈度、区域位置等。

（4）政府有关主管部门对项目设计的要求，如对总平面布置、环境协调、建筑风格等方面的要求。当城市规划等部门对建筑高度有限制时，应说明建（构）筑物的控制高度（包括最高和最低高度限值）。

（5）工程规模（如总建筑面积、总投资、容纳人数等）、项目设计规模等级和设计标准（包括结构的设计使用年限、建筑防火类别、耐火等级、装修标准等）。

二、方案设计的内容与深度

在项目方案设计阶段，设计单位编制和交付的主要设计成果文件有：方案设计说明书、设计图纸、模型、鸟瞰图、透视图等其他成果，具体内容及深度满足《建筑工程设计文件编制深度规定》（2016版）的要求。

三、方案设计的审核

审核方案设计目的是保证项目设计符合建设单位及设计任务书要求，符合国家有关工程建设的方针政策，符合现行设计规范、标准，结合工程实际情况，使之工艺合理，技术先进，能充分发挥工程项目的社会效益、经济效益、环境效益。设计方案审核要结合投资估算资料进行，作好技术经济比较和多方案论证，以保证项目质量、投资和计划进度。

（一）总体方案审查

总体方案审查重点审核设计依据、设计规模或设计年生产能力、工艺流程、项目组成及布局、设备配套、占地面积、建筑面积、建筑造型、协作条件、环保措施、防灾抗灾、建设期限、投资估算等的可靠性、合理性、经济性、先进性和协调性，是否满足设计目标。

（二）专业设计方案的审核

专业设计方案的审核，重点是审核设计方案的设计参数、设计标准、设备和结构选型、功能和使用价值等方面，是否满足适用、经济、美观、安全、可靠等要求。其审核内容包括以下内容：

1.设计依据说明

（1）设计依据说明。包括写明所依据的批准文号、可行性研究报告、土地使用合同书、规划设计要点、设计任务书等。

（2）总图设计说明，包括写明建筑使用功能要求、总体布局、功能分区、内外交通组织、环保、节能措施、总用地面积、道路绿化面积等。

（3）建筑设计的构思、造型及立面处理，建筑消防安全措施，建筑物技术经济指标及建筑特点等。

（4）结构设计依据的条件、风荷、地震基本烈度、工程地质报告、地基处理及基础形式，结构造型及结构体系简要说明等。

（5）给水排水、暖通、电气等专业设计说明，主要有各专业设计依据，水源、总用水量、给水方式，生活、生产、消防供水的组合，污水排水的排放条件，环保要求等；供暖通风环保要求，选用设备等；电源、电压、容量、供电配电系统；建筑防雷、弱电设施等。

2.建筑设计方案

（1）平面布置。主要房间平面尺寸及布置，空间组合，单元及户型组合，生产流水线组织，人流及物流组织等。

（2）空间布置。主要房间空间尺寸，室内外标高，建筑层数及层高，生产性项目的生产流水线的立体组织等。

（3）室内装饰。各类房间的装饰方案、装饰材料的选择等。

（4）建筑物理功能。主要有以下方面：

1）采光。采光方式是否达到规定的采光标准，灯具的选择及布置等。

2）隔热、保温。隔热、保温的方式，是否达到规定的标准，设备及材料的选择等。

3）隔声。隔声方式，是否达到规定标准，材料的选择及布置等。

4）通风。通风方式，是否达到规定的要求，建筑布置及构造措施等。

3.结构设计方案

主要审核结构方案的设计依据及设计参数；结构方案的选择；安全度、可靠度、抗震是否符合要求；主体结构布置；结构材料的选择等。

4.给水工程设计方案

主要审核给水方案的设计依据和设计参数；给水方案的选择；给水管线的布置和所需设备的选择等。

5.通风空调设计方案

主要审核通风、空调方案的设计依据和设计参数；通风、空调方案的选择；通风管道的布置和所需设备的选择等。

6.动力工程设计方案

主要审核动力方案的设计依据和设计参数；动力方案的选择；动力线路的布置；所需设备、器材的选择等。

7.供热工程设计方案

主要审核供热方案的设计依据和设计参数；供热方案的选择；供热管网的布置；所需设备、器材的选择等。

8.通信工程设计方案

主要审核通信方案的设计依据和设计参数；通信方案的选择；通信线路的布置；所需设备、器材的选择等。

9.场内运输交通设计方案

主要审核场内运输交通设计的依据和设计参数；场内运输交通方案的选择；运输线路及建（构）筑物的布置和设计；所需设备、器材及工程材料的选择等。

10.排水工程设计方案

主要审核排水方案的设计依据和设计参数；排水方案的选择；排水管网的布置；所需设备、器材的选择等。

11. 三废治理工程设计方案

主要审核三废治理方案的设计依据和设计参数；三废治理方案的选择；工程构筑物及管网布置与设计；所需设备、器材及工程材料的选择等。

12. 方案设计图纸

如总平面图主要审核：用地红线建筑物位置，城市道路消防车道，车辆出入口，停车场布置，绿化设施，总平面设计技术经济指标。如单体建筑平面图主要审核：标注轴线尺寸、总尺寸；内外门、窗、楼电梯、阳台、各房间名称及特殊要求；建筑剖面、室内外设计标高、楼层层高以及净高；立面图、透视图，建筑模型，根据需要绘制的鸟瞰图等。

（三）案例

××项目方案阶段机电专业审核意见节选见表3-5。

××项目方案阶段机电专业审核意见表（节选）　　表3-5

序号	专业	意见	设计院回复
1	总则	方案不满足设计深度要求	补充完善
2	暖通	暖通方案说明中，应补充绿色建筑设计内容	补充
3	暖通	地下汽车库、地下冷冻机房、地下锅炉房、地下水泵房的送风一般为排风量的85%	调整
4	暖通	机械加压送风风机及消防排烟风机均设于专用机房内	补充说明
5	暖通	补充需要通风的房间，如设备机房、卫生间、厨房的换气次数和室内设计温度，水泵房的通风系统	补充
6	暖通	各层主要管线图纸未见排风系统	排风系统为初步设计阶段根据平面情况分散布置。方案阶段可以补充塔楼排风风管示意图
7	暖通	锅炉房布置示意图：锅炉房未见泄爆口的位置及面积，请补充	补充
……	……	……	……
1	电气	不满足深度要求	补充
2	电气	电气消防系统缺少余压监控系统，请补充	补充
3	电气	充电桩的快充和慢充数量未明确	补充
4	电气	充电桩变压器容量有误，请核实	修改
……	……	……	……
1	智能化	IPTV系统信号源提到卫星电视，方案中需明确卫星天线、卫星机房的位置及详细方案	不含卫星电视信号，修改方案说明

续表

序号	专业	意见	设计院回复
2	智能化	无线对讲系统设计信号不仅仅是公共区域和人员经常活动区域，系统应充分考虑地下室，核心筒，重要设备房等位置的信号覆盖，必须保证医院范围内信号覆盖无死角	修改
3	智能化	公共广播系统：室外扬声器除考虑可靠固定外，还需要保证防潮防腐蚀。另外需要结合风景园林专业意见保证产品选型与室外环境搭配	按意见补充
4	智能化	巡更系统方案说明中要求采用蓝牙定位，是否项目需要做蓝牙信号覆盖	采用4G/5G信号定位，修改方案说明
……	……	……	……
1	给水排水	1 F下图管道井中，管道位置穿越油烟井，请修改	修改
2	给水排水	1F平面图，水管井中，管道不要排双排，没办法检修，建议只一排布置，并且需要考虑梁的位置	修改
3	给水排水	总图：市政雨污水接驳点标高未明确	补充
4	给水排水	需补充排水量计算表，明确化粪池规格型号、确定污水处理设施规模等	补充
5	给水排水	方案设计说明提到热源包括暖通专业热回收，但系统图中未体现	补充
……	……	……	……

四、方案设计的管理重点

方案设计阶段，应配合建设单位明确设计范围、划分设计界面、协助设计招标工作，确定项目设计方案，对投资估算进行评审，协助设计单位完成方案设计任务。

（一）确认工艺方案

工艺方案是决定项目设计水平的关键。工艺方案由建设单位技术部门组织对工艺方案的讨论和确定，需建设单位评审确认。

（二）完成相关的复核

建设单位对工艺数据和相关技术文件进行确认，以保证方案设计中数据的准确性，设计单位根据确定的数据，结合建设单位的要求，对方案的主要参数进行计算，建设单位对成果进行复核。

（三）优化总图布置方案

在工艺和辅助设施初步确定的基础上，完成总图和管线方案，优化总图布置方案。

（四）编制方案设计文件

建设单位的工艺计算完成后，设计单位相关专业编制方案设计文件，包括：工艺布置图、物料平衡图、方案说明书、相关的数据表、主要设备表、总平面布置图、初期控制估算、批准的控制估算等。

（五）方案设计优化

设计单位在方案设计编制过程中，设计管理单位应对总平面布置，景观设计，平面、立面、剖面设计，结构设计，公建配套设施，新材料、新技术，设计指标，观感效果，招投标要求等内容，提出合理性、可实施、完整性的审查和优化的修改建议。

（六）方案设计审查

设计单位的方案设计完成后，设计管理单位组织方案设计审查会，必要时委托的咨询机构或行业专家对方案进行审查。

（七）估算审核

对设计单位提交的估算进行审核，对照《建筑工程设计文件编制深度规定》（2016年版）第2.2.9条要求审核，并提出意见。必要时，邀请专家并组织专家评审。评审后，整理审核（质量与估算）及专家评审意见，提出优化要点，经建设单位确定，全过程工程咨询机构组织审核、设计单位确认。设计单位按共同确定的审核与评审意见修订方案设计文件，按合同约定时间提交。

第八节　初步设计管理

一、初步设计的依据

方案设计通过审批以后，设计单位开展初步设计，初步设计文件应满足《建筑工程设计文件编制深度的规定》(2016版)的规定，并提供相应的设计概算，以便建设单位有效控制投资，初步设计是整个设计过程中最重要的部分，由于重大技术路线都在初步设计阶段解决，因此初步设计的作用是施工图设计不能替代的。初步设计依据包括以下内容：

(1)国家政策、法规。

(2)各专业执行的设计规范、标准和现行国家及项目所在地的有关标准、规程。

(3)政府有关主管部门的批文、可行性研究报告、立项文件、方案设计文件等的文号或名称。

(4)批准的方案设计。

(5)规划、用地、环保、卫生、绿化、消防、人防、抗震等要求和依据资料。

(6)详细的勘察资料

(7)建设单位提供的有关使用要求或生产工艺等资料。

(8)建设场地的自然条件和施工条件。

(9)有关的合同、协议、设计任务书等。

(10)其他有关资料。

二、初步设计的内容与深度

(一)初步设计的内容

初步设计的主要内容如下：

(1)设计原则为可行性报告及审批文件中的设计原则，设计中遵循的主要方针、政策和设计的指导思想。

(2)建设规模，分期建设及远景规划，企业专业化协作和装备水平，建设地点，占地面积，征地数量，总平面布置和内外交通、外部协作条件。

(3)生产工艺流程为符合各专业、建设单位要求的设计方案和工艺流程。

(4)产品方案，主要产品和综合回收产品的数量、等级、规格、质量。原料、燃料、动力来源、用量、供应条件。主要材料用量、主要设备选型、数量、配置。

(5)采用新材料、新技术、新工艺、新设备情况。

(6)环境保护和“三废”治理情况。

(7)综合利工作制度和劳动定员。

(8)生产组织，建(构)筑物，公用、辅助设施等各专业设计图纸；抗震和人防措施。

（9）各项技术经济指标。

（10）建设顺序，建设期限。

（11）经济评价，成本、产值、税金、利润、投资回收期、贷款偿还期、净现值、投资收益率、盈亏平衡点、敏感性分析，资金筹措、综合经济评价等。

（12）总概算。

（13）附件、附表、附图，包括设计依据的文件批文，各项协议批文，主要设备表，主要材料明细表，劳动定员表等。

（二）初步设计的深度

在项目初步设计阶段，设计单位编制和交付的主要设计成果文件。在设计深度上应符合已审定的方案设计内容，已确定的土地规划资料、主要设备及材料，并且以下步实施的施工图设计和施工准备，作为审批确定项目投资的依据。初步设计内容和成果文件包括，设计说明书、主要设备材料表、专业设计图纸、概算书、专业计算书等内容，具体内容及深度满足《建筑工程设计文件编制深度规定》（2016版）的要求，同时对于涉及建筑节能、环保、绿色建筑、海绵城市人防、装配式建筑等，其设计说明应有相应的专项内容。

三、初步设计的审核

初步设计的审核包括以下几个方面：

（1）总目录和设计总说明审查，查核设计质量是否符合决策要求，项目是否齐全，有无漏项，设计标准，装备标准是否符合预定要求。

（2）对建设单位所提的委托条件和建设单位对设计的原则要求，逐条对照，审核设计是否均已满足初步设计中所安排的施工进度和投产时间。

（3）各种外部因素是否考虑周全，是否落实外部接入系统、资源条件、环境影响、水土保持评价等内容。

（4）投资审核，主要是审核总概算。要审核外部投资是否节约，外部条件设计是否经济，方案比较是否全面，经济评价是否合理；设备投资是否合理，主要设备订货价格是否符合当前市场经济，能否用国产设备，订制国外设备的主要条件，运输费用是否合理，报关是否合理，有无替代途径。

（5）对初步设计图纸的审查，重点是审查总平面布局、竖向设计、室内外关键性标高与场地高差结合、交通流线的组织、出入口停车场设置、要求技术经济方案的论证和比较，总图布置要合理，交通组织要顺畅。同时要满足环境保护、安全生产、防震抗灾、消防、防洪、生活环境等的要求。总平面布置要充分考虑方向、风向、采光、通风等要素。工艺设备，各种管线和道路的关系，要相互无矛盾。

（6）新技术、新材料、新工艺、新设备科研试验研究情况是否适用、可靠。

（7）审查选材是否经济、做法是否合理、节点是否详细、图纸有无错、缺、漏等问题。

（8）是否按照方案设计的审查意见进行了修改。

（9）结构体系选择恰当，基础形式合理。各楼层布置合理。

（10）设备专业的系统设计合理。主要设备选型得当、明确。

（11）建筑面积等指标是否相比可行性研究报告有大的变化；建筑功能分隔是否得到深化，总平面、楼层平面、立面设计是否深入。主要装修标准明确，各楼层平面是否分隔合理，有较高的平面使用系数。

（12）有关专业重大技术方案是否进行了技术经济分析比较，是否安全、可靠。

（13）满足消防规范的要求。

四、初步设计的管理重点

（一）满足初步设计深度

初步设计应在充分细致论证设计项目的经济效益、社会效益、环境效益的基础上，针对技术、经济及管理等问题进行多方案比较。主要设备和材料明细表，要符合订货要求。满足施工图设计准备工作的要求，以及满足土地规划、投资、招标投标、施工准备、开展施工组织设计，以及生产准备等项工作的要求。

（二）统一的专业标准

设计单位应在编制初步设计前，制定专业设计原则及主要技术要求的编制规定，以及规程、规范汇总表，以便设计成果符合现行规定，这是全过程工程咨询机构（建设单位）审核的重点。

（三）把控技术协调

设计各专业工种要进行技术协调，对结构、给水、排水、暖通、强弱电进行技术计算，并解决建筑与结构、建筑与设备、结构与设备等之间的矛盾，这一阶段成果是各专业技术路线得到确定，并实现系统内外的统一。设计单位还应负责在此阶段提供对工程使用的材料、设备、工艺提出性能、标准的具体要求，供全过程工程咨询机构（建设单位）在随后进行设计施工总承包招标、施工招标、材料设备采购时作为技术要求加入技术标书，也作为今后施工和验收的质量和工艺标准。

（四）准确具体的投资概算

初步设计中概算编制，应按照国家和地方现行有关规定，根据《建筑工程设计文件编制深度规定》（2016版）第3.10.4条审核建设项目总概算表，应达到建设项目的单项工程齐全、主要工程量误差应在允许范围以内、总概算不超过可行性研究估算投资总额、若出现偏差是否有充足的理由并符合相关规定。造价咨询团队牵头组织综合审核设计概算，综合初步设计深度、质量、优化意见及概算意见经建设单位确定，向设计单位反馈意见让其确认。

五、技术设计的管理

技术设计是技术复杂或有特殊要求，又缺乏设计经验的投资建设项目，采用三阶段设计时的中间设计阶段，是增加的一个设计阶段。它是根据批准的初步设计和更详细的勘察、调查、研究资料和技术经济计算编制的。

（一）技术设计的任务

主要在于研究和确定初步设计所采用的工艺过程和建筑、结构的主要技术问题；校正设备选型及其数量；核实建设规模和一些技术经济指标；并编制修正总概算等。它是初步设计的深化，应能使投资项目的工程设计更具体、更完善和更有实践价值。

（二）技术设计的内容和深度

技术设计的内容，应视建设项目的具体情况、特点和需要而定，设计的深度，广度应能满足下列各项要求：

（1）有关特殊工艺流程方面或科学试验的试验、研究及确定。

（2）新型设备的试验、制作和确定。

（3）大型建（构）筑物等某些关键部位的试验研究和确定。

（4）某些技术复杂问题的研究和确定。

（三）技术设计的作用

技术设计阶段应在初步设计概算的基础上编制出修正总概算，技术设计（含修正总概算）经行政主管部门批准后，是编制施工图设计的依据；是主要材料和设备预订的重要基础资料；也是项目投资控制，工程拨款或贷款和对资金供应进行监督的有关文件之一。

第九节　施工图设计管理

施工图设计是工程设计的最后一个阶段。施工图设计是初步设计的进一步具体化和形象化，主要是通过图纸把初步设计中所有的设计内容和设计方案，以及设计者的意图和全部设计结果表达出来，主要以图纸的形式提交设计文件成果，使整个设计方案得以实施。施工图设计，一是用于指导施工，二是作为工程预算或工程量清单编制的依据。

一、施工图设计依据

施工图设计依据包括以下几个方面：

（1）国家政策、法规及设计规范。

（2）设计任务书或协议书。

（3）批准的初步设计。

（4）详细的勘察资料。

（5）关于初步设计审查意见。

（6）关于初步设计建设项目所在地建设行政主管部门的批复意见。

（7）《实施工程建设强制性标准监督规定》（建设部令第81号）（2015年修订）。

（8）《房屋建筑和市政基础设施工程施工图设计文件审查管理办法》（中华人民共和国住房和城乡建设部令第13号）。

（9）其他有关资料。

二、施工图设计的内容与深度

（一）施工图设计内容

施工图的内容主要包括工程安装、施工所需的全部图纸，重要施工、安装部位和生产环节的施工操作说明，施工图设计说明，预算书和设备、材料明细表。

在施工总图（平、剖面图）上应有设备、房屋或建（构）筑物、结构管线各部分的布置，以及它们的相互配合、标高、外形尺寸、坐标；设备和标准件清单；预制的建筑配构件明细表等。在施工详图上应设计非标准详图，设备安装及工艺详图，设计建（构）筑物及相关构配件和构件尺寸。联结、结构断面图，材料明细表及编制预算，图纸要按有关专业配套出齐，如主体、工艺、水、暖、风、电、通信、运输、自动化、设备、机械制造、水工、土建等专业。对于涉及建筑节能设计的专业，其设计说明应有建筑节能设计的专项内容；涉及装配式建筑设计的专业，其设计说明及图纸应有装配式建筑专项设计内容。

（二）施工图设计深度

在项目施工图设计阶段，设计单位根据批准的初步设计进行编制和交付的设计成果文件，须能满足施工招标、施工安装、材料设备订货、非标设备制作、加工及编制施工图预算或工程量清单的要求。施工图设计成果文件的具体内容和深度满足《建筑工程设计文件编制深度规定》（2016版）的要求。

三、施工图设计审查

施工图是对设备、设施、建（构）筑物、管线等工程对象物的尺寸、布置、选材、构造、相互关系、施工及安装质量要求的详细图纸和说明，是指导施工的直接依据，因而也是设计阶段质量控制的一个重点。

（一）总体审核

（1）审核施工图纸的完整性和完备性及各级的签字盖章。

（2）审核工程施工设计总布置图和总目录，包括：工艺和总图布置的合理性，项目内容是否齐全，有否子项目的缺漏，总图在平面和空间的布置上是否交叉无矛盾，有否管线冲突、工艺与各专业相碰，工艺流程及相互间距是否满足规范、规程、标准等的要求。

（二）总说明审核

（1）所采用的设计依据、参数、标准是否满足质量要求。

（2）各项工程做法是否合理。

（3）选用设备、仪器、材料等是否先进、合理。

（4）工程措施是否合适。

（5）所提技术标准是否满足工程需要。

（三）具体图纸审核

（1）施工图是否符合现行规范、规程、标准、规定的要求。

（2）图纸是否符合现场和施工的实际条件。

（3）设计深度是否达到施工和安装的要求，是否达到工程质量的标准。

（4）对选型、选材、造型、尺寸、关系、节点等图纸是否达到质量要求和可操作。

（四）其他及政策性要求

（1）是否满足勘察、观测、试验等提供的建设条件。

（2）外部水、电、暖、气等及运输条件是否满足。

（3）是否满足和当地各级地方政府签订的建设协议书，如征地、水电能源、通信导航等。

（4）是否满足环境保护措施和“三废”排放标准。

（5）是否满足施工和安全、卫生、劳动保护的要求。

四、施工图设计的管理重点

（一）满足施工图设计深度

施工图设计文件的深度应满足按图进行施工和安装，安排材料、设备订货和非标准设备的制作，编制施工图预算或工程量清单，以及达到工程验收标准。

（二）完整的施工图设计

施工图设计的内容以施工图纸为主，包括：建筑、安装和非标准设备制作施工详图及设计说明；材料、设备明细表；施工图预算等。

建筑工程施工图主要包括以下几方面的图纸：

1.总平面图

包括总平面布置图、竖向设计图、土石方平衡图、管道综合图、绿化布置图等。

2.建筑设计图

包括建筑平面图、立面图、剖面图、节能图、地沟平面图、节点详图等。

3.结构设计图

包括基础平面图、基础详图、结构布置图、节点构造详图等。

4.给水排水设计图

包括室外给水总平面图、排水总平面图、管道纵断面图，供水、污水处理建（构）筑物平、剖面图和节点构造详图，室内给水排水平面图、系统图等。

5.电气设计图

包括供电总平面图，变配电所高低压供电系统图、平、剖面图，电力平面图、系统图，电气照明平面图、系统图、控制图、安装图，自动控制与自动调节配电系统图、方框图、原理图、仪表盘面布置图、接线图、控制室图、安装图，建筑物防雷接地平面图等。

6.弱电设计图

包括电话站、电话音频路网，广播、电视、火警、信号、电钟等设备平面布置图、线路系统图、线路连接图、安装大样图等。

7.采暖通风设计图

包括采暖、通风、除尘、空调、制冷等设备平面布置图，管道、设备、零部件位置剖面图，管道系统图，空调系统控制原理图等。

8.动力设计图

包括锅炉房、压缩空气站、室外动力管道、室内动力管道等项目的管道总平面图、系统图、纵横断面图、设备平、剖面布置图，管道、设备安装详图等。

9.其他图纸

包括专项绿建图、海绵城市图纸、医疗工艺图纸、吊装图等。

（三）完善深化设计、二次设计

在建设单位提供的条件图或原理图的基础上，设计单位结合施工现场实际情况，对图纸进行细化、补充和完善。深化设计后的图纸满足建设单位的技术要求，符合相关地域的设计规范和施工规范，并通过审查，图形合一，能直接指导现场施工。

深化设计根据不同设计深度可分为3个层面：

（1）在方案设计单位完成方案设计的情况下，由专业设计单位或施工单位完成施工图设计。

（2）已有施工图但不完备，如节点大样图只给出所用材料而未给出具体做法等，由设计单位或施工单位完成补充设计。

（3）设计图纸已达到施工图要求，但具体实施过程中仍需继续施工细化，主要体现在精装修施工、设备安装、特殊工艺、特殊构造或建造等方面，如建筑装饰材料排版方案，家具工艺设计，电梯、柴油发电机等安装专业定位设计等。

（四）重视优化设计

设计优化通常是对已经完成的施工图，进一步进行论证、处理，使各项指标处于最佳或接近最佳，从而降低了建造成本。优化设计应按照技术经济比较，按照合理、可执行、易操作的原则。优化设计的主要措施，包括从总平面布置、建筑平面布置；地下面积、楼层面积；建筑类型、结构类型、外立面形式；工艺、功能使用、系统、效果、实施范围；指标、档次、品牌、等级；材料、设备规格型号、设备形式；构件尺寸、构造做法、管线布置、节点做法；构配件或成品采购加工制作方式等来考虑。

（五）施工图设计的报批

施工图设计应根据批准的初步设计编制，不得违反初步设计的设计原则和方案。若确因订货困难，致使主要设备有所改变或其他条件发生重要变化、变更，需修改施工图设计时，须报原施工图设计审批机构批准。

第十节　设计成果内审及外审

方案设计、初步设计、施工图设计的深度达到《房屋建筑和市政基础设施工程勘察文件编制深度规定》（2020年版），《市政公用工程设计文件编制深度规定》（2013年版）和《建筑工程设计文件编制深度规定》（2016版）的要求。

一、设计成果评审

设计评审是通过系统地综合技术、经济、法规约束进行评价，对设计阶段（概念性方案设计、方案设计、初设和施工图设计）的成果进行评价，识别并找出设计成果中存在的问题，及时发现潜在的设计缺陷和设计的薄弱环节，从而提高设计的质量，降低决策风险保证设计产品符合可靠性要求。

评价设计是否满足合同及设计任务书的要求，是否符合设计规范及有关标准，对设计产品进行技术与经济性评价，性价比是否科学，项目一次性投入与项目运营费用是否兼顾平衡原则。设计评审是对设计单位提供成果的最后一次把关，这一次把关的成败很大程度决定了后面设计变更和工程签证的多少，应给予高度重视。以下主要内容以建设单位的内部评审为例。

（一）内部评审主要目的

（1）是否满足功能和使用要求，功能价值与投入的资金价值是否得到较好的体现。

（2）设计是否满足所有预期的环境条件和载荷条件，可靠性是否能充分保证，设计模型与计算能否保证正确无误。

（3）各专业设备系统是否匹配，是否考虑并规定了容量性、互换性和可以更换部件或辅件是否进行了标准化。

（4）采购、生产、安装、检验和试验的技术是否可行。

（5）其他方面项目的主要问题。

（二）内部评审的主要方式

（1）要求设计单位严格执行“三校两审”制度。

（2）组织全过程工程咨询团队的各专业设计工程师、造价工程师、现场工程师会审。

（3）邀请相关专家召开评审会，提出评审意见。

（4）组织设计竞赛优选。

（5）建设单位组织各方会审，综合评审意见后确认。

（三）内部评审的主要原则

（1）建设单位从需求定位、使用功能、投资额、后期运营管理的角度评审。

（2）设计管理工程师从建筑造型、结构体系、设备选型、建筑材料的合理性评审，从满足设计规范及深度要求方面复核，从消防、节能、绿色建筑等的符合性审核。

（3）造价工程师从经济性角度，从施工图中的各专业间的界面划分，从材料与设备的市场价格方面进行审核。

（4）现场工程师从实施角度审核图纸的错、漏、碰、缺，从施工工艺方面审核。

（5）专家从科学合理、系统、先进、四新技术、创意和创新的角度评审。

二、设计成果内审

设计成果内审主要使各参建单位熟悉阶段性设计文件、了解工程特点和设计意图，关键部位的质量要求，发现设计错误，并进行改正，以达到提高设计成果质量的目的，一般常见的形式有设计单位内部的审核、建设单位委托专业单位审核、监理单位或机构内部审核、图纸会审和技术交底等，以下主要内容以图纸会审和技术交底为例。

（一）图纸会审和技术交底的程序

全过程工程咨询机构（建设单位）组织监理单位、施工单位和设计单位进行图纸会审，先由设计单位向各参建单位进行技术交底，即由设计单位介绍工程概况、特点、设计意图、施工要求、技术措施等有关注意事项；然后由建设单位、全过程工程咨询机构、监理单位、施工单位提出图纸中存在的问题和需要解决的技术难题，通过参建单位协商，拟订解决方案，形成会议纪要。

（二）技术交底的主要内容

（1）项目概况、项目特点、设计范围。

（2）设计文件组成。

（3）建筑、结构、节能等形式及主要设计内容；安装各专业的主要设计内容、系统组成，以及主要设备及特点；对特殊图例符号的解释；对专业间的交叉和衔接的要求。

（4）与外接能源，如水、电、气、暖，道路等的衔接要求。

（5）对施工及工艺注意事项，以及对采购、施工、制作、安装、调试、检验、验收的特殊要求。

（6）对设计界面、二次设计内容、深化设计内容的说明，以及时间计划的安排说明。

（7）对设计遗留问题、待处理问题的说明。

（8）对参会人员提问的解答。

（9）其他应说明的问题。

（三）图纸会审的主要内容

（1）图纸是否经设计单位正式签署。

（2）是否无证设计或越级设计。

（3）设计图纸与说明是否齐全，有无分期供图的时间表。

（4）地质勘察资料是否齐全。

（5）总平面与施工图的几何尺寸、平面位置、标高等是否一致。

（6）工艺管线，电气线路、设备位置、运输通路与建（构）筑物之间有无矛盾，布局是否合理。

（7）地基处理方法是否合理，建筑与结构构造是否存在不能施工、不便于施工的技术问题，或容易导致质量、安全、工程费用增加等方面的问题。

（8）设计图之间、专业之间、图面之间是否有差错或矛盾，总平面和施工图是否一致。如结构图与建筑图的平面尺寸及标高是否一致；建筑图与结构图的表示方法是否清楚；是否符合制图标准；预埋件是否表示清楚；有无钢筋明细表或钢筋的构造要求在图中是否表示清楚等。

（9）外部资料是否齐全，抗震、防火、防灾、安全、卫生、环保是否满足要求。

（10）标准图册、通用图集、详图作法是否齐全，非通用设计图纸是否齐全。

（11）材料来源有无保证，能否代换；图中所要求的条件能否满足；新材料、新技术的应用有无问题。

（12）施工安全、环境卫生有无保证。

（四）矩阵法

全过程工程咨询机构针对施工图中的“错、漏、碰、缺”问题，采用按矩阵法进行审核，见表3-6。

专业审图矩阵表 表3-6

专业	建筑	结构	电气	给水排水	暖通	智能化
建筑	A11	A12	A13	A14	A15	A16
结构	A21	A22	A23	A24	A25	A26
电气	A31	A32	A33	A34	A35	A36
给水排水	A41	A42	A43	A44	A45	A46
暖通	A51	A52	A53	A54	A55	A56
智能化	A61	A62	A63	A64	A65	A66

Aij与Aji表示i专业与j专业的关系，Aij以i专业的视觉去找j专业对i专业的影响，而Aji以j专业的视觉去看i专业对j专业的影响。当i=j时，表示本专业的缺、漏、错。例如：A15表示建筑专业工程师去看暖通专业对建筑专业的影响，A51表示暖通专业工程师去看建筑专业对暖通专业的影响。

(五) 案例

崇州市人民医院及崇州市妇幼保健院项目施工图审图矩阵元素表（节选）

案例采用按矩阵法进行审核，具体内容见表3-7。

崇州市人民医院及崇州市妇幼保健院项目施工图审图矩阵元素表 表3-7

序号	编码	相对专业工程		错、漏、碰、缺
		专业角度	对其影响的专业	
1	A11	建筑		1.人民医院和妇幼保健院防火分区交界处的防火墙缝隙的处理材料未明确。 2.后勤保障楼一层锅炉房无泄压窗构造。 3.人民医院医技楼二楼微生物实验室和艾滋病实验室位于B-3轴上原有传递窗正下方未设置污物传递窗
2	A12	建筑	结构	1.人民医院地下室内隔墙基础未明确做法。 2.人民医院室内窗洞做法未明确，如消防箱、配电箱等半嵌墙位置，是否设置边框和构造柱、梁。 3.妇幼保健院四层E/14轴门M1221出屋面无雨棚设计
3	A13	建筑	电气	人民医院卷帘门缺强电设计
4	A14	建筑	给水排水	1.妇幼保健院四层XL-2和XL-b消火栓结合手术室墙体，未明确暗装或半暗装。 2.人民医院门诊楼及医技楼防火卷帘门未设置水雾喷淋及给排水设计。 3.妇幼保健院卫生间W3的空调水井下隔墙及男卫蹲位定位尺寸冲突

续表

序号	编码	相对专业工程		错、漏、碰、缺
		专业角度	对其影响的专业	
5	A15	建筑	暖通	人民医院和妇幼保健院未设置空压机、吸引机机房
6	A16	建筑	智能化	
7	A21	结构	建筑	1.妇幼保健院门诊门厅的结构标高与门厅大门尺寸冲突。 2.妇幼保健院门诊二层W4卫生间无门垛构造。 3.医技楼墩基处梁基础水平施工缝不能设置在梁下部
8	A22	结构		1.妇幼保健院2轴/J轴基础承台桩顶标高比设计桩顶低20cm，设计标高错误。 2.妇幼保健院雨棚设计的配筋未明确。 3.人民医院医技楼B-T轴三层缺梁具体做法
9	A23	结构	电气	妇幼保健院2F、3F电气设计图中（电装施—E04、E06），G-J/1-2轴上阳台吸顶灯由于建筑梁不能暗敷线管
10	A24	结构	给水排水	妇幼保健院住院部3FW2男卫感应小便器处，地梁突出墙面300mm，导致小便器排水无法直排
11	A25	结构	暖通	
12	A26	结构	智能化	
13	A31	电气	建筑	1.人民医院地下室配电房未明确定位图、大样图、装修做法。 2.人民医院地下室柴油机房未明确防噪做法、定位图、大样图及装修做法。 3.人民医院地下室照明配电箱未明确嵌墙位置
14	A32	电气	结构	1.人民医院地下室配电房高低压柜下没有明确管沟、基础做法及大样图。 2.人民医院地下室发电机房没有明确管沟、基础做法及大样图。 3.人民医院地下室动力配电箱嵌墙位置，未明确混凝土边框做法
15	A33	电气		1.妇幼保健院1层DR机房、钼钯机房、局域网机房设计无管网气体灭火装置，缺少成套设备以及气体控制器电源插座。 2.妇幼保健院2楼7—8轴/G-J轴原设计为备用病房的医生值班室与护士值班室未设置配电箱。 3.人民医院配电箱内浪涌防护器参数与防雷办审查意见不符
16	A34	电气	给水排水	
17	A35	电气	暖通	1.人民医院地下室发电机房未设置排烟通道。 2.人民医院和妇幼保健院未设置气体主管道管道井电源插座。 3.人民医院和妇幼保健院未设置护士站电源插座
18	A36	电气	智能化	1.人民医院感应器材的电源接口位置及电源引取位置未明确。 2.人民医院二氧化氯发生器室配独立型二氧化氯泄漏未设计检测仪及报警器。 3.人民医院门诊楼消防感烟器及消防广播无线管设计

续表

序号	编码	相对专业工程		错、漏、碰、缺
		专业角度	对其影响的专业	
19	A41	给水排水	建筑	1.污水处理站的污水处理设备机房未设置灭火器。 2.污水处理站的污水处理设备机房未明确内装修做法。 3.人民医院屋顶水箱未明确位置
20	A42	给水排水	结构	1.妇幼保健院污水立管WL-23，位置与结构梁冲突。 2.污水处理站的污水处理设备机房缺污水设备管沟、基础做法及大样图及预留洞。 3.污水处理站的消毒器设备缺管沟、基础做法及大样图
21	A43	给水排水	电气	1.污水处理站的污水处理设备机房的照明应采用防腐蚀密闭型。 2.人民医院医技楼1～3层主通道处电热开水处无电源设计
22	A44	给水排水		1.妇幼保健院门诊部1层L/15轴注射室，一次设计给水排水施工图中，该房间无排水支管。 2.人民医院和妇幼保健院室外未明确对管网施工时软弱土层的处理方法。 3.污水处理站缺污水处理在线检测设计
23	A45	给水排水	暖通	
24	A46	给水排水	智能化	
25	A51	暖通	建筑	1.人民医院空调机房无装修做法及机组定位图、大样图。 2.人民医院设备夹层无净化空调机组定位图、大样图及机房内装修做法。 3.人民医院冷却塔未明确防噪声、防振做法及定位图、大样图
26	A52	暖通	结构	1.人民医院储热罐未设计结构预留洞。 2.人民医院冷却塔未明确基础做法及大样图。 3.人民医院空调新风机组房未设置管沟、基础做法及大样图
27	A53	暖通	电气	1.人民医院空调机房未设置专用配电箱。 2.人民医院空调机房未设置应急照明。 3.人民医院锅炉房未设置应急照明
28	A54	暖通	给水排水	
29	A55	暖通		1.妇幼保健院3层N-R/11—14安环、手术室及相关辅房未进行空调布置。 2.人民医院屋面机械式送排风道的风口尺寸及定位未标注。 3.人民医院锅炉房缺分汽缸接至每个板式换热器之间的蒸汽管路原理图
30	A56	暖通	智能化	1.人民医院组合式空调机组房未设置智能控制箱，未进行设备电源电缆设计。 2.人民医院和妇幼保健院的空调节能控制设备未进行线管设计及弱电桥架设计

续表

序号	编码	相对专业工程		错、漏、碰、缺
		专业角度	对其影响的专业	
31	A61	智能化	建筑	1.人民医院通信网络机房经核算面积过小，未明确机房设备的定位图、大样图及内装修做法。 2.人民医院手术示教系统设备未明确定位图、大样图。 3.人民医院和妇幼保健院呼叫系统设备未明确定位图
32	A62	智能化	结构	1.人民医院通信网络机房未设置结构预留洞。 2.人民医院和妇幼保健院LED显示屏位置未设置结构预留洞。 3.人民医院和妇幼保健院一卡通设备位置未设置结构预留洞
33	A63	智能化	电气	1.人民医院通信网络机房未设置专用配电箱及未进行线管设计。 2.人民医院和妇幼保健院触摸屏未进行线管设计。 3.人民医院和妇幼保健院有线电视设备未进行线管设计
34	A64	智能化	给水排水	
35	A65	智能化	暖通	
36	A66	智能化		1.人民医院和妇幼保健院室外手孔井未明确做法。 2.人民医院医技楼夹层设备机房、制冷制热水泵机房未配置控制箱、电源箱。 3.人民医院和妇幼保健院入侵报警设备未进行弱电桥架设计

三、设计成果外审

设计成果外审即政府主管部门和施工图审查机构审核施工图，是政府有关建设主管部门对图纸审核的要求，是勘察设计管理的一项重要内容，其目的是取得施工图审查合格书，以便后续获取工程规划许可证和施工许可证。

（一）政府主管部门对设计成果外审的侧重点

（1）是否符合城市方面的要求。如工程项目占地面积及界限；建筑红线；建筑层数及高度；立面造型及与所在地区的环境协调。

（2）工程建设对象本身是否符合法定的技术标准和强制性要求。如对安全、防火、卫生、抗震、三废治理、节能、防洪等方面是否符合有关标准的规定。

（3）专业工程设计的审核。包括对供水、排水、供电、供热、供煤气、交通道路、通信等专业工程设计，应主要审核是否与工程所在地区的各项公共设施相协调与衔接等。

（二）施工图审查机构对施工图设计的审查重点

（1）是否符合工程建设强制性标准。

（2）地基基础和主体结构的安全性。

（3）是否符合民用建筑节能强制性标准，对执行绿色建筑标准的项目，还应当审查是否符合绿色建筑标准。

（4）勘察设计企业和注册执业人员以及相关人员是否按规定在施工图上加盖相应的图章和签字。

（5）法律、法规、规章规定必须审查的其他内容。

（三）施工图审查机构对设计成果的审查要求

设计成果外审审查应满足2018年《房屋建筑和市政基础设施工程施工图设计文件审查管理办法》（住房和城乡建设部令第13号）和《建筑工程施工图设计文件技术审查要点》的要求。

1.建筑专业

（1）经济技术指标是否符合政府主管部门批准意见和设计任务书的要求，特别是计入容积率的面积是否核算准确。

（2）建筑装饰用料标准是否合理、先进、经济、美观，特别是外立面是否体现了方案设计的特色，内装修标准是否符合投资人的意图。

（3）总平面设计是否充分考虑了交通组织、园林景观，竖向设计是否合理。

（4）立面、剖面、详图是否表达清楚。

（5）门窗表是否能与平面图对应，其统计数量有无差错，分隔形式是否合理。

（6）消防设计是否符合消防规范，包括防火分区是否超过规定面积，防火分隔是否达到耐火时限，消防疏散通道是否具有足够宽度和数量，消防电梯设置是否符合要求。

（7）地下室防水、屋面防水、外墙防渗水、卫生间防水、门窗防水等重要位置渗漏的处理是否合理。

（8）楼地面做法是否满足要求。

2.结构专业

（1）结构设计总说明的内容是否准确全面，结构构造要求是否清楚。

（2）基础设计是否符合初步设计确定的技术方案。

（3）主体结构中的结构布置选型是否符合初步设计及其审查意见，楼层结构平面梁、板、墙、柱的标注是否全面，配筋是否合理。

（4）结构设计是否满足施工要求。

（5）基坑开挖及基坑围护方案的推荐是否合理。

（6）钢筋含量、节点处理等问题是否合理。

（7）土建与各专业的矛盾问题是否解决。

3.设备专业

（1）系统是否按照初步设计的审查意见进行布置。

（2）与建筑结构专业是否矛盾。

（3）消防工程设计是否满足消防规范的要求，包括火灾报警系统、防排烟系统、消火栓系统。

（4）喷淋系统以及疏散广播系统等。

（5）给水管供水量及管道走向、管径是否满足最不利点供水压力需要，是否满足美观需要。

（6）排水管的走向及布置是否合理。

（7）管材及器具选择是否符合规范要求。

（8）水、电、气、消防等设备、管线安装位置设计是否合理、美观且与土建图纸不相矛盾。

（9）燃气工程是否满足燃气公司的审图要求。

（10）室内电器布置是否合理、规范，强、弱电室内外接口是否满足电话局、供电局及设计要求。

（11）用电设计容量和供电方式是否符合供电局规定要求。

四、项目超限设计审查

在项目全过程工程咨询管理过程中，对于部分规模较大、高度较高、建筑方案异形、结构方案不规则、大跨度空间结构无法进行防火分区、防火间距不满足要求等特征的项目，可能存在超限问题，这时就需要进行项目超限审查工作。

对于项目是否存在超限，规范及项目成果审查标准有明确的规定。比如，对于项目结构是否超限问题，主要依据为《超限高层建筑工程抗震设防专项审查技术要点》，该“技术要点”对超限审查的范围、内容要求和申报流程进行了明确规定。对于项目消防超限，2020年4月1日住房和城乡建设部颁布的《建设工程消防设计审查验收管理暂行规定》中也有明确规定。

（一）结构超限审查管理

1.结构超限的主要管理工作

结构超限审查是项目结构设计中最关键的环节，它既代表了专项分析设计等的技术和成本投入，又代表了1～2个月的项目设计周期增加，还代表了项目主要设防标准、对结构设计成本影响较大，因此对项目进度、质量和成本影响都是巨大的。

结构超限审查的主要工作应由设计单位完成。也有一些情况，建设单位将超限审查编制及汇报工作单独委托给另一家工程咨询单位完成。无论是采用哪种方式，项目结构设计管理工程师都要对结构超限审查进行有效的管控和配合，主要包括以下几个方面：

（1）确定项目是否归属于超限高层建筑。超限高层建筑工程抗震设防专项审查的几个关键词包括：高层建筑、超限工程、抗震设防，其目的是对于高层建筑中超限结构工程的抗震设防专项审查及管控工作。换言之，超限审查是针对高层建筑的，笔者也曾碰到过类似工程，本身没有达到高层建筑标准，也在谈超限审查问题，就没有必要了。

（2）应尽量避免出现结构超限的情况。《超限高层建筑工程抗震设防专项审查技术要点》规定的范围包括高度超限和结构不规则超限两大类，而结构不规则超限又分为“一大条超限”和“三小条超限”。因此，结构是否超限也要基于结构方案和分析结果、并且是可以研究的。在某种情况下可能会是超限的，但经过方案的合理选择、调整、计算参数的合理判定，就有可能做到不需要超限设计。因此，结构设计管理工程师首先管控的是监督设计单位，尽可能将结构设计控制在不超限的范围，如果无法避免时，也要降低超限程度，为通过审查奠定基础。

（3）选择合适的技术分析手段，确定合理的抗震性能目标。管理和支撑设计单位（或专项咨询单位）对结构进行必要的补充分析，合理编制抗震专项审查报告。在此过程中，一方面，必要的补充计算、技术手段和成果汇总是十分重要的；另一方面，针对结构特征、考虑规范要求的合理抗震性能目标设定也非常重要。合理的抗震性能目标设置将带来以下两点影响：超限审查是否能够顺利通过；建设单位需要为抗震专项设计付出多少成本。合理的、恰到好处的抗震性能设计可以为项目和建设单位节约很多成本费用。

（4）协助建设单位及设计单位组织超限审查专家会议。设计管理工程师需要对接政府超限审查主管部门，管理和配合设计（或咨询单位）进行超限审查汇报工作。地方超限审查机构隶属于住房和城乡建设厅（委）负责省内工程超限审查工作，这是项目超限审查的一级组织。住房和城乡建设部也下设有全国超限审查委员会，负责全国工程超限审查工作，是项目超限审查的最高组织。地方一般超限项目通过省内超限审查工作就可以了，如果项目规模、影响力、复杂度均比较高，可能被地方推荐到全国超限审查委员会进行审查。进入到项目超限管理的第三环节，项目结构设计管理工程师的唯一目的就是项目超限审查可以按时召开，并力争一次通过审查，以为项目节约成本投入和二次审查周期带来的进度滞后影响。

2.结构超限技术要点

（1）房屋高度超过表3-8规定的高层建筑工程。

结构超限分类表　　表3-8

结构类型高度（m）		6度	7度（含0.15g）	8度（0.20g）	8度（0.30g）	9度
混凝土结构	框架	60	50	40	35	—
	框架–抗震墙	130	120	100	80	50
	抗震墙	140	120	100	80	60
	部分框支抗震墙	120	100	80	50	不应采用
	框架–核心筒	150	130	100	90	70
	筒中筒	180	150	120	100	80
	板柱–抗震墙	80	70	55	40	不应采用
	较多短肢墙		100	60	60	不应采用
	错层的抗震墙和框架–抗震墙		80	60	60	不应采用
混合结构	钢外框–钢筋混凝土筒	200	160	120	120	70
	型钢混凝土外框–钢筋混凝土筒	220	190	150	150	70
钢结构	框架	110	110	90	70	50
	框架–支撑(抗震墙板)	220	220	200	180	140
	各类筒体和巨型结构	300	300	260	240	180

注：当平面和竖向均不规则(部分框支结构指框支层以上的楼层不规则)时，其高度应比表内数值降低至少10%。

（2）同时具有下列三项及以上不规则的高层建筑工程，不论高度是否大于表3-9。

不规则的高层建筑类型表　　表3-9

序号	不规则类型	简要涵义
1a	扭转不规则	考虑偶然偏心的扭转位移比大于1.2
1b	偏心布置	偏心率大于0.15或相邻层质心相差大于相应边长15%
2a	凹凸不规则	平面凹凸尺寸大于相应边长30%等
2b	组合平面	细腰形或角部重叠形
3	楼板不连续	有效宽度小于50%，开洞面积大于30%，错层大于梁高
4a	刚度突变	相邻层刚度变化大于70%或连续三层变化大于80%
4b	尺寸突变	竖向构件位置缩进大于25%，或外挑大于10%和4m，多塔
5	构件间断	上下墙、柱、支撑不连续，含加强层、连体类
6	承载力突变	相邻层受剪承载力变化大于80%
7	其他不规则	如局部的穿层柱、斜柱、夹层、个别构件错层或转换

注：序号a、b不重复计算不规则项。

（3）具有下列某一项不规则的高层建筑工程，不论高度是否大于表3-10。

不规则的高层建筑类型表　　表3-10

序号	不规则类型	简要涵义
1	扭转偏大	裙房以上的较多楼层，考虑偶然偏心的扭转位移比大于1.4
2	抗扭刚度弱	扭转周期比大于0.9，混合结构扭转周期比大于0.85
3	层刚度偏小	本层侧向刚度小于相邻上层的50%
4	高位转换	框支墙体的转换构件位置：7度超过5层，8度超过3层
5	厚板转换	7～9度设防的厚板转换结构
6	塔楼偏置	单塔或多塔与大底盘的质心偏心距大于底盘相应边长20%
7	复杂连接	各部分层数、刚度、布置不同的错层 连体两端塔楼高度、体型或者沿大底盘某个主轴方向的振动周期显著不同的结构
8	多重复杂	结构同时具有转换层、加强层、错层、连体和多塔等复杂类型的3种

注：仅前后错层或左右错层属于表中的一项不规则，多数楼层同时前后、左右错层属于表中的复杂连接。

（4）其他高层建筑不规则的高层建筑类型见表3-11

其他高层建筑不规则的高层建筑类型表　　表3-11

序号	简称	简要涵义
1	特殊类型高层建筑	抗震规范、高层混凝土结构规程和高层钢结构规程暂未列入的其他高层建筑结构，特殊形式的大型公共建筑及超长悬挑结构，特大跨度的连体结构等

续表

序号	简称	简要涵义
2	超限大跨空间结构	屋盖的跨度大于120m或悬挑长度大于40m或单向长度大于300m，屋盖结构形式超出常用空间结构形式的大型列车客运候车室、一级汽车客运候车楼、一级港口客运站、大型航站楼、大型体育场馆、大型影剧院、大型商场、大型博物馆、大型展览馆、大型会展中心，以及特大型机库等

3.结构超限审查申报表

结构超限审查报表见表3-12。

超限高层建筑工程初步设计抗震设防专项审查申报表　　表3-12

编号：
申报时间：

工程名称		申报人 联系方式	
建设单位		建筑面积	地上　万m^2　地下　万m^2
设计单位		设防烈度	度（　g），设计　组
勘察单位		设防类别	类
建设地点		建筑高度，层数	主楼　m（n=　）出屋面 地下　m（n=　）相连裙房　m
场地类别 液化判别	类，波速　覆盖层 液化等级　液化处理	平面规则性	长宽比
基础 持力层	类型　埋深　桩长（或底板厚度） 名称　承载力	竖向规则性	高宽比
结构类型		抗震等级	框架　墙、筒 框支层　加强层　错层
计算软件		材料强度（范围）	梁　柱 墙　楼板
计算参数	周期折减 楼面刚度（刚　弹　分　段　） 地震方向（单　双　斜　竖　）	梁截面	下部　剪压比 标准层
地上总重剪力系数（%）	GE=　平均重力 X= Y=	柱截面	下部　轴压比 中部 顶部
自振周期（s）	X： Y： T：	墙厚	下部　轴压比 中部 顶部
最大层间位移角	X=　（n=　）扭转比 Y=　（n=　）扭转比	钢　梁 柱 支撑	截面形式　长细比

续表

<table>
<tr><td colspan="2">扭转位移比
（偏心5%）</td><td>X= （n= ）位移角
Y= （n= ）位移角</td><td>短柱
穿层柱</td><td>位置范围 剪压比
位置范围 穿层数</td></tr>
<tr><td rowspan="3">时程
分析</td><td>波形
峰值</td><td>1 2 3</td><td>转换层
刚度比</td><td>位置n= 梁截面
X Y</td></tr>
<tr><td>剪力
比较</td><td>X= （n=1），X = （n＞ ）
Y= （n=1），Y = （n＞ ）</td><td>错层</td><td>满布 局部(位置范围)
错层高度 平层间距</td></tr>
<tr><td>位移
比较</td><td>X= （n= ）
Y= （n= ）</td><td>连体
含连廊</td><td>数量 支座高度
竖向地震系数 跨度</td></tr>
<tr><td colspan="2">弹塑性位移角</td><td>X= （n= ）
Y= （n= ）</td><td>加强层
刚度比</td><td>数量 形式(梁 桁架)
X Y</td></tr>
<tr><td colspan="2">框架承担的
比例</td><td>倾覆力矩X= Y=
总剪力 X= Y=</td><td>多塔
上下偏心</td><td>数量 形式（等高 对称 大小不等）
X Y</td></tr>
<tr><td colspan="2">大跨空间结构</td><td colspan="3">结构形式 尺寸 支座高度 支座连接方式 最大位移
控制荷载 竖向振动周期 竖向地震系数 构件应力比</td></tr>
<tr><td colspan="2">超限设计
简要说明</td><td colspan="3">（性能设计目标简述；超限工程设计的主要加强措施，有待解决的问题等）</td></tr>
</table>

（二）消防超限审查管理

公共建筑设计的空间越来越大，相互之间的关系也越来越复杂，为了保证工程的消防防火安全，建筑消防设计及审查要求也越来越严格。当项目建筑空间、距离存在特殊要求和情况时，项目就有可能出现消防超限的问题。为了明确建筑工程消防审查要求，2020年4月1日住房和城乡建设部颁布了《建设工程消防设计审查验收管理暂行规定》，该文件明确把建设工程分为两类：

其一、特殊建设工程实行消防设计审查、消防验收。

其二、其他建设工程实行消防验收备案、抽查的制度。

1.实行消防设计审查、消防验收的特殊建设工程

《建设工程消防设计审查验收管理规定》中的十四条对特殊建设做出了明确规定：

第十四条　具有下列情形之一的建设工程是特殊建设工程：

（一）总建筑面积大于二万平方米的体育场馆、会堂，公共展览馆、博物馆的展示厅；

（二）总建筑面积大于一万五千平方米的民用机场航站楼、客运车站候车室、客运码头候船厅；

（三）总建筑面积大于一万平方米的宾馆、饭店、商场、市场；

（四）总建筑面积大于二千五百平方米的影剧院，公共图书馆的阅览室，营业性室内健身、休闲场馆，医院的门诊楼，大学的教学楼、图书馆、食堂，劳动密集型企业的生产加工车间，寺庙、教堂；

（五）总建筑面积大于一千平方米的托儿所、幼儿园的儿童用房，儿童游乐厅等室内儿童活动场所，养老院、福利院，医院、疗养院的病房楼，中小学校的教学楼、图书馆、食堂，学校的集体宿舍，劳动密集型企业的员工集体宿舍；

（六）总建筑面积大于五百平方米的歌舞厅、录像厅、放映厅、卡拉OK厅、夜总会、游艺厅、桑拿浴室、网吧、酒吧，具有娱乐功能的餐馆、茶馆、咖啡厅；

（七）国家工程建设消防技术标准规定的一类高层住宅建筑；

（八）城市轨道交通、隧道工程，大型发电、变配电工程；

（九）生产、储存、装卸易燃易爆危险物品的工厂、仓库和专用车站、码头，易燃易爆气体和液体的充装站、供应站、调压站；

（十）国家机关办公楼、电力调度楼、电信楼、邮政楼、防灾指挥调度楼、广播电视楼、档案楼；

（十一）设有本条第一项至第六项所列情形的建设工程；

（十二）本条第十项、第十一项规定以外的单体建筑面积大于四万平方米或者建筑高度超过五十米的公共建筑。

2.实行备案抽查的其他建设工程

其他建设工程是指特殊建设工程以外的其他按照国家工程建设消防技术标准需要进行消防设计的建设工程。对其他建设工程实行备案抽查制度（依法不需要取得施工许可的其他建设工程也应申请竣工验收消防备案）。

建设单位申请施工许可或者申请批准开工报告时，应当提供满足施工需要的消防设计图纸及技术资料。

对备案的项目按照“双随机、一公开”制度抽取检查对象，抽中项目将按照消防验收有关规定执行检查。

3.消防超限专项设计及审查

《建设工程消防设计审查验收管理暂行规定》中的十七条对哪些项目需要消防超限审查做出了明确的规定：

第十七条　特殊建设工程具有下列情形之一的，建设单位除提交本规定第十六条所列材料外，还应当同时提交特殊消防设计技术资料：

（一）国家工程建设消防技术标准没有规定，必须采用国际标准或者境外工程建设消防技术标准的；

（二）消防设计文件拟采用的新技术、新工艺、新材料不符合国家工程建设消防技术标准规定的。

4.消防超限专项设计审查形式及要求

该文件第二十一条明确规定了消防超限的评审形式是“专家评审会”，并明确了评审专家的形成和组成要求。

第二十一条　省、自治区、直辖市人民政府住房和城乡建设主管部门应当在收到申请材料之日起十个工作日内组织召开专家评审会，对建设单位提交的特殊消防设计技术资料进行评审。

评审专家从专家库随机抽取，对于技术复杂、专业性强或者国家有特殊要求的项目，可以直接邀请相应专业的中国科学院院士、中国工程院院士、全国工程勘察设计大师以及境外具有相应资历的专家参加评审；与特殊建设工程设计单位有利害关系的专家不得参加评审。

评审专家应当符合相关专业要求，总数不得少于七人，且独立出具评审意见。特殊消防设计技术资料经四分之三以上评审专家同意即为评审通过，评审专家有不同意见的，应当注明。省、自治区、直辖市人民政府住房和城乡建设主管部门应当将专家评审意见，书面通知报请评审的消防设计审查验收主管部门，同时报国务院住房和城乡建设主管部门备案。

第十一节　资料管理

一、勘察、设计文件的资料管理

（一）勘察、设计文件的管理要求

全过程工程咨询机构对项目勘察、设计文件管理工作负总责，实行统一管理，勘察、设计文件管理工作应融入项目建设，与项目建设管理同步，纳入到项目建设计划，通过节点控制强化勘察、设计文件管理，实现从文件形成、流转到归档管理的全过程控制。

在与参建单位签订合同、协议时应明确项目勘察、设计文件管理责任，包括项目文件形成的质量要求、归档范围、归档时间、归档套数、整理标准、介质、格式、费用及违约责任等内容。

建设单位应监督、指导参建单位勘察、设计文件的形成、收集、整理和归档工作，审查参建单位制定的针对该项目的勘察、设计文件管理和归档制度，同时负责所承担工程的勘察、设计文件收集、整理和归档工作，并负责对归档文件的完整性、准确性、系统性、有效性和规范性进行审查。

（二）建设项目勘察、设计文件归档范围

勘察、设计文件的管理是根据项目阶段不断完善的过程，应按照勘察、设计文件及时有效、唯一、可追溯的原则进行纸质和电子版的收集、核实、整理。根据《建设工程文件归档规范》GB/T 50328—2014（2019年版）、《建设项目档案管理规范》DA/T 28—2018、《建设电子文件与电子档案管理规范》CJJ/T 117—2017、《城建档案业务管理规范》CJJ/T 158—2011要求进行归档，勘察、设计文件归档范围包括以下内容：

（1）工程地质勘察报告。

（2）水文地质勘察报告。

（3）初步设计文件（说明书）。

（4）设计方案审查意见。

（5）人防、环保、消防等有关主管部门（对设计方案）审查意见。

（6）设计计算书。

（7）施工图设计文件审查意见。

（8）节能设计备案文件。

（9）其他，包括气象、地震等其他设计基础资料、方案论证文件、施工图、施工技术要求、设计通知、设计月报、供图计划、技术秘密、专利文件、特种设备设计计算书、关键技术设计、试验文件、设计接口及设备接口文件、设计评价及鉴定等。

二、竣工图编制

竣工图是各项建设工程在施工过程中，根据施工现场的各种真实施工记录和指令性技术文件，对施工图进行修改或重新绘制，与工程实体相符的图。《建设工程文件归档规范》GB/T 50328—2014（2019年版）中2.0.6条对竣工图的定义是："工程竣工验收后，真实反映建设工程项目施工结果的图样"。

在《关于编制基本建设工程竣工图的几项暂行规定》第二条规定："各项新建、扩建、改建、迁建的基本建设项目都要编制竣工图。特别是建设项目中的基础、地下建筑、管线、结构、井巷、洞室、桥梁、隧道、港口、水坝以及设备安装等工程，都要编制竣工图"。

根据《建设工程文件归档规范》（2019版）GB/T 50328—2014、《建设项目档案管理规范》DA/T 28—2018的要求，竣工图编制应按下列规定进行：

（1）竣工图应完整、准确、规范、清晰、修改到位，真实反映项目竣工时的实际情况。

（2）应将设计变更、工程联系单、技术核订单、洽商单、材料变更、会议纪要、备忘录、施工及质检记录等涉及变更的全部文件汇总后经监理审核，作为竣工图编制的依据。

（3）竣工图应依据工程技术规范按单位工程、分部工程、专业编制，并配有竣工图编制说明和图纸目录。竣工图编制说明的内容应包括：竣工图涉及的工程概况、编制单位、编制人员、编制时间、编制依据、编制方法、变更情况、竣工图张数和套数等。

（4）按施工图施工没有变更的，由竣工图编制单位在施工图上逐张加盖、签署竣工图章。

（5）一般性图纸变更且能在原施工图上修改补充的，可直接在原图上修改，并加盖竣工图章。在修改处应注明修改依据文件的名称、编号和条款号，无法用图形、数据表达清楚的，应在图框内用文字说明。

（6）有下述情形之一时应重新绘制竣工图：

1）涉及结构形式、工艺、平面布置、项目等重大改变。

2）图面变更面积超过20%。

3）合同约定对所有变更均需重绘或变更面积超过合同约定比例。

重新绘制竣工图应按原图编号，图号末尾加注"竣"字，或在新图标题栏内注明“竣工阶段”。重新绘制竣工图图幅、比例、字号、字体应与原图一致。

（7）竣工图编制完成后，监理单位应对竣工图编制的完整、准确、系统和规范情况进行审核。

（8）竣工图章、竣工图审核章中的内容应填写齐全、清楚，应由相关责任人签字，不得代签；经建设单位同意，可盖执业资格印章代替签字。竣工图章的基本内容应包括：“竣工图”字样、施工单位、编制人、审核人、技术负责人、编制日期、监理单位、监理工程师、总监理工程师。

（9）竣工图应按《技术制图 复制图的折叠方法》GB/T 10609.3—2009的规定统一折叠。

（10）竣工图的编制应按原国家建委1982年[建发施《关于编制基本建设竣工图的几项暂行规定》执行（82建发施字50号）]。除甲、乙双方在施工合同中另有约定外，一般要求不少于三套，三套的归属：城建档案馆一套，使用单位一套，建设单位主管机关档案室一套。

BIM技术管理

建筑信息模型（BIM）是以建筑工程项目的各项相关信息数据为基础，建立三维的建筑模型，通过数字信息仿真模拟建筑物所具有的真实信息。BIM应用于工程项目规划、勘察、设计、施工、运营维护等各阶段，各参建单位在建筑信息模型基础上的数据共享，为产业链贯通、工业化建造和丰富建筑创作设计提供技术保障。支持对工程环境、能耗、经济、质量、安全等方面的分析、检查和模拟，为项目全过程的方案优化和科学决策提供依据。支持各专业协同工作、项目的虚拟建造和精细化管理。需要加快完善数字基础设施，推进数据资源整合和开放共享，保障数据安全。全过程工程咨询数字化是以投资建设项目为对象，以新一代数字技术为核心手段，以贯穿项目全生命周期为特点，推动投资决策、项目设计、建设实施、资产交付、运营维护等全过程、全要素、全参与方的数字化、在线化、智能化，构建起项目、企业、产业和政府的平台生态化体系，为建筑行业实现高质量发展打下了坚实基础。

近十年，住房和城乡建设部连续不断颁发一系列文件，出台相关政策推进BIM技术的应用，要求各级住房和城乡建设主管部门要结合实际，制定BIM应用配套激励政策和措施，扶持和推进相关单位开展BIM的研发和集成应用，要求大力开发和利用建筑信息模型（BIM）、大数据、物联网等现代信息技术和资源，努力提高信息化管理与应用水平，为开展全过程工程咨询业务提供保障。进而发布了行业标准《建筑工程设计信息模型制图标准》JGJ/T 448—2018、国家标准《建筑信息模型设计交付标准》GB/T 51301—2018。政府推行由建设单位主导的BIM模式，结合《建筑信息模型应用统一标准》GB/T 51212—2016及当地设计成果审核备案、报建报批的要求为依据，将BIM模型和技术应用到建筑的全寿命期，在设计阶段建立三维模型，用于方案优选和深化，加入细节，深化为施工图深度模型，继续深化用于施工，可用于与施工单位交流沟通，保障工期和质量，竣工后模型用于辅助物业管理。

中国已初步形成BIM技术应用标准和政策体系，为BIM的快速发展奠定了坚实的基础。充分发挥大数据在城市发展科学决策、高效运行、精细治理和精准服务中的辅助作用，以重点地区、重点领域、重点行业大数据应用示范为引导，全面推动住房和城乡建设领域智慧化发展。开展装配式建筑信息模型（BIM）技术应用示范，推动建筑全生命期信息化，积极探索建筑信息模型（BIM）技术向城市治理、市政基础设施建设等领域的拓展应用。

第一节　BIM技术的特点

一、可视化与参数化

在BIM建筑信息模型中，由于整个过程都是可视化的，可以将以往的线条式的构件形成三维的立体实物图形进行展示。

参数化建模指的是通过参数而不是数字建立和分析模型，简单地改变模型中的参数值就能建立和分析新的模型。BIM中图元是以构件的形式出现，这些构件之间的不同，是通过参数的调整反映出来的，参数保存了图元作为数字化建筑构件的所有信息。

二、信息完整

信息完备性体现在BIM技术可对工程对象进行3D几何信息及完整的工程信息描述。

基于BIM技术可进行从设计到施工再到运营贯穿了工程项目的全生命周期的一体化管理。BIM的技术核心是一个由计算机三维模型所形成的数据库，不仅包含了建筑的设计信息，而且可以容纳从设计到建成使用，甚至是使用周期终结的全过程信息。

三、可模拟性强

在设计阶段，除展示建筑信息模型以外，还可以进行模拟实验，如节能模拟、紧急疏散模拟、日照模拟、热能传导模拟等。在招投标和施工阶段，可以进行4D模拟，也就是根据施工的组织设计模拟实际施工，从而来确定合理的施工方案来指导施工。同时还可以进行5D模拟（基于3D模型的造价控制），来实现成本控制。后期运营阶段可以模拟日常紧急情况的处理方式，例如地震人员逃生模拟及消防人员疏散模拟等。

四、优化便捷

BIM模型提供的建筑物的信息，包括几何信息、物理信息、规则信息等，可以解决复杂程度高的问题。可以把项目设计和投资回报分析结合起来，对设计变化与投资回报的影响可以实时计算出来。

例如裙楼、幕墙、屋顶、大空间到处可以看到异型设计，这些内容看起来占整个建筑的比例不大，但是占投资和工作量的比例和前者相比却往往要大得多，而且通常也是施工难度比较大和施工问题比较多的地方，对这些内容的设计施工方案进行优化，可以带来显著的工期和造价改进。

第二节　BIM的应用价值

BIM技术在工程建设中的价值日益凸显。BIM技术成为建筑企业提升项目精细化水平和实现建筑企业集约化管理的重要抓手。政策多次明确提出大力发展BIM技术，为建设工程提质增效、节能环保创造条件，实现建筑业可持续发展。

其价值和作用体现在以下3个方面：

（1）从项目层面看，数字化有利于推动各参与方实现降本增效。全过程工程咨询数字化是由项目各参与方协同应用的综合集成数字化交互体系，是一张蓝图绘到底的数字化管理模式，通过虚拟模型可以实现投资建设全过程的透明化、可视化，促进设计方案更加科学、施工组织更加高效、造价与资金管控更加精准、项目运维更加便捷，进而实现各参与方的资源优化配置。

（2）从行业层面看，数字化有利于加快工程建设行业转型升级。全过程工程咨询数字化是投资建设适应数字化发展的必然选择，其本质是利用数字技术，在追求成本优势基础上，对相关全过程咨询专业的再分工、再深化和再细化，在实现参与各方共赢的同时，将助推工程建设行业精细化管理与人力资源结构转型，加快行业升级重组并催生新兴业态，进而引发行业形态的深刻变革。

（3）从政府层面看，数字化有利于进一步提升政府治理效能。全过程工程咨询数字化通过共享交换覆盖项目投资建设全过程的标准化数据，为投资、规划、住房和城乡建设、消防、安全等部门的动态监管和大数据监管提供依托，并可通过有机融入城市信息模型（CIM），为智慧城市和政府数字治理提供基础支撑。这既有利于提升投资项目管理的科学化水平，促进投资决策和投资管理的规范化，也有利于提升行业监管效能，增强监管的针对性和实效性。通过推进数字化审图、数字化交付等，还有利于转变政府管理方式，提升政府管理效率。

其价值和作用具体体现在以下方面：

1）缩短工期，大幅降低建设成本。

通过运用BIM技术，可在设计阶段规避各专业冲突，优化设计方案，提高建造的施工效率，从而缩短建造工期。工期的缩短将大幅提高建设单位资金的周转效率，降低建造成本，从而实现建设单位投资的利益最大化。

2）提升项目质量，降低建造成本。

在建筑物的施工阶段，因为建筑行业技术门槛高，各专业之间协同效率低，返工重做的现象时有发生，造成了人力、物力、时间的大量损失，运用BIM技术，各专业提前在BIM模型上将建筑物模拟建造了一遍，通过不断优化建造方案，将可能出现的问题提前解决，可视化交底，提升项目质量，降低成本。

3）有效控制工程造价和投资。

建设是个大工程，也是投资的无底洞，我们经常看到的烂尾楼，大多都是因为投资人不堪重负而毁约撤资。基于BIM的造价管理，可精确计算工程量，快速准确提供投资数据，减少造价管理方面的漏洞，合理推算投资总额，准确率大大提高。

4）多方协同，提升效率。

当前建造的项目难度越来越大，很多实操步骤需要多方同时间段的协同管理，而基于BIM协同云管理平台软件，能随时随地将各专业链接在一起，通过实时模型控制施工进度，大大提升协同效率。建筑行业的大数据产业因其专业门槛高，基于BIM模型的数据存储和分析能力，能将建筑二维图纸和三维模型的大数据转化、流转和利用，为建筑物的全生命周期提供应用价值。

第三节　BIM未来发展的趋势

BIM的发展必将给建筑业带来新的革命。随着BIM研究和应用的深入，建筑业的分工将进一步细化，并能够实现三维环境下的协同设计、管理、运维。BIM技术的成熟，将形成内容完整的，应用广泛的，性能更优的建筑信息模型。

未来将实现高水平的虚拟现实技术，实现建筑工程全生命周期管理。随着通信技术和计算机技术的不断发展，建筑工程业的效率势必不断提高，未来BIM技术的发展预计将有移动终端的应用、无线传感器网络的普及、数字化&云计算的应用、扁平化协同模式创新与发展四大发展趋势。

第四节　BIM技术的管理

BIM技术涵盖了几何学、空间关系、地理信息系统、各种建筑组件的性质及数量等，BIM模型可以用来展示整个建筑生命周期，包括了兴建过程及营运过程。建筑信息模型用数字化的建筑组件表示真实世界中用来建造建筑物的构件。

一、各阶段BIM目标定位

BIM目标规划可以分解为：总体目标规划和阶段目标规划。

（一）总体目标规划

整体目标规划主要是解决BIM目标价值问题，比如：设计成果的审核优化、施工过程质量与成本的控制或运维阶段资产与能源管理系统等。不同的总体目标规划所需要的BIM实施策略与方式是不同的。

（二）阶段目标规划

阶段目标规划主要是基于总体目标的分解、解决BIM在各阶段的价值定位和深度要求，全生命周期的BIM阶段目标规划包括：方案策划阶段；设计阶段；施工阶段；运维阶段等几个阶段。虽然我们推荐BIM全生命周期的价值实现，但根据项目的需求，以上各阶段在BIM阶段目标规划中并不都是必需的。在实际工程中，很多BIM应用项目并不包含方案策划阶段，而真正实现竣工BIM模型，并把BIM数据库、模型继承到项目运维阶段、实现运维应用的项目也并不是很多，见表4-1。

各阶段BIM目标定位表　　表4-1

阶段划分	阶段工作内容	管理主要成果
策划与规划设计	策划与规划是项目的起始阶段。根据建设单位的投资与需求意向，研究分析项目建设的必要性，提出合理的开发规模、建设规模和投资规模，初步明确项目的规划设计条件	项目场址比选
		概念模型构建
		建设条件分析
		水文条件分析
方案设计阶段	主要目的是为后续设计阶段提供依据及指导性的文件。主要工作内容包括：根据设计条件，建立设计目标与设计环境的基本关系，提出空间建构设想、创意表达形式、结构方式及主要机电系统等初步解决方法和方案	场地分析
		强排方案
		竖向设计
		建筑性能模拟分析
		设计方案比选
		面积明细表统计
初步设计阶段	主要目的是通过深化方案设计，论证工程项目的技术可行性和经济合理性。主要工作内容包括：拟定设计原则、设计标准、设计方案和重大技术问题以及基础形式，详细考虑和研究各专业的设计方案，协调各专业设计的技术矛盾，并合理地确定技术经济指标	各专业模型构建
		建筑及结构平面、立面、剖面检查
		面积明细表统计
		工程量初步预估
		场地土方量预估优化
施工图设计阶段	主要目的是为施工安装、工程预算、设备及构件的安放、制作等提供完整的模型和图纸依据。主要工作内容包括：根据已批准的设计方案编制可供施工和安装的设计文件，解决施工中的技术措施、工艺做法、用料等问题	各专业模型构建
		辅助施工图设计
		专业冲突检测及三维管线综合
		竖向净空优化
		专业模拟仿真分析
		虚拟仿真漫游
		面积明细表统计
		工程量统计
施工阶段	施工阶段是指建设单位与施工单位签订工程承包合同开始到项目竣工为止。 在项目施工过程中，各个分部分项工程、各个专业、工作面作业交叉进行。BIM技术应用可以与工程施工同步进行，解决施工现场所需要的技术问题。 主要应用包括施工方案模拟、施工深化设计、施工顺序校验与分析、现场数据采集、图纸会审、可视化技术交底、安装方案模拟及构件预制加工、施工放样、施工质量与安全管理、设备和材料管理等方面	施工方案模拟
		施工计划模拟
		专业深化设计
		施工深化设计
		专业冲突检测及三维管线综合
		竖向净空优化
		虚拟仿真漫游
		图纸会审
		技术交底
		构件预制加工

续表

<table>
<tr><th>阶段划分</th><th>阶段工作内容</th><th>管理主要成果</th></tr>
<tr><td rowspan="5">施工阶段</td><td rowspan="5">施工阶段是指建设单位与施工单位签订工程承包合同开始到项目竣工为止。
在项目施工过程中，各个分部分项工程、各个专业、工作面作业交叉进行。BIM技术应用可以与工程施工同步进行，解决施工现场所需要的技术问题。
主要应用包括施工方案模拟、施工深化设计、施工顺序校验与分析、现场数据采集、图纸会审、可视化技术交底、安装方案模拟及构件预制加工、施工放样、施工质量与安全管理、设备和材料管理等方面</td><td>施工放样</td></tr>
<tr><td>工程量统计</td></tr>
<tr><td>设备与材料管理</td></tr>
<tr><td>质量与安全管理</td></tr>
<tr><td>竣工模型构件</td></tr>
<tr><td rowspan="5">运营维护阶段</td><td rowspan="5">主要目的是管理建筑设施设备，保证建筑项目的功能、性能满足正常使用的要求。使用过程中，如果存在改造工程，也在本阶段</td><td>可视化模型平台</td></tr>
<tr><td>建筑系统数据库</td></tr>
<tr><td>现场数据采集和集成</td></tr>
<tr><td>设备设施运维管理</td></tr>
<tr><td>工程单项改造管理</td></tr>
<tr><td rowspan="3">拆除阶段</td><td rowspan="3">主要目的是建立合理的拆除方案，妥善处理建筑材料设施设备，力求拆除的可再生利用</td><td>拆除施工方案模拟</td></tr>
<tr><td>拆除施工过程模拟</td></tr>
<tr><td>拆除工程量统计</td></tr>
</table>

二、BIM管理的工作内容

（一）方案设计管理

审查设计单位利用BIM辅助设计成果：面积分析（利用 BIM 辅助设计统计建筑自然层水平面面积，提供《面积分析报告》，内容包括基于 BIM 信息模型的面积统计结果，计算模型图片）、日照轨迹分析（模拟太阳辐射、日照轨迹等各种能量分析，其内容包含全年或某特定时日太阳轨迹对建筑物的光照影响分析依据）、风环境分析（周边建筑物风能对本栋建筑是否有影响，能在方案阶段确定建筑物的外形、高度提供参考依据）、人员安全疏散分析成果（通过建立建筑物信息模型，导入疏散分析软件进行人员灾害疏散分析并提供相关分析报告）等，编制审查报告。

（二）初步设计管理

利用BIM对设计单位的所有初步设计成果（包括图纸等）进行专业技术性审查，发现图纸错、漏、碰、缺等问题，提出修改意见，形成审查报告，并监督修正。

（三）施工图设计管理

（1）利用 BIM 对设计单位的所有施工图设计成果（包括图纸、效果图等）进行专业技术性审查，判断其设计成果是否符合国家及地方法律、法规、规范、规定、标准等的要求，是否存在设计不合理、缺陷等问题，并提出修改意见、出具报告和监督设计单位限期内修正设计，确保工程设计质量满足要求。

（2）对 BIM 模型标准中涵盖的各专业，分别建立 BIM 样板段模型并且此模型应与 BIM 标准中的模型要求一致，并可以用于指导设计模型。

（3）审核设计单位利用 BIM 模型进行的各项应用成果。

（4）对设计单位各专业最终施工图设计的模型整合结果进行检查。

（四）施工深化BIM模型管理

（1）管理各专业施工对各专业施工BIM深化模型深化工作进度。

（2）审查验收各专业施工BIM深化模型成果，形成审查报告，并监督修正。

（五）质量管理

（1）审查各阶段BIM模型成果、信息内容满足所制定的项目相关BIM标准。

（2）审查施工单位施工优化调整内容反馈至BIM模型的正确及完整性。

（3）利用BIM信息化平台，自动生成现场施工管理的质量表单，控制，跟踪，解决好项目质量问题。

（4）督导及审查施工单位利用4D虚拟建造模型，跟踪施工单位的进度，并确保施工单位按各时间节点完成阶段性成果。

（5）定期召开施工整合协调会议，督导施工单位运用BIM三维可视化技术辅助 施工整合检讨，并落实会议记录进行追踪列管。

（6）依据会议需求，督导施工单位运用BIM模型即时提供模型演示、模型即时 修正及编辑、模型批注，辅助会议整合检讨。

（7）监督相关方利用三维激光扫描等技术，对工程进行实时复测复核，及时找出问题并解决。

（8）督导及审查施工单位将设备信息及运营管理信息导入BIM模型。

（9）督导施工单位将BIM模型即时更新信息反馈在BIM云端信息管理平台。

（六）进度管理

（1）审查设计单位月进度及阶段性成果报告，提交设计阶段月进度及阶段性审查成果报告，并确保设计单位按各时间节点完成阶段性成果。

（2）审查施工单位相应月进度及阶段性成果报告，提交施工阶段月进度及阶段性审查成果报告，并确保施工单位按各时间节点完成阶段性成果。

（3）督导施工单位将计划施工进度信息在BIM云端信息管理平台上挂接施工组织流水段。

（4）督导施工单位将实际施工进度信息即时更新信息反馈在BIM云端信息管理平台。

（七）成果管理

将施工图阶段的BIM模型等成果和数据进行整理、存档、编号并保存至业主指定BIM协同平台。

（八）数字化移交及归档

BIM服务单位应根据业主的要求，在工程竣工阶段开展数字化移交工作，对工程建设周期内所有成果进行整理，对工程数字化文档、纸质文档图纸等进行整编，并将其同竣工信息模型、BIM协同平台数据库向甲方进行移交，完成所有数字化及纸质文档的归档工作和手续。

第五节　BIM技术管控要点

一、BIM实施的主体责任

BIM实施的主体责任是把各参建单位在项目BIM实施过程中的角色和责任描述清楚。一般情况下，项目实施的不同阶段BIM实施的主体是不同的，设计阶段项目成果控制主体是设计单位、施工阶段项目实施的主体是总承包单位。BIM主体实施单位应该与项目实施主体是一致的，才能保证BIM实施的效率、模型数据的动态调控以及模型数据的唯一性与准确性。

为确保BIM数据的唯一性和准确性，在项目施工过程中，BIM模型必须保持与项目施工过程的同步，尤其是对于项目变更洽商的一致性。

此外，在施工阶段BIM实施过程中，总承包单位应负责对分包单位、设备供应商BIM实施进行管理，总承包单位负责BIM数据的整合工作。在此过程中，建设单位（咨询管理方）或BIM第三方咨询单位可以成为项目施工阶段BIM实施的规划者和管理者，并且针对大部分总承包单位技术能力偏弱问题，第三方咨询单位可以作为技术支撑协助实现施工阶段的BIM价值。

以咨询服务机构为主导的BIM实施，首先需要明确各参建单位在项目实施过程中责任与角色，见表4-2。

各参建单位责任分配表 **表4-2**

序号	阶段	参与方及责任			
		建设单位	设计单位	咨询服务机构	总承包单位
1	设计阶段	—	主体	辅助	—
2	施工阶段	—	辅助	管理	主体
3	竣工阶段	—	—	管理	主体
4	运维阶段	辅助	—	主体	—
5	推广展示	管理	辅助	主体	辅助

在项目施工、竣工阶段，项目总承包单位为BIM实施的主体单位，负责制定项目的施工计划和实施工作，及成果的提交时间和质量，建设单位或咨询服务机构是项目实施的管理单位，负责项目的计划审核、实施管理、成果监督及审核工作。

在项目的全过程推广展示阶段，建设单位或咨询服务机构是项目实施的主体单位，对项目实施的成果提交时间和质量负责，设计单位为辅助单位，负责相关设计资料的提供，建设单位单位为管理单位，主要提出项目推广展示的计划及成果需求。

二、模型及标准管理

项目BIM模型可能是有多个参建单位或团队共同完成的，即使不存在多单位协同问题，BIM工作组也需要建立BIM模型及编码标准，这类似于我们在开始CAD二维设计绘图之前建立的图层、线型、颜色等管理及技术标准。

根据BIM推动发展的需求，行建设单位管部门对BIM国家实施标准进行了整体规划，其中最重要的是以下4本规范标准：

《建筑信息模型应用统一标准》GB/T 51212—2016。

《建筑信息模型分类和编码标准》GB/T 51269—2017。

《建筑信息模型设计交付标准》GB/T 51301—2018。

《建筑信息模型施工应用标准》GB/T 51235—2017。

很多省市也颁布了地方BIM实施标准。在项目开始BIM实施前，基于以上BIM标准，咨询单位应根据项目具体特征主导形成项目级BIM技术实施统一的标准。

如前所述，BIM技术的本质是与项目匹配的唯一、完整的信息数据源。首先，信息数据源包含了项目几何信息、物理信息、经济信息等所有有价值的信息；信息的唯一性（即信息必须是唯一源头、唯一主线发展的）、信息的完整性（即最大限度将所有专业、所有参建方有价值的信息包含进来）。必须对BIM实施过程进行严格、有效的数据管理方可实现。

三、数据及接口管理

BIM能提供唯一的、准确的数据，BIM各阶段实施的数据接口设计将涉及BIM核心平台软件、BIM专业辅助分析软件以及运维信息系统平台等多种软件及平台，BIM模型及信息数据需要在多个系统间进行传递、继承与深化工作。系统数据接口标准可能包括：核心软件及模型格式、分部模型数据交换格式及标准、整合模型数据及标准、文档说明交换格式及标准、主要软件数据转换方式、其他数据交换标准等数据集模型接口统一与设计。

四、轻量化模型输出与管理

随着项目的BIM模型深度与精度的增加，BIM模型的数据规模也将变得非常大，模型数据的存储、显示和调用将对硬件要求非常高。为了解决这一问题，实现BIM数据更广泛、更便捷地应用，需要基于项目基础模型形成轻量化模型。

模型轻量化的主要途径是通过降低模型的可编辑性以及部分模型数据的整合，从而实现模型的轻量化。轻量化模型支持建筑、结构、机电、幕墙、钢结构各专业模型轻量化，轻量化模型包含几何信息、主要属性信息；轻量化模型包含的属性信息也可自根据需要自行定义。

针对项目BIM应用需求的属性、对数据的基本要求，有针对性地制定模型轻量化的方式可以提升BIM模型数据的使用效率和质量，因此，在BIM模型数据使用过程中心，需要对模型轻量化过程、成果进行有效的管理。

五、成本管控

在项目前期规划、选址、方案设计、初步设计阶段对项目投资成本影响很大，但是在此阶段很难获得项目投资的准确信息。设计阶段的BIM模型及数据库积累的造价信息对项目成本可以实现相对准确的分析与估算。

在施工过程中，通过工程量及成本信息实时输出，及时了解项目成本变化，对项目投资进行动态监管与控制。利用BIM的可视化模拟功能，可以清晰地汇总变更的数量和影响范围，对设计变更进行经济、技术及功能进行对比分析，选择合理的实施方案，对设计变更所产生的成本进行有效控制。

通过BIM施工模拟和记录过程，显示当前的工程量完成情况和施工状态的详细信息，尤其是工程量难以用传统方法计算的异形、特殊工程，通过BIM相关软件实现快速、精准的计算，就能够及时做好工程计量及工作审核，有效防止工程进度款超付和提高结算的准确度，合理计取费用标准，正确反映工程造价。

第六节　内蒙古少数民族群众文化体育运动中心项目

一、BIM设计管控要点

(一) 基于BIM技术的方案优化和数值分析

建筑方案设计阶段BIM的应用已经在设计行业应用非常普遍，无论是形体构造、建筑造型，还是场地强排方案，都可以借助BIM三维技术手段。在方案深化设计阶段，还可以将数值分析技术与BIM技术结合，形成深化方案的对比与优化过程。

项目建筑外立面方案为蒙古国艺术家根据民族元素特色手工绘制，再由建筑方案单位使用3Dmax建立初步几何模型描述。因此BIM建模工作需要对建筑方案模型进行数据转换和解析工作，以下以主楼为例说明模型解析过程。

主楼两翼屋面通过与原3Dmax模型拟合，提取原曲面多个方向的结构曲线，重新拟合赋予参数得出两个主要方向的曲线方程，其中横剖面的方程为抛物线方程，纵剖面的方程为直线加上抛物线，如图4-1所示。

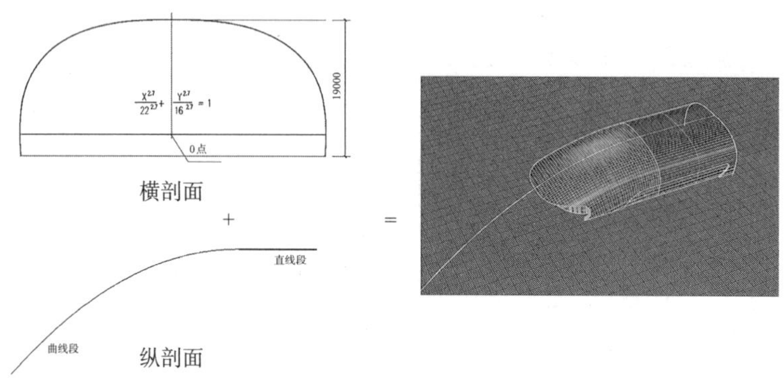

图4-1 主楼建筑几何形体解析

通过这两条曲线放样，可形成现项目模型的基本造型曲面，曲面在直线段处为单曲面，在曲线段处由单曲曲面过渡到双曲面。

主楼马鞍处的曲面非常复杂，其模型是通过对原模型的结构线提取，重新放样制作。中部为单曲面，边缘以及落地处为双曲面，过渡区域复杂，如图4-2所示。

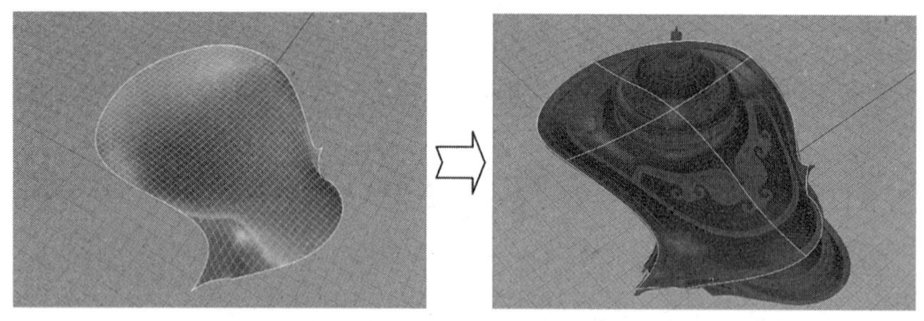

图4-2 主楼主入口模型构建

综上所述，该项目建筑模型解析主要路径为：基于原有建筑方案3Dmax的模型，对几何曲面进行剖切解析，力求形成解析方程；建立了Rhino表皮模型，将表皮数据模型转换至Revit软件，进行建筑及结构BIM基本模型建模工作；将结构模型转换至其他钢结构专业软件进入详图及加工模型的完善。

（二）基于BIM技术的场地分析及竖向设计

BIM技术可以与GIS技术、倾斜摄影以及卫星遥感技术结合，获得精确的场地水平及标高信息，以支撑项目设计过程中的场地分析和竖向设计。合理的场地分析和竖向设计不仅可以实现优化的设计方案，还可以大幅度降低土方转运的工程成本与周期。

在项目设计管理初期中，通过对设计成果的审核发现，设计标高确定未考虑原始地貌高差，导致三栋主体建筑采用统一的基底设计标高，由此带来近40万m^3土方工程量，并且净缺土方量达到38万m^3。考虑项目实施周期不具备大范围周转土方条件，且周围是万亩草场，不具备土方资源，必须对设计标高进行优化，从而控制土方工程量。

基于BIM技术建立原始地貌模型，并将设计BIM模型与地貌模型进行叠合，精确计算项目实际土方工程量。通过建筑标高调整进行土方量进行分析，最终实现土方量的减少并实现挖填方的平衡。

1. 原始场地地模分析

根据测绘单位提供的原始场地方格网测绘数据，建立原始建设场地地形地貌模型，整个场地用地面积达63.4公顷（951亩），场地规模宏大，如图4-3所示。由于原始场地处于大青山南缓坡平原地带，整个场地呈现从东北至西南场地高程递减的趋势，最大高差可达18m，主体建筑范围内高差达7m，如图4-4所示。

图4-3　场地地形地貌分析

图4-4　地形模型与建筑模型叠合

2. 原设计标高及土方量分析

依据原有设计成果及现状地形，基于BIM模型对土方量进行了计算分析，结果显示，场地填方量约为39万m^3，挖方量约为1万m^3，净填方约为38万m^3，土方缺口巨大。

3. 设计标高及土方量优化

基于BIM模型数据分析基础进行土方量优化，包括以下3个阶段工作。

（1）优化方案讨论。

经综合分析，确定了3种调整方案：

1）主体楼、亮马圈、看台楼整体标高同步降低。

2）依据场地走势，主体楼、亮马圈、看台楼顺次降低标高。

3）主体楼、亮马圈标高同步降低，看台楼标高不变。

（2）优化方案计算分析。

根据以上3种调整方案，基于BIM模型支持分析，结果见表4-3。

主体建筑地块土方量分析 **表4-3**

	建筑底标高			土方量计算值		
	主体楼	亮马圈	看台楼	填方（m^3）	挖方（m^3）	净值（m^3）
1	1152	1152	1152	392033.85	9209.44	382824.41
2	1151	1151	1151	302083.94	20360	281723.94
3	1150	1150	1150	214459.81	40122.5	174337.31
4	1150	1150	1151	230445.71	31340.33	199105.38
5	1150	1151	1151.5	258314.56	19606.32	238708.24
6	1149.5	1149.5	1150.5	186120.32	43954.88	142165.44
7	1149.5	1149.5	1150	180477.29	48689.75	131787.54
8	1149.5	1149.5	1149.5	170624.57	54648.76	115975.81
9～18	……					
19	1147	1148	1150	70407.84	93858.39	−23450.55
20	1147	1148.5	1150	72344.2	84198.39	−11854.19

综合上述结果，经各方协调，最终确定第三种方案最优，此方案可保证主看台楼与赛道标高关系，并对原设计改动也最小，设计最能接受。

（3）优化方案完善

基于第三种优选方案的计算分析，尚存在一定的土方缺失，缺失量大概为2.4万m^3。为解决这一问题，并解决亮马圈标高下降后，南北两侧仍能实现对外消防疏散的要求，在亮马圈南北两侧增设下沉广场。在此基础上，进行了细化的土方量计算分析，最终结果见表4-4。

根据最后调整方案计算土方量 **表4-4**

计算面积(m^2)	填方(m^3)	挖方(m^3)	净值(m^3)
76650.44	83570.07	74458.37	9111.7

(三)基于BIM技术的设计成果审核

项目管理单位应用BIM技术，对各阶段设计成果进行内部审核及优化。目的是解决设计矛盾与错误，提升项目设计质量，控制施工过程中设计变更的数量。设计成果审核及优化包括以下几个方面：专业设计规范检查、主要公共空间校核、公共空间净高优化、专业间几何及物理碰撞检查等方面内容。

作为提升项目设计成果质量的有效手段，基于BIM技术的设计成果审核可以大幅度降低施工过程中、因二维技术手段所带来的错漏空缺所带来的设计变更，从根源上对项目成本进行控制，全面提升项目的实施品质。

该项目为异形建筑，二维平面的专业配合及图纸表达存在的局限是毋庸置疑的，因此需要基于BIM技术对项目设计成果进行审核及优化。将BIM应用到建筑设计中，设计平台将承担起各专业设计间“协调综合”工作，设计工作中的错、漏、碰、缺问题可以得到有效控制。以多功能主楼为例，建筑不同标高的平面回收变化，造成设计时管线等冲出墙面的情况，如图4-5所示。

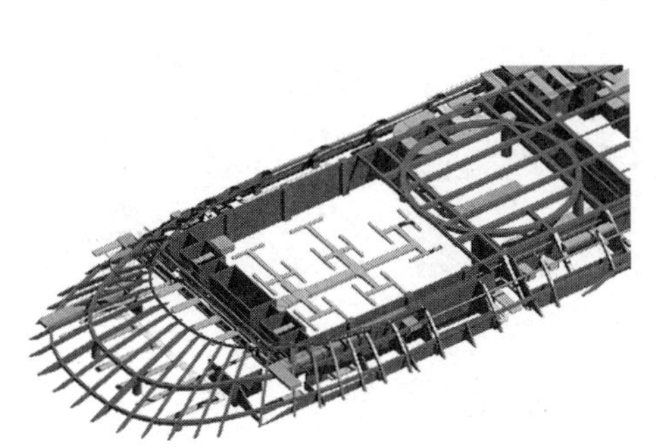

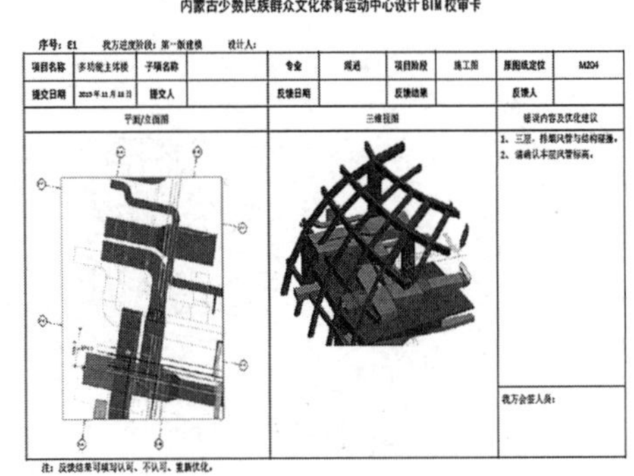

图4-5 审核及优化

(四)基于BIM技术的专项深化设计

BIM在工程项目应用，深化设计是最直接和最广泛的应用之一，BIM三维技术手段可以有效提升机电设备深化设计能力、可以提升复杂钢结构深化设计能力、也可以提升异形幕墙、屋面的深化设计能力，如图4-6所示。BIM对深化设计的价值，有效提升了项目设计的落地性、设计数据与生产数据的有效承接与对接、促进数字化下料与生产，大幅度提升了项目的实施效率、并有效控制了项目生产过程中的浪费问题。

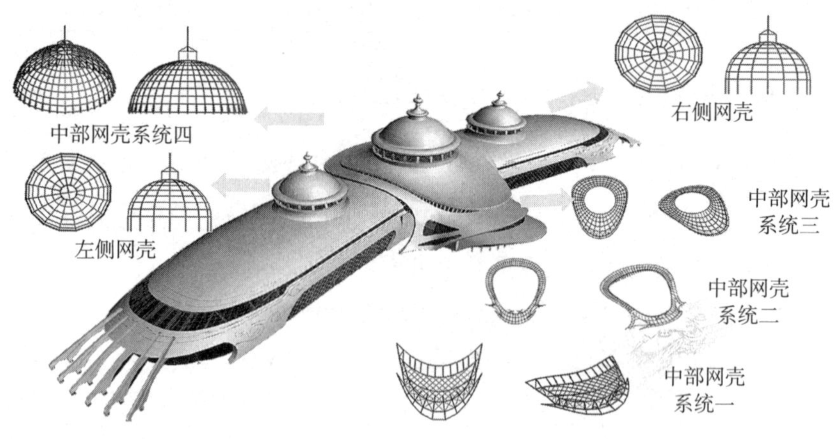

图4-6 深化设计

（五）基于BIM技术的净高优化及空间分析

基于BIM技术的三维管线综合，可以优化机电设备管线的排布方式、降低其占用的空间面积，从而实现对室内使用空间、走廊、主要出入口经过进行优化，净高优化后项目获得更好的空间效果，将明显提升项目的使用品质，如图4-7所示。

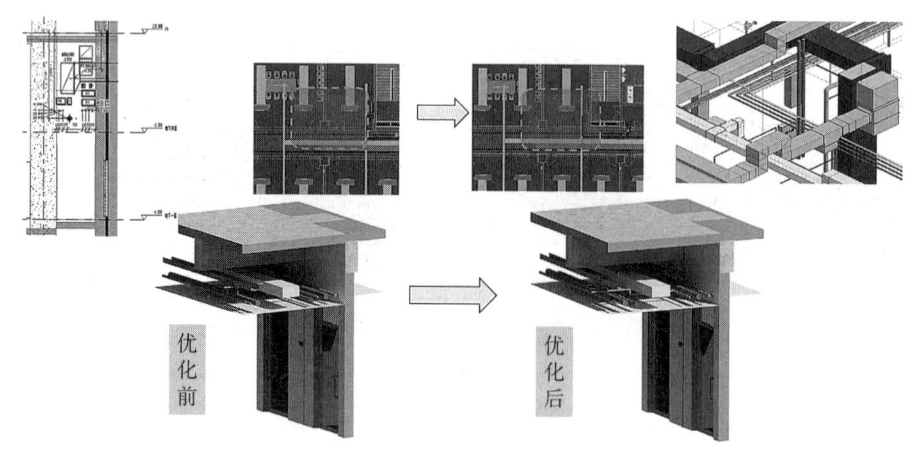

图4-7 净高优化

（六）基于BIM技术的专项技术优化分析

BIM技术支持项目室内外环境数值模型，BIM技术提供了项目准确的三维模型，专业的软件基于三维模型，可以对项目环境数据进行动态模拟，这些数据包括温度、湿度、空气洁净度舒适度等，也可以包括消防疏散、火灾、水灾等的安全性模拟。

针对设置的火灾场景，进行火灾烟气模拟分析，针对可能受到火灾影响的最高有人地面2.0m处的能见度、温度和CO浓度等参数进行监测，得到各火灾场景的危险来临时间，如图4-8所示。

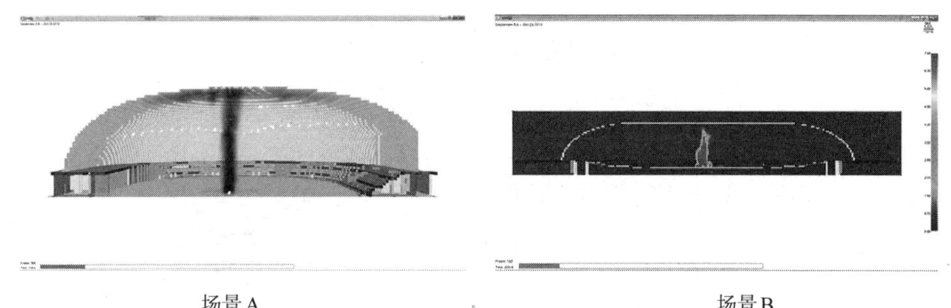

场景A　　场景B

图4-8　火灾场景模拟

二、BIM现场管控要点

（一）施工平面布置辅助管理

基于BIM技术可以实现三维环境及数据支撑下的施工平面布置及施工作业面的管理。优化的施工平面布置有利于总体提升项目施工过程的效率和技术实施能力。

该项目3栋主体建筑相邻较近，由于工期要求，3栋建筑必须全面展开作业面、平行施工才能保证项目的按时完工。因此，需要基于BIM技术合理布置现场，规划好施工组装场地和进出通道，优化原材料和半成品的堆放和加工地点，减少运输费用和场内二次倒运，有效利用场地的使用空间，提高劳动效率，如图4-9所示。

（二）施工方案及施工顺序模拟

对于复杂工程，施工顺序模拟分析是施工方案的重要组成，施工顺序模拟内容主要包括结构施工顺序模拟、机电系统施工顺序模拟以及项目内大型设备、设施进场模拟等内容。

该项目钢结构工程所包含的结构形式较多，其中包括大跨度三角拱桁架、平面单层网壳、环形网架、主次梁楼面系统等等，因此3个单体、不同结构形式同

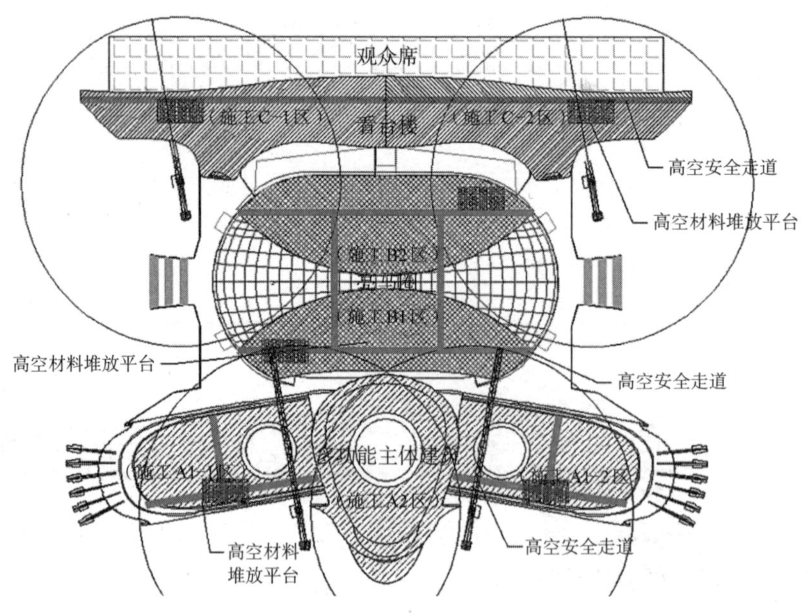

图4-9　施工平面布置

时施工的施工方案选择、施工顺序安排就显得尤为重要。基于BIM技术对施工方案和施工顺序进行了专项分析与模拟，如图4-10所示。

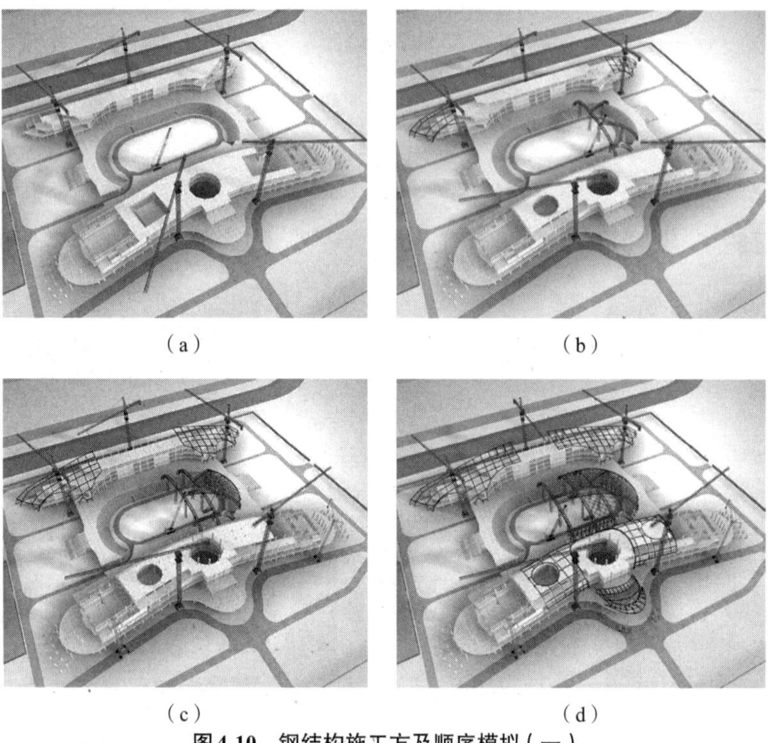

图4-10　钢结构施工方及顺序模拟（一）

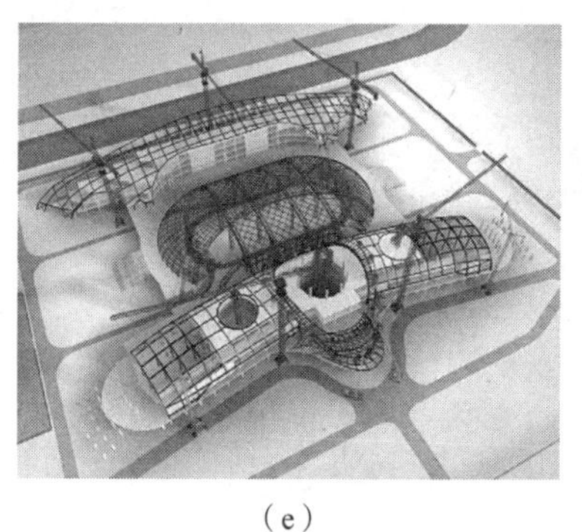

(e)

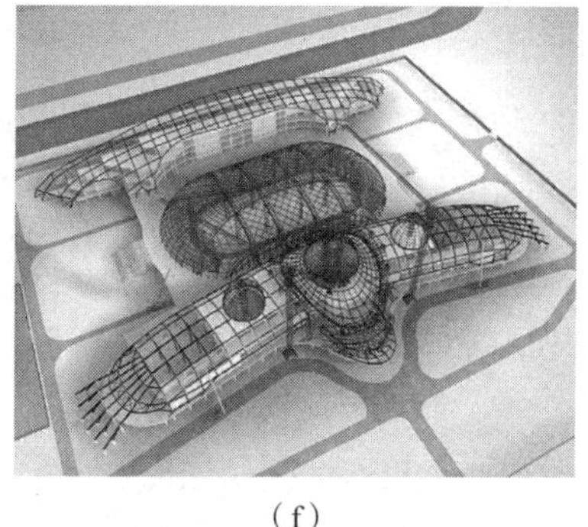

(f)

图4-10　钢结构施工方及顺序模拟(二)

该项目钢结构工程根据结构形式不同，施工工艺采用了多种工艺方法。钢结构施工方案模拟分析以施工工艺为基础，针对不同的结构形式、工程进度要求，采用不同的施工工艺。对于局部有特殊要求的部分创建施工工艺模型，将施工工艺信息与模型关联，输出资源配置计划、施工进度计划等。

(三)结构及构件工厂数字化加工

结构及构件的数字化加工主要针对的是钢结构工程，一般钢结构工程精度要求较高，工厂化的加工也可以实现更精细的加工。BIM技术实现工厂数字化加工过程，需要BIM技术与钢结构深化设计结合，实现基于BIM的钢结构深化设计，实现准确真实的钢结构深化设计成果。

由于该项目建筑立面不规则，导致钢结构绝大部分受力构件存在弯弧、弯扭情况，铝板屋面绝大部分为双曲面造型，这些构件及面板加工制作及质量控制均存难点。运用BIM技术，根据准确的BIM数字模型成果进行工厂数字化加工，如图4-11所示。利用BIM模型数据指导加工，提高工作效率，提升建筑质量。

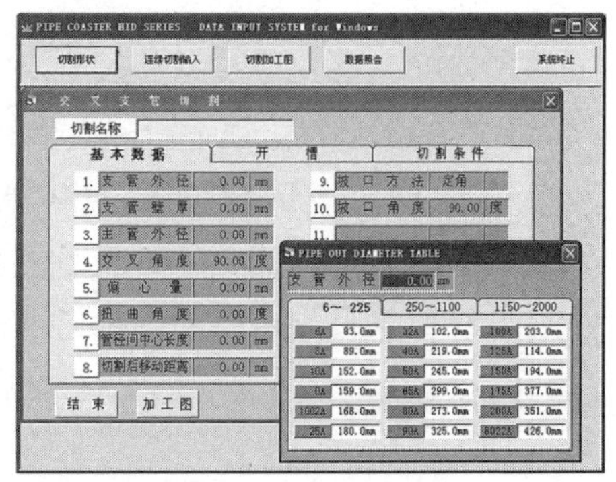

图4-11　钢结构数字化加工

在钢结构工程数字加工实施过程中要求：

（1）钢结构及分部工程数字加工需要基于加工模型完成，加工模型在深化设计模型基础上得到，并补充关联材料信息、生产批次信息、工期成本信息、生产责任主体等信息。

（2）产品加工过程相关信息需要附加或关联到钢结构构件加工模型，实现加工过程的追溯管理，对于特殊构件及节点需要制定专项加工方案。

（四）构件物流及存储过程管理

基于BIM技术的物流和存储应用，主要是在钢结构工程系统或混凝土装配式工程，在主要结构构件物流和存储方面，可以实现BIM技术与RFID技术、物联网技术的结合应用，更好的实现对工程进度的跟踪控制与管理。

该项目钢结构及分部工程涉及工厂加工的主要构件及面板超过3.5万个，这些构件绝大部分是各不相同的，如何在构件物流及存储管理环节提高效率和准确率，是项目按期完工的关键因素之一。通过BIM技术与物联网技术结合，实现构件实时监控：每个构件上粘贴包含各种信息的二维码“身份证”，实现对构件在成品入库、成品出厂、进场验收、安装完成各个关键环节的监控。

另一方面，基于BIM技术，构件状态实时反映到BIM模型，在BIM模型中通过不同颜色的形式展现实际工程进度状态，确保项目相关方实时掌握工程进度。并可以根据需要生成项目进度实时统计报表等功能，如图4-12所示。

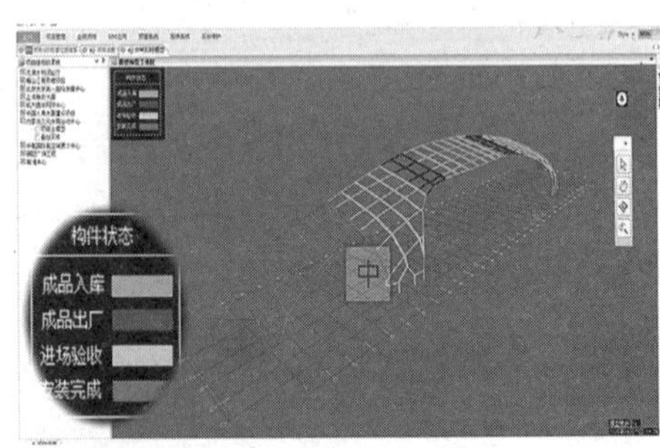

图4-12　构件二维码及模型状态显示

（五）结构构件预拼装模拟及管理

BIM技术的虚拟预拼装技术，本质是三维激光扫描技术为基础的逆向成模检测技术。本项目通过三维激光扫描相关技术，实现实物模型数字化、数据预处理、三维模型重建，并应用于结构数字化预拼装。

该项目主体钢结构造型复杂，弯扭构件、铸钢件多，可利用激光扫描逆成模技术，采用精度达0.085mm的工业级光学三维扫描仪及摄影测量系统，对加工完成的构件逆向成形，并使用BIM技术进行预拼装模拟，如图4-13～图4-15所示。

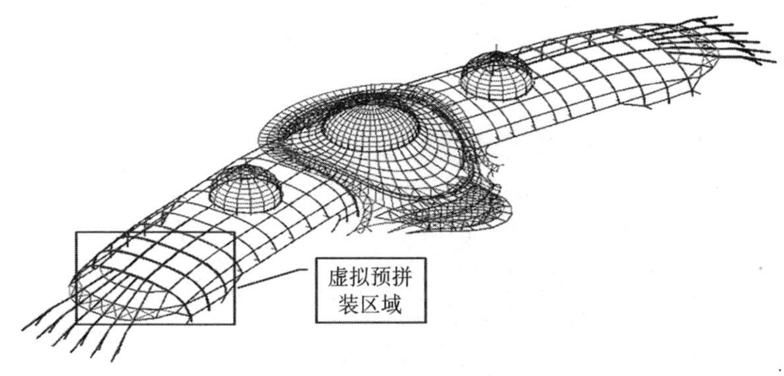

图4-13　钢结构虚拟预拼装范围

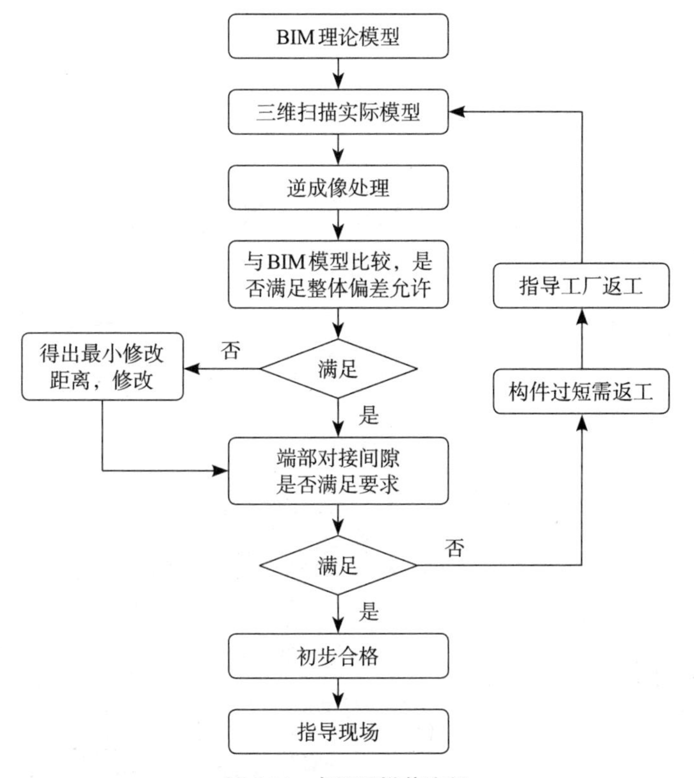

图4-14　虚拟预拼装流程

该项目使用结构虚拟预拼装技术，不仅节约了现场拼装的成本投入，而且大大降低了传统实体预拼装对现场安装工期的制约，有效保证了施工进度。

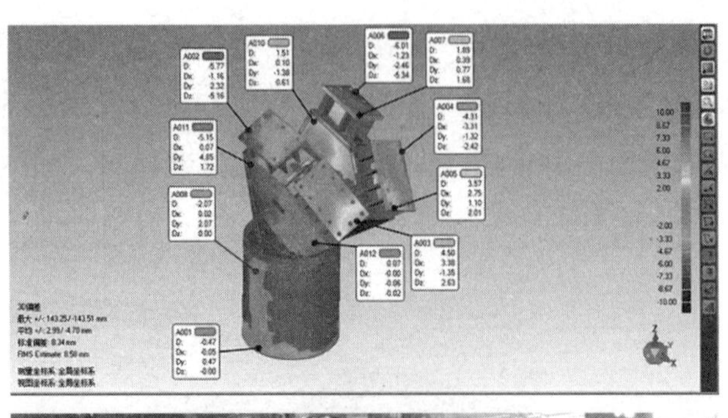

图4-15　复杂构件三维扫描检测

（六）现场施工质量辅助管理

施工过程中，BIM技术作为模拟建造有效技术手段，可以对施工方案、施工顺序、复杂部位的施工技术进行模拟，可以直接提升项目施工效率和质量。此外，基于BIM技术的多方图纸会审、可视化技术交底也可以间距提升项目施工质量。项目竣工验收作为项目质量控制的关键环节，也可以借助BIM技术辅助完成，如图4-16所示。

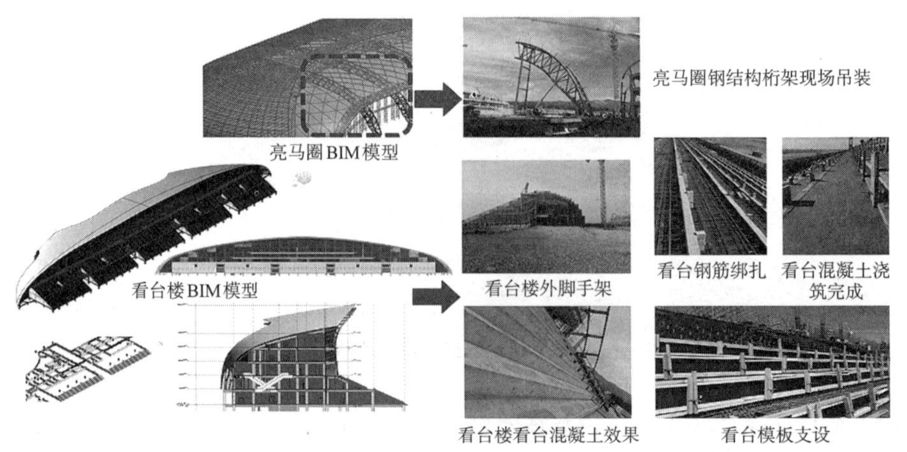

图4-16　BIM质量辅助管理

（七）现场施工安全辅助管理

基于工程完整三维BIM模型，可以协助管理单位对项目标段划分、各标段施工方案论证等施工计划进行有效的管理；对施工作业面、施工进度等施工过程进行有效的控制；对施工过程中存在的风险进行预警分析、跟踪解决。

结合项目实施阶段的航拍或摄影技术，可以对项目施工过程进行可视化动态监控与管理，有效提升传统工程监管的效率；可以对项目中危险区域、危险源进行三维排查，并可视化的预警及监控管理，提升项目施工过程中安全性，如图4-17所示。

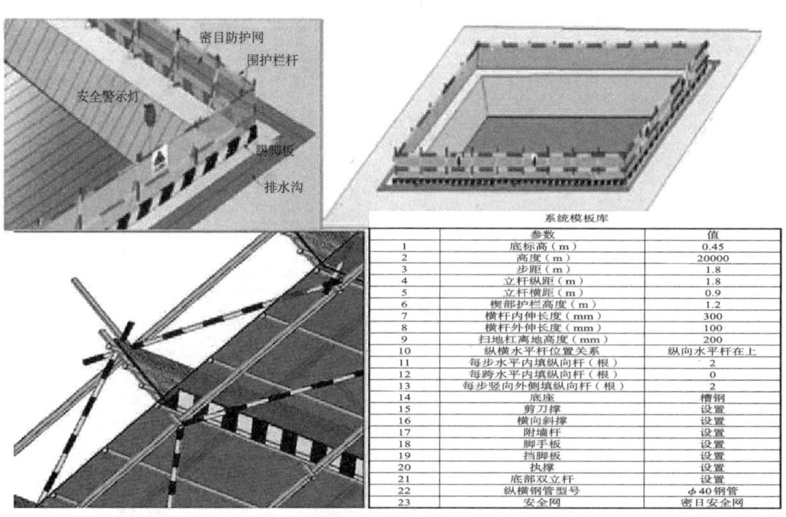

系统模板库

	参数	值
1	底标高（m）	0.45
2	高度（m）	20000
3	步距（m）	1.8
4	立杆纵距（m）	1.8
5	立杆横距（m）	0.9
6	楔部护栏高度（m）	1.2
7	横杆内伸长度（mm）	300
8	横杆外伸长度（mm）	100
9	扫地杠离地高度（mm）	200
10	纵横水平杆位置关系	纵向水平杆在上
11	每步水平内填纵向杆（根）	2
12	每跨水平内填纵向杆（根）	0
13	每步竖向外侧填纵向杆（根）	2
14	底座	槽钢
15	剪刀撑	设置
16	横向斜撑	设置
17	附墙杆	设置
18	脚手板	设置
19	挡脚板	设置
20	执撑	设置
21	底部双立杆	设置
22	纵横钢管型号	ϕ40钢管
23	安全网	密目安全网

图4-17　BIM:可视化管理危险区域

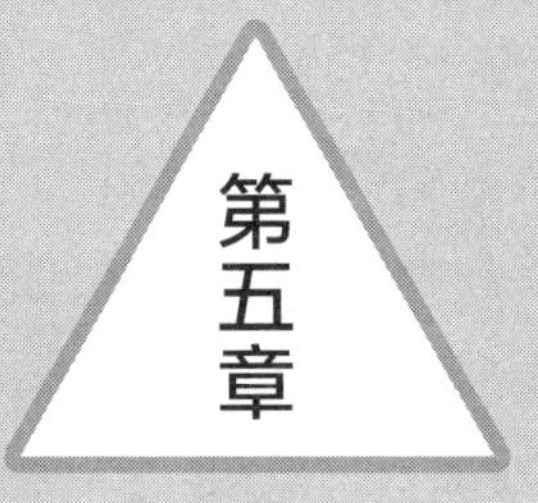

招标采购管理

项目的品质、质量、投资额不仅取决于设计、施工建造与项目管理，同样也取决于招标采购工作的成效，招标采购对合同管理以及投资控制起着非常重要的作用，如果招标采购工作没有得到足够的重视，仅参照招标采购示范文本，编制招标采购文件，履行招标采购程序，那么就会产生很多争议和纠纷问题。招标采购管理涉及技术、合同、经济、法规，市场信息、大数据的收集与积累，要做好招标采购管理咨询需要整个管理咨询团队密切配合。招标采购管理工作须彻底改变仅重视实施阶段，而忽略其他阶段的情况。招标采购工作应该往前推往后移，招标采购管理工作要从前期咨询、设计、监理、造价或全过程咨询服务开始统筹安排，招标采购工作方式、工作内容与范围要整体策划，要根据项目实施情况做系统计划，从方案设计、项目建议书开始，到施工过程中的各类型设备招标采购，甚至延续至项目运营，招标采购结果好坏直接影响设计、施工的效果，投资金额的高低以及现场管理是否顺利。

一、采购与招标

采购是采购人有偿获取资源以满足自身需求的经济活动。常用的采购方式有招标、询价、比选、磋商、竞买、订单等方式。招标投标是一种有序的市场竞争交易方式，也是规范选择交易主体、订立合同的法律程序。

采购有多种方式，招标只是其中一种常用的方式。因为招标这种采购方式已被广泛地使用，习惯上人们也称招标为“招标采购”。

通常情况下，采购是属于买方主导的购买行为，而招标是属于选择交易对象的一种方式，既有购买行为，如工程、货物和服务的采购，也有出售行为，如特许经营权、土地使用权、科研成果和技术专利等的出售或出让。

采购、供应双方在采购合同订立过程及订立后，双方的行为和责任、权利和义务受《中华人民共和国合同法》(以下简称《合同法》) 的约束。但在招标过程中，招标投标双方的权利、义务以及招标投标程序等须严格遵守《中华人民共和国招标投标法》(以下简称《招标投标法》) 的规定，同时受《合同法》的约束。

二、招标投标的作用

招标投标的作用主要体现在4个方面：

（1）优化社会资源配置和项目实施方案，提高招标项目的质量、经济效益和社会效益。推动投融资管理体制和各行业管理体制的改革。

（2）促进投标企业转变经营机制，提高企业的创新活力，提高技术和管理水平，提高企业生产、服务的质量和效率，不断提升企业市场信誉和竞争能力。

（3）维护和规范市场竞争秩序，保护当事人的合法权益，提高市场交易的公平、满意和可信度，促进社会和企业的法治、信用建设，促进政府转变职能，提高行政效率，建立健全现代市场经济体系。

（4）有利于保护国家和社会公共利益，保障合理、有效地使用国有资金和其他公共资金，防止浪费和流失，构建从源头预防腐败交易的监督制约体系。

第一节　招标采购的法律法规及规章

一、《招标投标法》

《招标投标法》是中国市场经济法律体系中一部非常重要的法律，是招标投标领域的基本法律。主要规定了必须招标的范围、招标投标活动应遵循的基本原则、招标方式、招标代理机构的地位、招标公告和投标邀请书的发布、对潜在投标人的资格审查、招标文件的编制、澄清或修改等内容。还具体规定了参加投标的基本条件和要求、投标人编制投标文件应当遵循的原则和要求、联合体投标，以及投标文件的递交、修改和撤回程序、开标、评标和中标环节的行为规则和时限要求等内容。

（一）适用范围

1. 地域范围

《招标投标法》适用于在中国境内进行的各类招标投标活动，这是《招标投标法》的空间效力。“中国境内”包括中国全部领域范围，但依据《中华人民共和国香港特别行政区基本法》和《中华人民共和国澳门特别行政区基本法》的规定，并不包括实行“一国两制”的香港、澳门地区。

2. 主体范围

《招标投标法》的适用主体范围很广泛，只要在中国境内进行的招标投标活动，无论是哪类主体都要执行《招标投标法》。具体包括两类主体：第一类是国内各类主体，既包括各级权力机关、行政机关和司法机关及其所属机构等国家机关，也包括国有企事业单位、外商投资企业、私营企业以及其他各类经济组织，同时还包括允许个人参与招标投标活动的公民个人。第二类是在中国境内的各类外国主体，即指在中国境内参与招标投标活动的外国企业，或者外国企业在中国境内设立的能够独立承担民事责任的分支机构等。

3. 例外情形

按照《招标投标法》第67条规定，使用国际组织或者外国政府贷款、援助资金的项目进行招标，贷款方、资金提供方对招标投标的具体条件和程序有不同规定的，可以适用其规定。但违背中国的社会公共利益的除外。

（二）基本原则

招标投标制度是市场经济的产物，并随着市场经济的发展而逐步推广，必然要遵循市场经济活动的基本原则。招标投标活动应当遵循公开、公平、公正和诚实信用的原则。

1. 公开原则

即“信息透明”，要求招标投标活动必须具有高度的透明度，招标程序、投标人的资格条件、评标标准、评标方法、中标结果等信息都要公开，使投标人能够及时获得有关信息，从而平等地参与投标竞争，依法维护自身的合法权益。同时将招标投标活动置于公开透明的环境中，也为当事人和社会各界的监督提供了重要条件。从这个意义上讲，公开是公平、公正的基础和前提。

2. 公平原则

即“机会均等”，要求招标人一视同仁地给予所有投标人平等机会，使其享有同等的权利并履行相应的义务，不歧视或者排斥任何一个投标人。按照这个原则，招标人不得在招标文件中要求或者标明特定的生产供应者以及含有倾向或者排斥潜在投标人的内容，不得以不合理的条件限制或者排斥潜在投标人，不得对潜在投标人实行歧视待遇。否则将承担相应的法律责任。

3. 公正原则

即“程序规范，标准统一”要求所有招标投标活动必须按照规定的时间和程序进行，以尽可能保障招投标各方的合法权益，做到程序公正；招标评标标准应当具有唯一性，对所有投标人实行同一标准，确保标准公正。按照这个原则，招标投标法及其配套规定对招标、投标、开标、评标、中标、签订合同等都规定了具体程序和法定时限，明确了废标和否决投标的情形，评标委员会必须按照招标文件事先确定并公布的评标标准和方法进行评审、打分、推荐中标候选人，招标文件中没有规定的标准和方法不得作为评标和中标的依据。

4.诚实信用原则

即“诚信原则”，是民事活动的基本原则之一，这是市场经济中诚实信用的商业道德准则法治化产物，是以善意真诚、守信不欺、公平合理为内容的强制性法律原则。招标投标活动本质上是市场主体的民事活动，必须遵循诚信原则，也就是要求招标投标当事人应当以善意的主观心理和诚实、守信的态度来行使权利，履行义务，不能故意隐瞒真相或者弄虚作假，不能言而无信甚至背信弃义，在追求自己利益的同时尽量不损害他人利益和社会利益，维持双方的利益平衡，以及自身利益与社会利益的平衡，遵循平等互利原则，从而保证交易安全，促使交易实现。

（三）招标投标基本程序

招标投标最显著的特点就是招标投标活动具有严格规范的程序。一个完整的招标投标程序，必须包括招标、投标、开标、评标、中标和签订合同六大环节。

1.招标

招标是指招标人按照国家有关规定履行项目审批手续、落实资金来源后，依法发布招标公告或投标邀请书，编制并发售招标文件等具体环节。根据项目特点和实际需要，有些招标项目还要委托招标代理机构，组织资格预审、组织现场踏勘、进行招标文件的澄清与修改等。由于这是招标投标活动的起始程序，投标人资格、评标标准和方法、合同主要条款等各项实质性条件和要求都要在招标环节得以确定，因此，对于整个招标投标过程是否合法、科学，能否实现招标目的，具有基础性影响。

2.投标

投标是指投标人根据招标文件的要求，编制并提交投标文件，响应招标的活动。投标人参与竞争并进行一次性投标报价是在投标环节完成的，在投标截止时间结束后，不能接受新的投标，投标人也不得更改投标报价及其他实质性内容。因此，投标情况确定了竞争格局，是决定投标人能否中标、招标人能否取得预期效果的关键。

3.开标

即招标人按照招标文件确定的时间和地点，邀请所有投标人到场，当众开启投标人提交的投标文件，宣布投标人的名称、投标报价及投标文件中的其他重要内容。开标的最基本要求和特点是公开，保障所有投标人的知情权，这也是维护各方合法权益的基本条件。

4.评标

招标人依法组建评标委员会，依据招标文件的规定和要求，对投标文件进行审查、评审和比较，确定中标候选人。评标是审查确定中标人的必经程序。由于依法必须招标项目的中标人必须按照评标委员会的推荐名单和顺序确定，因此，评标是否合法、规范、公平、公正，对于招标结果具有决定性作用。

5.中标

中标，也称为定标，即招标人从评标委员会推荐的中标候选人中确定中标人，并向中标人发出中标通知书，并同时将中标结果通知所有未中标的投标人。按照法律规定，部分招标项目在确定中标候选人和中标人之后还应当依法进行公示。中标既是竞争结果的确定环节，也是发生异议、投诉、举报的环节，有关方面应当依法进行处理。

6.签订书面合同

中标通知书发出后，招标人和中标人应当按照招标文件和中标人的投标文件在规定的时间内订立书面合同，中标人按合同约定履行义务，完成中标项目。依法必须招标项目，招标人应当从确定中标人之日起15日内，向有关行政监督部门提交招标投标情况的书面报告。

二、招投标法实施条例

《招标投标法实施条例》与《招标投标法》间的关系主要是上位法与下位法的关系。其中《招标投标法》属于上位法，《招标投标法实施条例》属于下位法，《招标投标法实施条例》不得与《招标投标法》相冲突，如有冲突的，则应以《招标投标法》为准。

《招标投标法实施条例》对《招标投标法》的补充和完善，使得《招标投标法》更具实际操作性。

三、政府采购法

《中华人民共和国政府采购法》(以下简称《政府采购法》)是为规范政府采购行为，为提高政府采购资金的使用效益，维护国家利益和社会公共利益，促进廉政建设而制定。

政府采购制度是公共财政的重要组成部分，是加强财政支出管理的一项有效措施。推行政府采购在加强财政支出管理、提高财政支出使用效益以及促进廉政建设等方面均起到了积极作用，取得较好效果。随着政府采购工作的深入开展、迫切需要通过立法予以进一步推动和规范。

四、政府采购法实施条例

《政府采购法》规定政府采购的范围有4个重要因素：采购主体、资金来源、采购标的和采购项目。采购主体明确规定为3类：国家机关、事业单位和团体组织。资金来源，界定为“财政性资金”，即采购主体使用财政性资金采购规定的采购标的的，纳入政府采购法适用范围。因此，“财政性资金”的概念在确定是否纳入政府采购管理范围时至关重要。但由于《政府采购法》及相关规定并未明确什么是“财政性资金”，在实践中对这一概念的把握存在争议，各地各部门的掌握有所不同。《政府采购法实施条例》对此进行了解释，即“指纳入预算管理的资金”，将采购管理与预算管理相衔接，《政府采购法》与《中华人民共和国预算法》(以下简称《预算法》)相衔接。采购标的，《政府采购法》明确为货物、工程和服务。货物的概念一直不存争议，工程以及与工程建设有关的货物和服务实践中与招标投标法存在重叠，服务是否包含政府向社会公众提供的公共服务认识尚不统一。为此，《政府采购法实施条例》对工程、与工程建设有关的货物和服务与《招标投标法》及《招投标法实施条例》做了对应性规定，并对《政府采购法》中服务的定义做了细化规定，即“包括政府自身需要的服务和政府向社会公众提供的公共服务”。

政府采购工程以及与工程建设有关的货物、服务，采用招标方式采购的，适用《招标投标法》及《招投标法实施条例》；采用其他方式采购的，适用《政府采购法》及本条例。

五、规章及规范性文件

（一）施工招标资格预审及招标文件

为了规范施工招标资格预审文件、招标文件编制活动、提高资格预审文件、招标文件编制质量、促进招标投标活动的公开、公平和公正、国家九部委联合编制了《标准施工招标资格预审文件》和《标准施工招标文件》，适用于依法必须招标的工程建设项目。

招标人应根据《标准文件》和行业标准施工招标文件（如有），结合招标项目具体特点和实际需要，按照公开、公平、公正和诚实信用原则编写施工招标资格预审文件或施工招标文件，并按规定执行政府采购政策。

行业标准施工招标文件和招标人编制的施工招标资格预审文件、施工招标文件，应不加修改地引用《标准施工招标资格预审文件》中的“申请人须知”（申请人须知前附表除外）、“资格审查办法”（资格审查办法前附表除外），以及《标准施工招标文件》中的“投标人须知”（投标人须知前附表和其他附表除外）、评标办法（评标办法前附表除外）、“通用合同条款”《标准文件》中的其他内容，供招标人参考。

（二）评标委员会和评标办法

1.评标委员会的组成

评标由招标人依法组建的评标委员会负责。依法必须进行招标的项目，其评标委员会由招标人的代表和有关技术、经济等方面的专家组成，成员为5人以上单数，其中技术、经济等方面的专家不得少于成员总数的三分之二。评标委员会成员的名单在中标结果确定前应当保密。

2.评标专家的选取

根据《招标投标法》和《评标委员会和评标方法暂行规定》的有关规定，技术、经济等方面的评标专家由招标人从国务院有关部门或者省、自治区、直辖市人民政府有关部门提供的专家名册或者招标代理机构的专家库的相关专业的专家名单中确定。一般招标项目可以采取随机抽取方式，技术特别复杂、专业性要求特别高或者国家有特殊要求的招标项目，采取随机抽取方式确定专家难以胜任的，可以由招标人直接确定。

3. 评标专家的条件

《评标委员会和评标方法暂行规定》第11条规定，评标专家应符合下列条件：

（1）从事相关专业领域工作满八年并具有高级职称或者同等专业水平。

（2）熟悉有关招标投标的法律法规，并具有与招标项目相关的实践经验。

（3）能够认真、公正、诚实、廉洁地履行职责。

有下列情形之一的，不得担任评标委员会成员，并应主动提出回避：

1）投标人或者投标人主要负责人的近亲属。

2）项目主管部门或者行政监督部门的人员。

3）与投标人有经济利益关系，可能影响对投标公正评审的。

4）曾因在招标、评标以及其他与招标投标有关活动中从事违法行为而受过行政处罚或刑事处罚的。

4. 评标委员会成员的要求和义务

评标委员会成员不得与任何投标人或者与招标结果有利害关系的人进行私下接触，不得收受投标人、中介人、其他利害关系人的财物或者其他好处。评标委员会成员和与评标活动有关的工作人员不得透露对投标文件的评审和比较，中标候选人的推荐情况以及与评标有关的其他情况。

5. 评标

招标人或者其委托的招标代理机构应当向评标委员会提供评标所需的重要信息和数据。评标委员会成员应当编制供评标使用的相应表格，认真研究招标文件。评标委员会应当根据招标文件规定的评标标准和方法，对投标文件进行系统的评审和比较。招标文件中没有规定的标准和方法不得作为评标的依据。招标文件中规定的评标标准和评标方法应当合理，不得含有倾向或者排斥潜在投标人的内容，不得妨碍或者限制投标人之间的竞争。

（1）初步评审。

投标人资格条件不符合国家有关规定和招标文件要求的，或者拒不按照要求对投标文件进行澄清、说明或者补正的，评标委员会可以否决其投标。

评标委员会应当审查每一份投标文件是否对招标文件提出的所有实质性要求和条件作出响应。未能在实质上响应的投标，应当予以否决。评标委员会应当根据招标文件，审查并逐项列出投标文件的全部投标偏差。投标偏差分为重大偏差和细微偏差。下列情况属于重大偏差：

1）没有按照招标文件要求提供投标担保或者所提供的投标担保有瑕疵。

2）投标文件没有投标人授权代表签字和加盖公章。

3）投标文件载明的招标项目完成期限超过招标文件规定的期限。

4）明显不符合技术规格、技术标准的要求。

5）投标文件载明的货物包装方式、检验标准和方法等不符合招标文件的要求。

6）投标文件附有招标人不能接受的条件。

7）不符合招标文件中规定的其他实质性要求。

投标文件有上述情形之一的，为未能对招标文件作出实质性响应，作否决投标处理。招标文件对重大偏差另有规定的，从其规定。

细微偏差是指投标文件在实质上响应招标文件要求，但在个别地方存在漏项或者提供了不完整的技术信息和数据等情况，并且补正这些遗漏或者不完整不会对其他投标人造成不公平的结果。细微偏差不影响投标文件的有效性。

评标委员会应当书面要求存在细微偏差的投标人在评标结束前予以补正。拒不补正的，在详细评审时可以对细微偏差作不利于该投标人的量化，量化标准应当在招标文件中规定。

（2）详细评审。

经初步评审合格的投标文件，评标委员会应当根据招标文件确定的评标标准和方法，对其技术部分和商务部分作进一步评审、比较。

评标和定标应当在投标有效期结束日30个工作日前完成。不能在投标有效期结束日30个工作日前完成评标和定标的，招标人应当通知所有投标人延长投标有效期。拒绝延长投标有效期的投标人有权收回投标保证金。同意延长投标有效期的投标人应当相应延长其投标担保的有效期，但不得修改投标文件的实质性内容。因延长投标有效期造成投标人损失的，招标人应当给予补偿，但因不可抗力需延长投标有效期的除外。

（3）评标报告、中标候选人与定标。

评标委员会完成评标工作后，应当向招标人提出书面评标报告。并抄送有关行政监督部门。评标报告由评标委员会全体成员签字。对评标结论持有异议的评标委员会成员可以书面方式阐述其不同意见和理由。评标委员会成员拒绝在评标报告上签字且不陈述其不同意见和理由的，视为同意评标结论。评标委员会应当对此作出书面说明并记录在案。

向招标人提交书面评标报告后，评标委员会即告解散。评标过程中使用的文件、表格以及其他资料应当即时归还招标人。

评标委员会推荐的中标候选人应当限定在1～3人，并表明排列顺序。中标人的投标，应当符合下列条件之一：

1）能够最大限度地满足招标文件中规定的各项综合评价标准。

2）能够满足招标文件的实质性要求，并且经评审的投标价格最低；但是投标价格低于成本的除外。

国有资金占控股或者主导地位的项目，招标人应当确定排名第一的中标候选人为中标人。排名第一的中标候选人放弃中标、因不可抗力提出不能履行合同，或者招标文件规定应当提交履约保证金而在规定的期限内未能提交，或者被查实在影响中标结果的违法行为等情形，不符合中标条件的，招标人可以按照评标委员会提出的中标候选人名单排序依次确定其他中标候选人为中标人。依次确定其他中央候选人与招标人预期差距较大，或者对招标人明显不利的，招标人可以重新招标。

招标人可以授权评标委员会直接确定中标人。国务院对中标人的确定另有规定的，从其规定。

《评标委员会和评标办法暂行规定》（七部委令第12号令）中有明确规定。

（三）施工招标投标办法

《工程建设项目施工招标投标办法》（七部委令第30号令）作了明确规定：

任何单位和个人不得将依法必须进行招标的项目化整为零或者以其他任何方式规避招标。工程施工招标投标活动，依法由招标人负责。任何单位和个人不得以任何方式非法干涉工程施工招标投标活动。

施工招标投标活动不受地区或者部门的限制。

工程施工招标分为公开招标和邀请招标。规定了可以邀请招标的情形和可以不进行施工招标的情形。

本办法对工程建设项目施工招投标活动中招标、投标、开标、评标、定标及法律责任作了明确的规定。

（四）必须招标的工程项目规定

1.使用国有资金投资或者国家融资的项目

全部或者部分使用国有资金投资或者国家融资的项目包括：

（1）使用预算资金200万元人民币以上，并且该资金占投资额10%以上的项目。

（2）使用国有企业事业单位资金，并且该资金占控股或者主导地位的项目。

2.使用国际组织或者外国政府贷款、援助资金的项目

使用国际组织或者外国政府贷款、援助资金的项目包括：

（1）使用世界银行、亚洲开发银行等国际组织贷款、援助资金的项目。

（2）使用外国政府及其机构贷款、援助资金的项目。

3.必须招标的项目

规定范围内的项目，其勘察、设计、施工、监理以及与工程建设有关的重要设备、材料等的采购达到下列标准之一的，必须招标：

（1）施工单项合同估算价在400万元人民币以上。

（2）重要设备、材料等货物的采购，单项合同估算价在200万元人民币以上。

（3）勘察、设计、监理等服务的采购，单项合同估算价在100万元人民币以上。

同一项目中可以合并进行的勘察、设计、施工、监理以及与工程建设有关的重要设备、材料等的采购，合同估算价合计达到前款规定标准的，必须招标。

（五）招标公告和公示信息发布的管理

招标公告和公示信息，是指招标项目的资格预审公告、招标公告、中标候选人公示、中标结果公示等信息。

依法必须招标项目的招标公告和公示信息，除依法需要保密或者涉及商业秘密的内容外，应当按照公益服务、公开透明、高效便捷、集中共享的原则，依法向社会公开。

1.资格预审公告和招标公告

依法必须招标项目的资格预审公告和招标公告，应当载明以下内容：

（1）招标项目名称、内容、范围、规模、资金来源。

（2）投标资格能力要求，以及是否接受联合体投标。

（3）获取资格预审文件或招标文件的时间、方式。

（4）递交资格预审文件或投标文件的截止时间、方式。

（5）招标人及其招标代理机构的名称、地址、联系人及联系方式。

（6）采用电子招标投标方式的，潜在投标人访问电子招标投标交易平台的网址和方法。

（7）其他依法应当载明的内容。

2.中标候选人公示

依法必须招标项目的中标候选人公示应当载明以下内容：

（1）中标候选人排序、名称、投标报价、质量、工期（交货期），以及评标情况。

（2）中标候选人按照招标文件要求承诺的项目负责人姓名及其相关证书名称

和编号。

（3）中标候选人响应招标文件要求的资格能力条件。

（4）提出异议的渠道和方式。

（5）招标文件规定公示的其他内容。

3. 中标结果公示

依法必须招标项目的中标结果公示应当载明中标人名称。

依法必须招标项目的招标公告和公示信息应当在“中国招标投标公共服务平台”或者项目所在地省级电子招标投标公共服务平台（以下统一简称“发布媒介”）发布。

省级电子招标投标公共服务平台应当与“中国招标投标公共服务平台”对接，按规定同步交互招标公告和公示信息。对依法必须招标项目的招标公告和公示信息，发布媒介应当与相应的公共资源交易平台实现信息共享。

招标人或其招标代理机构应当对其提供的招标公告和公示信息的真实性、准确性、合法性负责。发布媒介和电子招标投标交易平台应当对所发布的招标公告和公示信息的及时性、完整性负责。

发布媒介应当按照规定采取有效措施，确保发布招标公告和公示信息的数据电文不被篡改、不遗漏和至少10年内可追溯。

4. 澄清、改正、补充或调整

依法必须招标项目的招标公告和公示信息有下列情形之一的，潜在投标人或者投标人可以要求招标人或其招标代理机构予以澄清、改正、补充或调整：

（1）资格预审公告、招标公告载明的事项不符合本办法第五条规定，中标候选人公示载明的事项不符合本办法规定。

（2）在两家以上媒介发布的同一招标项目的招标公告和公示信息内容不一致。

（3）招标公告和公示信息内容不符合法律法规规定。

招标人或其招标代理机构应当认真核查，及时处理，并将处理结果告知提出意见的潜在投标人或者投标人。

任何单位和个人认为招标人或其招标代理机构在招标公告和公示信息发布活动中存在违法违规行为的，可以依法向有关行政监督部门投诉、举报。认为发布媒介在招标公告和公示信息发布活动中存在违法违规行为的，根据有关规定可以向相应的省级以上发展改革部门或其他有关部门投诉、举报。

对依法必须招标项目的招标公告和公示信息进行澄清、修改，或者暂停、终止招标活动，采取公告形式向社会公布的，应按照《招标公告和公示信息发布管理办法》执行。

六、标准招标文件

为进一步完善标准文件编制规则，构建覆盖主要采购对象、多种合同类型、不同项目规模的标准文件体系，提高招标文件编制质量，促进招标投标活动的公开、公平和公正，营造良好市场竞争环境，国家发展改革委会同工业和信息化部、住房和城乡建设部、交通运输部、水利部、商务部、国家新闻出版广电总局、国家铁路局、中国民用航空局，编制了《标准设备采购招标文件》《标准材料采购招标文件》《标准勘察招标文件》《标准设计招标文件》《标准监理招标文件》。

（一）适用范围

适用于依法必须招标的与工程建设有关的设备、材料等货物项目和勘察、设计、监理等服务项目。机电产品国际招标项目，应当使用商务部编制的机电产品国际招标标准文本（中英文）。

工程建设项目，是指工程以及与工程建设有关的货物和服务。工程，是指建设工程，包括建筑物和构筑物的新建、改建、扩建及其相关的装修、拆除、修缮等。与工程建设有关的货物，是指构成工程不可分割的组成部分，且为实现工程基本功能所必需的设备、材料等。与工程建设有关的服务，是指为完成工程所需的勘察、设计、监理等。

（二）标准文件的内容引用

标准文件中的“投标人须知”（投标人须知前附表和其他附表除外）、“评标办法”（评标办法前附表除外）、“通用合同条款”，应当不加修改地引用。

（三）行建设单位管部门作出的补充规定

国务院有关行建设单位管部门可根据本行业招标特点和管理需要，对《标准设备采购招标文件》《标准材料采购招标文件》中的“专用合同条款”“供货要求”，对《标准勘察招标文件》《标准设计招标文件》中的“专用合同条款”“发包人要求”，对《标准监理招标文件》中的“专用合同条款”“委托人要求”作出具体规定。其中，“专用合同条款”可对“通用合同条款”进行补充、细化，但除“通用合同条款”明确规定可以作出不同约定外，“专用合同条款”补充和细化的内容不得与“通用合同条款”相抵触，否则抵触内容无效。

（四）招标人可以补充、细化和修改的内容

“投标人须知前附表”用于进一步明确“投标人须知”正文中的未尽事宜，招标人应结合招标项目具体特点和实际需要编制和填写，但不得与“投标人须知”正文内容相抵触，否则抵触内容无效。

“评标办法前附表”用于明确评标的方法、因素、标准和程序。招标人应根据招标项目具体特点和实际需要，详细列明全部审查或评审因素、标准，没有列明的因素和标准不得作为评标的依据。

招标人可根据招标项目的具体特点和实际需要，在“专用合同条款”中对标准文件中的“通用合同条款”进行补充、细化和修改，但不得违反法律、行政法规的强制性规定，以及平等、自愿、公平和诚实信用原则，否则相关内容无效。

（五）实施时间、解释及修改

标准文件自2018年1月1日起实施。因出现新情况，需要对标准文件不加修改地引用的内容作出解释或修改的，由国家发展改革委会同国务院有关部门作出解释或修改。

第二节　招标采购的特性与主要规定

一、招标投标的特性

1.竞争性

有序竞争，优胜劣汰，优化资源配置，提高社会和经济效益。这是社会主义市场经济的本质要求，也是招标投标的根本特性。

2.程序性

招标投标活动必须遵循严密规范的法律程序。《招标投标法》及相关法律政策，对招标人从确定招标采购范围、招标方式、招标组织形式直至选择中标人并签订合同的招标投标全过程每一环节的时间、顺序都有严格、规范的限定，不能随意改变。任何违反法律程序的招标投标行为，都可能侵害其他当事人的权益，必须承担相应的法律后果。

3.规范性

《招标投标法》及相关法律政策，对招标投标各个环节的工作条件、内容、范围、形式、标准以及参与主体的资格、行为和责任都作出了严格的规定。

4.一次性

投标要约和中标承诺只有一次机会，且密封投标，双方不得在招标投标过程中就实质性内容进行协商谈判，讨价还价，这也是与询价采购、谈判采购以及拍卖竞价的主要区别。

5.技术经济性

招标采购或出售标的都具有不同程度的技术性，包括标的使用功能和技术标准、建造、生产和服务过程的技术及管理要求等。招标投标的经济性则体现在中标价格是招标人预期投资目标和投标人竞争期望值的综合平衡。

二、工程、货物、服务三大类招标投标的主要规定

1.工程类招标投标的主要规定

与货物或服务招标投标相比，工程项目招标投标比较复杂。不同工程项目，对技术、设备、施工组织、投标人的资质以及管理经验的要求不同，差异很大。国家发展改革委等有关部委就规范工程招标投标活动制定了十多部专项部门规章和规范性文件。其中，适用于各类工程招标投标的规定，一般由国家发展改革委会同各有关部委联合制定发布，也有各部委单独制定发布仅适用于专业工程的专项规定。由国家发展改革委会同各有关部委联合制定发布主要有：

(1)《工程建设项目施工招标投标办法》。原国家发展计划委员会联合建设部、铁道部、交通部、信息产业部、水利部、民航总局等七部委于2003 年制定的工程建设项目施工招标投标领域最重要的规章，适用于中国境内的各类建设工程施工招标投标活动。这部规章不仅细化了施工招标投标程序和有关违法行为的法律责任，而且还对施工招标项目应具备的招标条件、邀请招标的特殊情形、资格审查、资格预审文件、招标文件、招标代理机构所承担的任务、联合体投标、评标、废标以及招标投标情况书面报告等内容，做出了较为全面和具体的规定。

(2)《〈标准施工招标资格预审文件〉和〈标准施工招标文件〉》(国家发展改革委令第56号)。为了规范施工招标资格预审文件、招标文件编制活动、促进招投标活动的公开、公平、公正，国家九部委联合制定了〈标准施工招标资格预审文件〉和〈标准施工招标文件〉，适用于依法必须招标的工程建设项目。

（3）《房屋建筑和市政基础设施工程施工招标投标管理办法》（建设部令第89号）。适用于中国境内从事房屋建筑和市政基础设施工程施工招标投标活动及有关监督管理活动，细化了房屋建筑和市政基础设施工程施工招标投标程序，具体规定了建设部门对有关招标投标活动实施监督管理的职责。

2.货物类招标投标的主要规定

如《工程建设项目货物招标投标办法》，国家发展改革委联合建设部、铁道部、交通部、信息产业部、水利部、民航总局等七部委于2005年制定，是货物招标领域最重要的规章，适用于中国境内依法必须进行招标的工程建设项目货物招标投标活动，具体规定了货物招标投标基本程序、总承包招标中的货物招标、货物招标的条件、资格预审和资格后审、投标人资格限制以及两阶段招标等内容。

3.服务类招标投标的主要规定

服务招标投标，是指除了工程、货物以外的其他招标投标活动。如建设工程的勘察、设计、监理招标投标，工程咨询评估、财务、法律等中介服务招标投标，项目法人、代建人、特许经营者招标，科技项目、科研课题、国有资产产权转让、物业管理、金融保险服务招标投标等。

如《工程建设项目勘察设计招标投标办法》。国家发展改革委联合建设部、铁道部、交通部、信息产业部、水利部、民航总局、广电总局等八部委2003年制定，是工程勘察设计招标领域最重要的规章，适用于中国境内各类工程建设项目勘察设计招标投标活动，具体规定了勘察设计招标的条件、基本程序、国外设计企业投标的条件、废标或否决投标、未中标设计方案补偿以及重新招标等内容。

第三节　招标采购的工作要点

一、标段划分

标段划分是根据可研批复文件及批准的概算，结合项目的专业特点与分类构建合同体系，根据工程进度要求、施工条件、市场结合情况合理划分合同包与标段。

标段划分原则：

（1）按合同种类分为咨询服务类、工程类和设备材料类。

（2）按照专业工程类别。

(3)按总包与专业分包。

(4)按单项工程。

(5)按市场潜在供应商的资质情况和竞争性。

(6)按工期及场地施工环境(时间和空间)。

(7)按体量和投资额。

(8)按技术条件。

二、选择恰当的招标组织形式与招标方式

(一)确定招标组织形式

1.自行组织招标

自行组织招标虽然便于协调管理，但往往容易受招标人认识水平和法律、技术专业永平的限制而影响和制约招标采购的“三公”原则和规范性、竞争性。因此招标人如不具备自行组织招标的能力条件者，应当选择委托代理招标的组织形式。招标代理机构经过行政监督部门认定，相对招标人具有更专业的招标资格能力和业绩经验，并且相对独立超脱。因此即使招标人具有自行组织招标的能力条件，也可优先考虑选择委托代理招标。

2.委托代理招标

招标人应该根据招标项目的行业和专业类型、规模标准，选择具有相应资格的招标代理机构，委托其代理招标采购业务。招标代理机构是依法成立，具有专业技术能力，且不得与政府机关及其他管理部门存在任何经济利益关系，按照招标人委托代理的范围、权限和要求，依法提供招标代理的相关咨询服务，并收取相应服务费用的专业化、社会化中介组织，属于企业法人。

(二)招标采购方式

招标采购方式具体见表5-1。

(1)工程建设项目招标方式：公开招标、邀请招标。根据建设项目可行性研究报告批复文件要求确定招标方式(公开招标、邀请招标)。

(2)政府采购采用方式：招标方式有公开招标和邀请招标；非招标方式主要有竞争性谈判、单一来源采购和询价采购。

招标采购方式表 **表5-1**

序号	类别		概算金额	招标组织形式		招标方式			非招标方式			备注
				自行招标	委托招标	公开招标	邀请招标	其他	竞争性谈判	单一来源采购	询价采购	
1	服务类咨询类	项目管理全过程咨询										
2		项目建议书										
3		可研报告（含各项专业评估报告）										
……		……										
n		其他（沉降观测、物业管理服务等）										
1	工程类	建安总承包										
2		钢结构工程										
……		……										
n		其他										
1	设备货物材料类	电梯（直梯、扶梯）采购及安装										
2		智能化设备采购及安装										
……		……										
n		其他暂估价设备或材料										
	其他											

注：1 招标方式的确定

（1）立项文件（或可研批复等）中的招标核准（或招标事宜批复）。

（2）《工程建设项目招标范围和规模标准》（国家发改委令第16号）：A、施工单项合同估算价在400万元以上。B、重要设备、材料等货物的采购，单项合同估算价在200万元以上。C、勘察、设计、监理等服务的采购，单项合同估算价在100万元以上 。

（3）使用招标方式进行采购的政府采购工程，适用《招标投标法》及其实施条例。在《必须招标的工程项目规定》的标准以下的政府采购工程建设项目，使用政府采购非招标方式进行采购，适用《政府采购法》及其实施条例。

2 招标组织形式的确定

（1）立项文件（或可研批复等）中的招标核准（或招标事宜批复）

（2）建设单位招标资格：A、有从事招标代理业务的营业场所和相应资金。B、有能够编制招标文件和组织评标的相应专业力量。C、如果没有资格自行组织招标的，招标人有权自行选择招标代理机构，委托其办理招标事宜。

3 经与招标人充分沟通后编制项目招标采购计划。

三、招标采购工作流程

招投采购标流程可以分为6个阶段：招标、投标、开标、评标、定标及订立合同等。

（一）公开招标（或邀请招标）基本流程

（1）招标基本条件落实。办理项目审批或备案手续（如需要），落实工程施工招标、货物招标、服务招标（含特许经营权和融资招标、工程设计招标、工程建设监理招标、建设项目全过程招标等）所需的基本条件。

（2）招标工作准备。招标人可以委托招标代理机构进行招标，也可以自行招标。

（3）编制招标方案。即确定：招标内容范围、招标组织形式、招标方式、标段划分、合同类型及主要合同条款、投标人资格条件、招标进度计划，采购时间，采购技术要求，采购质量要求等等。

（4）编制招标文件。招标公司在招标人配合下，根据招标策划编制招标文件（包括上述策划内容和招标公告 ）。

（5）发布招标公告及招标文件。招标公告及招标文件招标人确认后，相关行政监督部门审核通过后（如需要），按要求发布招标公告（公开招标）或投标邀请（邀请招标）。

（6）投标人获取招标文件等资料。 投标人领取或下载招标文件 。如有问题可在规定时间内质疑，招标人进行答疑或补遗。

（7）投标。按照招标文件要求编制投标文件并提交投标保证金，在规定时间内递交或上传投标文件。

（8）组建评标委员会 。评委会组成和评标须符合《评标委员会和评标方法暂行规定》。

（9）开标。招标公司组织招标人、投标人在招标文件规定的时间进行开标。

开标包括：招标公司委派的主持人宣布开标纪律、确认和宣读投标情况、宣布招标方有关人员情况、检查投标文件密封情况（或进行电子标书解密）、唱标（对投标函或投标一览表中的投标人名称/价格/交货期/投标保证金等内容唱标）、完成开标记录并各方签字、开标结束。

（10）评标。评委会审查投标文件进行初步评审、详细评审和澄清（如有必要），签署评标报告，推荐中标候选人。

（11）定标。招标人根据评标报告，在中标候选人中确定中标人。招标公司根据中标结果发出中标通知书。

（12）订立合同。中标人根据中标通知书，在规定时间内与招标人签订合同。

另外，在第5项可以增加资格预审。即招标公告中增加对投标人资格要求，投标人事先递交资格文件、满足资格条件后，招标公司才将招标文件发售给该投标人。此时的招标公告实际为招标资格预审公告，代替了招标公告的作用。

邀请招标基本流程和公开招标基本一样，只是公开招标以招标公告的方式邀请不特定的法人或者其他组织投标，是面向所有潜在投标人，而邀请招标是以投标邀请书的方式邀请特定的法人或者其他组织投标。

（二）竞争性谈判基本流程

（1）编制采购文件。

（2）发布采购公告或采购邀请书。

（3）发售采购文件。

（4）组建谈判小组。

（5）接收响应文件。

（6）开启响应文件。

（7）组织谈判及评审：初步评审→谈判→重新提交响应文件（如需要）→提交最终报价或最终方案→开启最终报价或最终方案→详细评审→推荐候选成交供应商。

（8）编写评审报告。

（9）确定成交供应商，发布成交公告。

（三）单一来源采购基本流程

（1）编制采购文件。

（2）发布采购文件。

（3）组建谈判小组。

（4）谈判准备。

（5）初步评审。

（6）谈判：谈判小组根据确定的谈判策略与供应商就商务、技术方案和合同条款等内容进行谈判。

（7）详细评审：谈判小组对谈判的结果进行详细评审和合理性分析。
（8）编写评审报告。
（9）确定成交供应商，发布成交公告。

（四）询价采购基本流程

（1）编制采购文件。
（2）发布采购公告或采购邀请书。
（3）发售采购文件。
（4）组建评审小组。
（5）接收响应文件。
（6）开启响应文件，宣布供应商名单及响应报价等主要内容。
（7）组织评审并编写评审报告。
（8）确定成交供应商，发布成交公告。

第四节　招标投标的行政监督

《招标投标法》第七条、第六十五条分别规定："招标投标活动及其当事人应当接受依法实施的监督。有关行政监督部门依法对招标投标活动实施监督，依法查处招标投标活动中的违法行为"，"投标人和其他利害关系人认为招标投标活动不符合本法有关规定的，有权向招标人提出异议或者依法向有关行政监督部门投诉"。据此，国务院有关部门和各地方人民政府按照职责分工，依据《招标投标法》及相关法律法规对招标投标活动实施监督管理，以维护和规范招标投标市场秩序，保护招标投标当事人的合法权益。

一、行政监督执法的主体和对象

《国务院办公厅印发国务院有关部门实施招标投标活动行政监督的职责分工意见的通知》（国办发〔2000〕34号）对国务院有关招标投标监督主体及其监督执法范围作出原则规定，各地对招标投标监督也作出了相应规定。招标人、投标人、招标代理机构关责任人员、评标委员会成员等主体的招标投标行为均属于行政监督的对象。

《政府采购法》第十三条规定，各级人民政府财政部门依法履行对政府采购活动的监督管理职责。其中政府招标采购工程及其有关的货物、服务的招标投标活动由招标投标监督部门监督执法。

二、行政监督执法的内容

招标投标具有严格的程序性，每一项程序操作都可能会影响到“三公”原则的贯彻。因此，应当依法对强制招标范围的招标投标活动全过程实施监督，主要包括：

（1）项目招标内容范围、招标条件、招标方式和组织形式。

（2）招标公告内容和发布媒体。

（3）招标资格预审文件和投标人资格。

（4）招标文件及其评标标准和方法。

（5）投标、开标程序。

（6）评标委员会组成和评标。

（7）评标报告和中标人。

（8）合同的签订和履行。

此外，行政执法监督还包括受理招标投标活动的投诉举报、处罚违法行为，认定招标代理机构资格，指导和监督招标采购的职业队伍建设，电子招标平台建设，评标专家库建设以及招标投标信用体系建设等。

三、行政监督的方式

主要通过以下行政执法方式实现行政监督，包括行政审批、核准、备案、受理投诉、举报、行政复议、行政稽察、督查、调查统计、行政处罚、行政处分或移送司法审查等。

招标投标当事人对于行政主体违法侵权的具体行政行为，可根据有关法律，采用申请行政复议、提起行政诉讼等方式获得救济。

第五节　招标采购管理要点

一、招标采购程序的合法性、合规性注意要点

（一）公开招标

严格执行国家和项目所在地的法律法规文件规定，符合当地招投标职能管理部门规定的招投标流程和程序，按照可研批复的招标方式和组织形式开展工作。

（二）邀请招标

对于采用邀请招标的项目，根据项目特点对备选单位进行资格审查，对企业的资质情况、企业的管理制度及管理情况、质量保证体系的建立及运行情况、已完或在建工程的建设情况、企业近期完成工程的获奖情况等方面进行评价，为建设单位确定邀请单位做参考。

（三）审查资格预审文件、招标文件、答疑补遗文件的注意要点

1.对资格预审文件和招标文件进行审核的重点内容

（1）招标范围。招标范围内的各单位工程、分部工程的界线、界面应界定清楚，避免相互交叉。

（2）计价原则。需明确计价方式、投标报价原则、结算办法，结算办法需与投标报价的原则紧密结合，不能分离，否则招投标达不到竞争价格的目的。

（3）材料、设备。供应方式、品质、档次以及报价原则在招标文件中应详细、明确地体现，以便投标人报价。

（4）资格审查条件。既满足项目需要，又不能排斥潜在投标人，以达到充分竞争的目的。

（5）评分办法。无论是采用合理低价评标法还是采用综合评估法，都应保证分值设置合理，既能够充分保护招标人，同时也能兼顾投标人的利益，以利于项目顺利实施。

（6）合同条款。编制招标文件时应用语规范，概念清楚，定性、定量准确。应将款项支付、结算原则、奖惩条件等实质内容在合同条款中一一明确，以减少后期合同谈判的难度。

（7）招标程序。此部分内容应由招标代理机构重点把关，保证整个招标过程的合法性。

2. 答疑补遗文件审核的注意要点

（1）时效性。答疑补遗的发布时间是否影响项目开标时间。

（2）实质性内容。是否符合招投标法律法规。

二、把握时间和空间的关系

大型设备的招标时间要与供货单位生产、运输相关联，同时也与工程实施进度及场地空间条件紧密相扣。实际案例中因“停工待料”时有发生，因设备没进场影响其他工序实施的情况常有发生，反之，设备持续等待入场的现象也不少见。设备招标必须依据施工总进度计划与实际进度确定招标时间。

三、总包与专业工程的工作范围要点

总包、专业工程的工作范围、工作界面划分清楚，总包与专业工程的职责必须明确。主要为以下几点：

（1）建安总包工程与精装修的工作界面。

（2）土建工程与幕墙工程。

（3）供配电与弱电工程。

（4）智能化设备的控制界面（设备自带控制系统）。

（5）外接公用工程的接口以及与外接工程的管网。

四、前期咨询招标要点

（一）咨询服务招标的招标方式

勘察、设计、监理咨询服务招标项目的招标方式是在可研批复中确定。在可研批复以前的咨询，如项目建议书、概念性方案设计、各项评估报告编制以及可研编制等，应该着重关注投标人的资质（资信）和能力。在工程（投资）咨询企业资质取消以前，专项咨询资格在企业资质中有明确的专项资质要求，现在取消企业资质实行告知性承诺以后显得不是那么明确。依据《国务院关于取消一批行政许可事项的决定》（国发〔2017〕46号），可行性研究报告要求具备对应的设计资质的企业编制，其他的单项评估报告尽可能与可研编制一同编制，也就是说对设计企业的综合实力要求很高，能完成所有专项评估报告的企业是很少的。对咨询企业的资质（资信）要求可以参照表5-2综合考虑。

各项评估报告编制的企业资质（资信）要求表　　表5-2

序号	编制报告（或评审报告）的名称	资质要求
1	项目建议书	根据投标单位备案专业范围来确定能否承担项目建议书的编制
2	地质灾害危险性评估报告	2014年国土资源部取消地质灾害危险性评估备案制度。投标单位备案的专业中有岩土工程、工程地质等专业或有地质灾害治理工程的设计专业。报告应经由灾害防治专家进行审查，对评估成果实行备案制度
3	建设项目压覆矿产资源评估报告	投标单位备案的专业中有地质勘查专业，并有专业技术人员
4	选址意见书（用《建设项目选址申请书》取得政府部门的《建设项目选址意见书》）	可用项目建议书替代
5	可行性研究报告	投标单位备案专业范围来确定能否承担项目可研报告编制
6	地震安全性评价报告	投标单位备案的专业中有地震安全性评价资质。多被项目可研报告替代（属可研报告的一个章节）
7	社会稳定性评估报告	由项目所在地人民政府或其有关部门指定的评估主体组织对项目单位做出的社会稳定风险分析开展评估论证，根据实际情况可以采取公示、问卷调查、实地走访和召开座谈会、听证会等多种方式听取各方面意见，分析判断并确定风险等级，提出社会稳定风险评估报告
8	节能评估报告	固定资产投资项目建设单位应委托有能力的机构编制节能评估文件。项目建设单位可自行填写节能登记表
9	安全专篇（安全评价报告）	投标单位备案专业中有安全评价资质，安全工程专业，安全类专业包括安全健康与环保、化工安全技术、救援技术、安全技术与管理、工程安全评价与监理、安全生产监测监控、职业卫生技术与管理。常规项目利用可研报告替代不用做安全生产评估报告
10	交通影响评价	投标单位备案的专业中有交通工程或交通运输专业。多被项目可研报告替代（属可研报告的一个章节）
11	水土保持方案评估报告（水土保持方案报告编制与设计）	投标单位备案专业中有水土保持与荒漠化防治专业
12	使用林地可行性报告（或林地现状调查表）	投标单位备案的专业中有林业调查规划设计资质
13	地勘报告	投标单位备案的专业中有综合地质勘查专业，并有专业技术人员

续表

序号	编制报告（或评审报告）的名称	资质要求
14	洪水影响评价报告	根据《国务院关于第一批清理规范89项国务院部门行政审批中介服务事项的决定》(国发〔2015〕58号)，防洪评价对资质要求已经取消，建设单位亦可自行编制。在投标单位备案中有水文水资源调查评价专业（侧重于水文计算）或有水利水电工程设计专业（侧重于设计）
15	环境影响报告书（表）	建设单位可以委托技术单位对其建设项目开展环境影响评价，编制建设项目环境影响报告书、环境影响报告表；建设单位具备环境影响评价技术能力的，可以自行对其建设项目开展环境影响评价，编制建设项目环境影响报告书、环境影响报告表。编制单位应当具备环境影响评价技术能力。环境影响报告书（表）的编制主持人和主要编制人员应当为编制单位中的全职人员，环境影响报告书（表）的编制主持人还应当为取得环境影响评价工程师职业资格证书的人员
16	水资源论证报告	投标单位备案专业中有水资源论证资质
17	职业病危害评价	投标单位备案的专业中有职业卫生专业。多被项目可研报告替代（属可研报告的一个章节）
18	劳动安全、职业卫生预评价	多被项目可研报告替代（属可研报告的一个章节）

（二）咨询服务招标注意事项

切忌以低价中标，合理设置评分办法，报价评分分值占比不宜过高，高度重视技术服务方案，重视企业类似工程业绩，重视企业信用。

五、设计招标要点

（一）设计招标文件中应当有以下几点约束条件

（1）设计深度要满足《建筑工程设计文件编制深度的规定》。

（2）设计单位要提供各专业设计计算书。

（3）现场技术服务应派驻人员。

（4）总包设计单位对专业分包单位要履行管理职责，文件确认并承担责任。

（5）平行发包设计任务的，建安设计作牵头单位，对各专业设计单位履行协调职责。

（二）设计合同管理要点

由于设计市场环境存在着以下情况：

（1）建设单位对设计要求随意性大，设计周期过短，设计费太低。

（2）需求不明确或需求变化大，设计调整频繁、变更多。

（3）建设单位对设计合同不够重视，签订合同马虎。如设计范围模糊、设计费用与设计内容不对应、设计成果交付要求不明确、合同条款不严谨。

（4）图纸设计成果错漏碰缺严重，后期设计变更与调整太多，设计的专业咨询性不够。

导致投资控制困难，设计进度不满足工程实施的进度，设计成果质量不满足清单编制需要，不满足限价编制及投标报价的需要等，且还难以追究设计人的相关合同责任。

（三）设计合同管理重点

（1）关注设计发包模式的选择，为明确设计责任，有效减少发包人的设计协调工作，加强设计的成果、质量、进度、投资控制管理，建议采用设计总承包模式。

（2）加强设计前瞻性管理，建议在设计招标前，重视设计合同条款的拟定工作，特别是关注的设计管理要点。

（3）设计合同重点条款及原因剖析见表5-3。

（本文以《建设工程设计合同示范文本（房屋建筑工程）》GF–2015–0209为例，且采用设计总承包模式下，对设计合同的关注重点及原因剖析，且针对的政府投资项目。）

设计合同重点条款表 **表5-3**

序号	重点内容	关注原因及解决措施	涉及合同条款	备注
一	设计承包范围、设计内容的清理与约定	1.设计合同中，往往存在对设计范围和内容的描述不清晰，存在理解争议或歧义。 2.设计院出具的设计成果中，存在大量的需专业深化设计、二次深化设计、建设单位另行委托设计、厂家深化等内容，且可能对委托人未作任何提示或说明，将导致对项目的进度控制、投资控制、管理协调带来较大难度。 3.对于政府投资项目，前期设计费用（或设计限价）的确定，基本是按投资总额进行，那么相应的设计费用或限价，其对应的设计范围与内容应是整个项目的所有设计内容。 4.出现上述情形，如合同未作约定，委托人无法或难以从合同的角度追究设计责任；导致设计人拿了钱不做事或少做事或不按要求做事；同时也加大建设方的设计成本。	协议书第二条第1款：工程设计范围。 协议书第二条的第3款：工程设计内容。 专用合同条款附件1：工程设计范围、阶段与服务内容	

续表

序号	重点内容	关注原因及解决措施	涉及合同条款	备注
一	设计承包范围、设计内容的清理与约定	5.建议处理措施：认真预估并疏理项目所属的专业深化设计、二次设计等内容，明确无误地反映在招标合同内容中，达到告知并提醒的目的，避免设计人的理解歧义	协议书第二条第1款：工程设计范围。 协议书第二条的第3款：工程设计内容。 专用合同条款附件1：工程设计范围、阶段与服务内容	
二	设计服务阶段	1.设计阶段包括方案设计阶段、初步设计阶段、施工图设计阶段、施工服务阶段。 2.委托人往往忽略施工服务阶段，特别对大型项目，现场需设计处理的问题很多，因此对设计人驻场应有具体要求，不然会影响工程实施进度。 3.建议处理措施：对设计驻场进行约定，主要涉及驻场开始时间、驻场人员数量、驻场人员专业、驻场人员工作内容、驻场费用及未按要求驻场的违约责任等	协议书第二条第2款：工程设计阶段。 合同条款9.施工现场配合服务。 附件1：工程设计范围、阶段与服务内容	
三	工程设计周期	1.在设计阶段中的方案设计阶段、初步设计阶段、施工图设计阶段涉及工程设计周期。 2.由于专业深化设计成果的出具时间，对工程招标进度有重大影响，进而影响施工进度，应予重点关注。 建议处理措施： 1.在合同中对专业深化设计成果的提供时间节点作出要求。 2.在合同中就专业设计成果出具进度与设计费用的支付挂钩，形成对设计人的有效合同约束。 建议委托尽可能对设计的时间要求合理	协议书第三条：设计周期。 附件5：设计进度表	
四	设计合同价格形式	1.一般有固定总价形式、单价形式（面积单价、费率单价）。 2.需要关注的是：前期设计招标时，基本按投资估算额确定限价。 3.对于投资较大的项目，由于前期投资估算与实际投资误差较大，正负偏差均有可能，导致设计费用与设计工作可能不相符。 建议处理措施： 1.当项目较大时，建议采用单价的形式，从而确保设计费合理，对合同双方都公平公正。 2.合同价格一定要与设计范围与内容对应。 3.注意设计价格所包含的相关合理风险	协议书第四条。 合同条款10.2合同价格形式	
五	设计进度款支付	在设计总包模式下： 1.前期设计有大量的调研工作、大量的自身设计工作、大量专业深化设计的协调工作，建议给予不低于合同价格20%的预付款。 2.为确保设计成果的完整有效出具，并配合诸如图纸报批、清单编制、招标等相关工作，建议设计费支付与工程进度的阶段成果挂钩，如在单项工程或单位工程招标完毕，再支付该部分应有的设计费的约定	合同条款10.3定多或预付款；附件6设计费明细及支付方式	

续表

序号	重点内容	关注原因及解决措施	涉及合同条款	备注
六	因设计变更原因造成的设计索赔	在方案设计、初步设计已批复的前提下，对于施工图阶段的设计变更，建议在合同中将此作为设计人承担的合理风险。避免设计人以此为由向委托人索赔	合同条款11工程设计变更与索赔；附件7：设计变更计费依据和方法	
七	设计成果形式提交要求	1.在实践中，设计人存在以著作权为由不提供CAD软件电子版，即使提供，也是加密提供，导致造价单位、施工单位、委托人等无法进行相关设计信息提取，影响相关工作及效率。 2.建议在合同中就提供未加密的CAD文件进行明确约定	合同条款7.1.2发包人要求设计人提交电子版设计文件的具体形式	
八	设计违约处理措施	1.加强对设计的主动管理。 2.管理的手段是落实细化明确对设计的需求，达不到时的无非就是违约责任。 3.违约处理扣费用不是目的，是促进设计提供优质服务的保证。 4.一般说来，违约涉及的主要方面包括： 1）设计对投资的有效控制方面。 2）专业超概的配合处理方面。 3）违反强制性条文方面。 4）设计说明与设计图之间，不同专业设计之间相互矛盾方面。 5）设计错漏碰缺方面。 6）设计配合现场解决问题方面。 7）施工过程中设计变更等资料的设计手续完善方面。 8）设计图纸的深度达不到国家规定方面。 9）设计派驻现场人员的履约方面。 10）设计人编制的投资估算、初步设计概算的质量方面。 ……	14.2 设计人违约责任	
九	投资控制要求	1.由于设计阶段对项目投资的影响非常大，因此应重视设计阶段，设计人对投资应承担的主体责任。 2.强调设计人应对其编制的投资估算、设计概算的质量负责。因为对于财政投资项目，设计概算一经批准，则是整个项目的投资控制目标，因此设计人应高度重视投资的控制。 3.建议在合同中对设计人应有限额设计的要求及违约时的处理措施，特别专业深化设计部分。 4.应强调设计人对投资控制的重视，同时在合同中将投资控制、限额设计与设计费的支付挂钩、与违约处理挂钩	专用条款18.其他	
十	履约担保	1.示范文本中，未对设计履约未涉及，原因为示范文本存在行业偏向性。 2.为加强对设计的履约管理，建议在设计合同中要求设计提供履约担保，这也符合市场经济原则	专用条款18.其他	

六、工程招标注意要点

工程招标注意要点见表5-4。

工程招标注意要点表　　表5-4

序号	要点事项	说明	备注
1	招标条件编制的有效依据	1.根据批复文件明确的项目名称、批准文号、项目建设单位、资金来源、招标组织形式等完成招标文件的相关内容。 2.以《〈标准施工招标资格预审文件〉和〈标准施工招标文件〉试行规定》(九部委〔2007〕第56号令)为标准，以《标准施工招标文件》(2007版)为依据编制	
2	重视施工招标依据与总体策划，资金来源和落实情况方面	1.确定发包方式；不同发包方式下的标段划分。 2.根据设计内容、拟招标标段，分解投资估算或概算；按照各标段投资额度及政策规定，选择合适的招标方式。 3.资金来源。 注意：应与项目批复文件或备案文件保持一致。 4.资金落实情况 注意：1)《政府投资条例》(国务院令712号)、《保障农民工工资支付条例》(国务院令724号)明确规定，发包人建设资金必须落实，才能实施项目建设，且不得由施工单位垫资。 2)建设市场的实际情况与此差距甚远，因此，应注意提醒建设方，在工程建设过程中，接受相关行政主管部门监管或审计部门审计时的相关管理风险	严禁肢解发包；严禁规避招标；严禁不具备条件招标
3	招标范围方面	1.招标范围、招标内容、不同标段间的界限、界面、界点等与项目设计内容一致。 2.编制时应简洁、明了、清晰、防止矛盾与争议。 3.标段划分与合同体系密切相关；招标范围与合同承包范围与内容、清单及限价编制范围及内容密切相关	
4	计划工期方面	根据项目建设单位或建设方的要求，一般说来，只有计划开工日期、计划竣工日期、总工期。 1)应根据项目规模及性质计算定额工期，与建设单位要求的工期比较，判断是否有必要增加赶工措施费，因为这与清单编制、招标控制价编制、合同条款设置关系密切。 2)在建设单位要求的总工期前提下，明确工程建设重要的节点工期，在招标文件中明确，同时从合同的角度加强对工期实现提供合同措施保证	
5	质量要求方面	1.注意建设单位对质量的要求，特别是在获奖方面。 2.如有获奖方面的要求，肯定影响工程投入，因此，一定要注意在投资方面有效配合	

续表

序号	要点事项	说明	备注
6	投标人资格要求	1.投标人资质条件设定一定要与项目规模、项目性质等相适应。 2.业绩的设定一定要与项目规模、项目类型、使用功能等相适应。 3.投标人资格设置方面，为确保招标的公开、公平、公正，不得以不合理的条件限制、排斥潜在投标人，行政主管部门监管得越来越严格。因此，应慎重设置，必须保证符合政府的相关监管规定，避免不能通过报建程序、避免引起不必要的投诉，从而影响招标进度	
7	踏勘现场	由各投标人自行踏勘并承担由此带来的不利后果	
8	合同条款及格式	1.必须认识到招标文件所附合同的重要性，是工程管理事前预控的最有效手段。 2.高度重视招标文件所附合同的编制质量	
9	工程量清单	1.应重点提醒建设单位，根据国家相关规定，在工程量清单招标模式下，工程量清单由建设单位提供，其质量由建设单位负责。 2.其质量的好坏，对工程造价控制、对工程结算、对合同执行、对工程管理造成非常大的影响，因此，建设单位应高度重视工程量清单编制质量。 3.鉴于工程量清单的重要性，应建议建设单位加强几方面的管理，一是加强对设计成果质量的管理，二是要选择好的造价咨询单位，特别是其派出的造价团队；三是应同时委托给两家造价单位，背靠背地编制；四是应给予合理的编制和核对时间	
10	招标文件的澄清与修改	1.注意及时澄清与修改，特别是建设单位对开工时间有特别要求的情况。 2.注意澄清文件的叙述，要做到有问必复、严禁歧义	
11	投标报价	1.工程量清单报价模式，从国家主导方向来说，是完全自主报价的模式，因此，在计价依据、材料设备价格采用、施工机具使用、企业管理费率利润率选择、施工技术措施等方面，一定要体现投标人自主的特性、体现竞争的特性。 2.但对于发包人发布的清单（包括清单编码、清单名称、单位、项目特征、工程量）、暂列金额、材料设备暂估价、专业工程暂估价，投标人不得变动。 3.对于国家强制性规定不得竞争的，需明确投标人报价时不得竞争报价，如安全文明施工费或费率、规费率、销项税率。 4.对限价的设定，方式很多，有总价设定、有单价设定、有按专业或系统设定、其他，一定要根据建设单位的需求确定，同时提醒各投标人。 5.由于投标报价注意事项非常重要，因此，必须与废标条款相关联	

七、设备招标注意要点

（一）具备设备招标条件要素

设备招标条件要素见表5-5。

设备招标条件要素表 **表5-5**

序号	招标类别	设备招标标段名称	技术条件	商务条件	合同条款	备注
1	货物设备类	电梯(直梯、扶梯)采购及安装	技术条件包含： 1.技术标准：国内标准、国际标准 2.技术参数 3.工程量 4.设备档次 5.整体技术要求 6.主要零部件的要求 7.随机提供的附件要求 8.技术服务	商务条件包含： 1.市场满足技术条件的情况（供应商数量） 2.市场调研询价 3.招标清单及招标控制价的确定	合同主要条款： 1.设备名称、规格、数量、单价及合同价格 2.采购及安装范围 3.质量标准和技术要求 4.结算方法与货款支付 5.交货期与运输 6.安装、调试和验收 7.售后服务 8.质保期、保证与索赔 9.其他条款	
2		智能化设备采购及安装				
3		舞台机械采购及安装				
4		空调机组采购及安装				
5		冷却塔采购及安装				
6		锅炉的采购与安装				
7		柴油发电机采购				
8		配电箱采购及安装				
9		消防设施采购及安装（含自动灭火器、消防水箱、消防水泵等）				
10		水泵设备采购及安装				
11		充电桩采购与安装				
12		机械停车库采购与安装				
13		隔油器及油脂分离器采购及安装				
14		太阳能生活热水系统				
15		其他暂估价设备或材料				

（二）具有设备采购招标计划表

设备采购招标计划表见表5-6。

设备采购招标计划表　　表5-6

序号	标段名称	限价金额	编制技术要求与技术标准	审核	招标开始报建	招标开始挂网（发布）	开标时间	确定中标单位	清标完成时间	合同签订时间	备注
1	电梯（直梯、扶梯）采购及安装										
2	智能化设备采购及安装										
3	空调机组采购及安装										
	……										
9	水泵设备采购及安装										
10	充电桩采购与安装										
11	其他设备										
12	其他暂估价设备或材料										

第六节 招标投标情况书面报告

招标投标情况书面报告见表5-7。

招标投标情况报告表　　表5-7

序号	招标投标项目名称	招标方式	招标代理单位	情况报告内容										经济指标			档案留档及移交情况			备注
				情况报告（纸质版或电子版）	立项批复、代理合同等（纸质版或电子版）	报建资料报建备案专家记录签字等各种表（纸质版）	招标文件及公告（纸质版或电子版）	质疑、答疑、补遗（纸质版或电子版）	工程量清单及招标控制价（电子版）	评标资料及评标报告（纸质版或电子版）	中标公示表（纸质版或电子版）	中标通知书（纸质版或电子版）	投标文件（纸质版或电子版）	概算金额	招标限价	中标金额	招标人及代理机构留档	移交项目管理部（如有）	移交行政监督部门	
1	咨询服务（项目管理）																			
2	环境影响评价																			
3	设计招标																			
4	监理																			
5	工程地质勘察																			
6	总包工程																			
7	精装修工程																			
8	园林绿化及综合管网																			
9	弱电自动化																			

续表

序号	招标投标项目名称	招标方式	招标代理单位	情况报告内容										经济指标			档案留档及移交情况			备注
				情况报告（纸质版或电子版）	立项批复、代理合同等（纸质版或电子版）	报建资料报建备案专家记录签字等各种表（纸质版）	招标文件及公告（纸质版或电子版）	质疑、答疑、补遗（纸质版或电子版）	工程量清单及招标控制价（电子版）	评标资料及评标报告（纸质版或电子版）	中标公示表（纸质版或电子版）	中标通知书（纸质版或电子版）	投标文件（纸质版或电子版）	概算金额	招标限价	中标金额	招标人及代理机构留档	移交项目管理部（如有）	移交行政监督部门	
10	柴油发电机采购及安装																			
11	空调设备																			
12	电梯（直梯、扶梯）采购及安装																			
	……																			

第七节　招标过程审计要点

（1）招标范围是否符合国家有关规定，重点审查是否存在规避招标的行为。

（2）标段的划分是否合理，是否有利于建设管理和施工管理。

（3）招标工作是否进行了行政监督和执法监察。

（4）自行招标是否经批准同意，委托代理招标代理招标机构是否具有相应的专业技术能力。

（5）采用公开招标方式的项目，招标人是否公开发布招标公告，大型工程建设项目以及国家重点项目、中央项目、地方重点项目是否同时在规定媒体发布招标公告。

（6）采用邀请招标的项目是否符合规定的范围，是否经过有关主管部门批准。

（7）设计、监理、施工及物资采购等招标项目在招标时，是否具备了招标条件，是否制订了合理的评标办法。

（8）公告正式媒介发布至发售资格预审文件（或招标文件）的时间间隔是否满足规定时间，招标公告的内容是否真实合法，招标公告是否存在限制潜在投标人的内容。

（9）已发出的招标文件进行必要澄清、答疑或者修改的，是否在招标文件要求提交投标文件截止日期规定的时间前，是否以书面形式通知所有投标人，澄清或者修改的内容是否作为招标文件的组成部分。

（10）自招标文件开始发出之日起至投标人提交投标文件截止之日止的时间是否少于规定的最短时间。

（11）招标文件的出售价格及投标保证金数额是否在规定的限额内。

（12）建设工程是否实行工程量清单招标，是否编制招标控制价。招标控制价应在招标时公布，招标人应将招标控制价及有关资料报送工程所在地工程造价管理机构备查。招标控制价超过批准的概算时，招标人应将其报原概算审批部门审核。

（13）评标标准和方法是否在招标文件中载明，在评标时是否另行制定或修改、补充评标标准和方法，评标标准和方法是否对所有投标人都相同。

（14）评标的指标、标准是否科学合理，招标控制价的编制和确定是否符合规定。

（15）参加开标会议的人员，开标时间、开标记录及开标程序是否符合规定。

（16）评标委员会人员的确定、人员构成及专业结构是否符合规定，是否满足招标项目的要求。重点审查评标委员会成员是否在规定的专家库中随机抽取，项目法人指派的评委是否超过三分之一。

（17）评标程序及无效标的处理是否符合规定，评标委员会是否按规定进行评标，是否遵守了评标纪律。重点审查是否存在人为干预评标工作行为。

（18）评标报告的内容是否真实完整。

第八节　内蒙古民族大学校区综合改造项目（一期）

一、工作时间计划

招标工作时间计划见表5-8。

招标工作时间计划表　　表5-8

序号	招标类别	项目名称及标段划分	概算金额（万元）	招标时间 开始（年/月/日）	结束（年/月/日）	招标最迟完成时间	签订合同最迟完成时间
1	咨询服务类	全过程咨询服务（含项目管理、监理、造价、招标等）	2700	2018.11.2	2018.12.17	2018.12.20	2019.2.20
2		物业服务招标	1600	2021.8.10	2021.9.15	2021.9.30	2021.10.5
3	设计类	勘察及设计	2000	2019.3.1	2019.4.20	2019.3.20	2019.5.10
4		精装修设计	800	2019.8.10	2019.9.20	2019.9.30	2019.10.20
5		BIM全专业施工图设计	1200	2019.8.10	2019.9.20	2019.9.30	2019.10.20
6		绿色建筑三星专项设计（图书馆）	500	2019.8.20	2019.9.30	2019.10.20	2019.10.30
7	工程类	总承包工程	251552	2018.12.1	2018.12.30	2019.1.20	2019.1.30
8		弱电工程	11600	2020.8.20	2020.9.20	2020.9.30	2020.10.10
9		室外工程	19000	2020.10.15	2020.11.30	2020.10.20	2020.11.30
10		会议中心、学生会堂、学院楼精装修工程	18380	2020.11.20	2020.12.30	2021.1.10	2021.1.20
		……					
11	货物设备类	电梯（直梯、扶梯）采购及安装	2450	2020.10.15	2020.11.25	2021.2.15	2021.3.15
12		智能化设备采购及安装	6700	2021.3.20	2021.4.30	2021.4.20	2021.530
……		……					

二、设计总包和专业分包界面划分

设计标段划分计划表见表5-9。

设计标段划分计划表　　表5-9

序号	类别	设计标段名称	设计界面
1	人防工程	NZ号行政办公楼（地下人防）	（4997m²，核6级常6级甲类二等人员掩蔽所，2个防护单元；1个防护单元核6常6级甲类物资库）全专业设计
2	总图及室外配套	总图平面图	含轴网定位、消防总平图、道路总平图、首层拼合图、总平竖向图
3		小市政管网设计	排水组织、综合管线、各分项管网图
4		室外景观（含中水：用于浇洒道路、浇灌绿化）	基地内景观园林方案至施工图及施工配合（含建筑、结构、机电，泛光照明、标识标牌、强弱电及安防、中水）
5	外装修工程	屋面网架（学生会堂的观众厅）	主体施工图可满足幕墙设计招标；需甲方另委幕墙设计
6		玻璃、石材、金属幕墙专项设计（图书馆、会议中心、学生会堂等）	主体施工图可满足幕墙设计招标；需甲方另委幕墙设计
7	室内精装	会议中心、学生会堂、学院楼等	
8	专项设计	弱电智能化设计（室内、室外、含智慧校园）	上海院施工图中仅设计常规系统及桥架；需二次专项设计
9		BIM全专业施工图设计（仅图书馆为实现绿建三星）	
10		泛光照明设计（含室外楼体及广场）	
11		绿建三星专项设计（图书馆）	主体施工图含绿建专篇及各专业预留，需出绿建评估报告
……			
22		太阳能系统（学生公寓）	
23	二次施工深化设计	屋面网架（学生会堂的观众厅）	
24		玻璃、石材、金属幕墙专项设计（图书馆、会议中心、学生会堂等）	
25		空调系统设计（实验动物中心部分实验室设洁净空调系统、温恒湿空调、机房精密空调）	
……			
31		柴油发电机安装设计	高低压变配电室设备、变配电室至市政上级变电站的高压线路
32	市政专项设计	市政电力设计	设计院施工图提供相关技术参数由施工单位施工二次深化设计
……			
36		市政供热	热力公司：建筑外轮廓线1.5m以外至市政热源处的设备、线路由热力公司设计；中建院：换热站土建及配套设计

三、设备招标流程

（一）燃气锅炉安装招标实施流程

燃气锅炉安装招标实施流程节选见表5-10。

设备安装实施流程（真空燃气锅炉） 表5-10

序号	设备名称及技术要求	施工图与技术交底		采购方式		招标		商务谈判与合同签证		生产周期		进场开箱检查		安装前置条件		调试与移交		资料交接与结算	
1	设备名称：真空燃气锅炉编号：B3；C16（详见备注1）	设计上存在的问题	锅炉技术参数不全	邀请招标		公告		招标文件中约定的条款		生产厂商		规格型号（订货）		安装单位与总包单位的协议场地	总包自己安装	使用前的注意事项	系统完善、专业人员到位	费用支付	
		与土建专业的相关性	锅炉布置位置离防爆口较远	公开招标	建设单位、总包两方共同招标	答疑	已完成	补充与完善内容		供货单位		规格型号（到货）		水 电	总包自己安装	验收设备及注册	经技术监督局验收合格	资料移交	
		设备基础图	设备品牌确定后再定	比选		开标		支付条款		交货时间		技术参数（订货）		临 设	总包自己安装	设备移交			
		设备尺寸（长、宽、高、重量）	设备品牌确定后才能确定	总包自购	属总包施工范围，设备总价已超过200万必须招标	最高限价	未出来	约束条款				技术参数（到货）		前置条件（土建基础图、清理通道、协调工作、场地移交）	总包自己安装				

续表

序号	设备名称及技术要求	施工图与技术交底		采购方式		招标		商务谈判与合同签证		生产周期		进场开箱检查		安装前置条件		调试与移交		资料交接与结算	
1	设备名称：真空燃气锅炉编号：B3；C16（详见备注1）	设备间的要求	有防爆口、排烟风道、大门能运进设备，有设备安装基础	专业分包购买		招标文件	已完成	清单价				配置件（订货）		影响其他专业的注意事项及需协调的事项	总包自己安装				
		设备运输通道	室外运输通道宽度不小于3m，能直达锅炉房			技术标准	《相变锅炉》GB/T 2143—2008	暂定价				配置件（到货）							
		设备吊装方式	电动、手动葫芦			技术条件	满足采暖系统正常运行					备用件（订货）							
		对供配电的要求	有专用配电箱			投标单位的资质要求	生产厂家					备用件（到货）							
		对智能控制的要求	原模糊控制改为BA控制			辅助设备清单													
		消防要求	高压细水雾灭火装置																

备注1：
设备名称：真空燃气锅炉
编号：B3；C16
档次：中高档

数量：一标1号真空燃气锅炉4台

一标2号真空燃气锅炉4台

安装位置：一标A1区；一标A5区

规格型号：WZR4.5-65/40-Q型　　WZR4.9-65/40-Q型

主要技术参数：

1号真空燃气锅炉：

制热量：4400kW

热效率：≥98%

主机：燃气真空热水锅炉、波纹炉胆、螺纹烟管、全湿背三回程结构、内置式换热器、换热管304不锈钢、锅炉外包装板304不锈钢 δ=1.0mm

辅机：原装进口燃气燃烧器（含燃烧器隔音罩）；10寸彩色触摸屏锅炉电脑控制器(含PLC程序控制、RS232/485计算机远程接口、主要电器原件采用西门子、施耐德、欧姆龙、ABB等国际知名品牌)

仪表阀门：锅炉全套配件 一次仪表阀门（含锅炉随机配件、温度传感器、水位电极点等）

烟囱：双层不锈钢烟囱（ϕ700mm、采用岩棉毡保温厚度δ=50mm，不锈钢板厚内δ=1.0mm 外δ=0.8mm、材质：304不锈钢）。烟道消声器（接口ϕ700mm、将锅炉尾部噪声降至60dB），风门调节阀（ϕ700mm、锅炉烟囱专用）。

附件：冷凝器（材质：304不锈钢、将锅炉尾部排烟温度降至80℃）、真空泵、压力控制器，真空表、真空防爆装置、水位窥视镜4套。

2号真空燃气锅炉：制热量：kW

热效率：≥98%

主机、辅机、仪表阀门、烟囱、附件同1号锅炉

（二）电梯招标需求及技术要求

（1）电梯货物需求一览表及技术规格标准和要求，见表5-11。

表 5-11

电梯技术要求表

电梯类型	参数 / 电梯号	有无机房	控制方式	电梯类别	载重 (kg)	速度 (m/s)	层/站/门	井道尺寸(mm) 宽度×深度	轿厢尺寸(mm) 净宽×净深×净高	厅门留洞结构尺寸(mm) 门洞宽×门洞高	电梯开门净尺寸(mm) 宽度×深度	开门方式	行程 (m)	底坑深度 (mm)	顶层高度 (mm)	服务楼层
无机房载货电梯	HT-1-1号	无	单控	客货梯兼消防	1000	1.0	5/5/5	2200×2300	1550×1500×2400	1100×2300	900×2200	两扇中分	29.25	1300	4650	-1，1，2，3，4
	HT-2-1号	无	单控	客货梯兼消防	1000	1.0	5/5/5	2100×2100	1500×1550×2400	1100×2300	900×2200	两扇中分	30.4	1450	4300	-1，1，2，3，4
	HT-2-2号	无	单控	客货梯兼消防	1000	1.0	5/5/5	2100×2100	1500×1550×2400	1100×2300	900×2200	两扇中分	30.4	1450	4300	-1，1，2，3，4
	HT-3-1号	无	单控	客货梯兼消防	1000	1.0	5/5/5	2400×2400	1600×1500×2400	1300×2300	1100×2200	两扇中分	30.4	1400	4650	-1，1，2，3，4
	HT-3-2号	无	单控	货梯，一层贯通门，南侧安装耐火极限不小于2h的钢制防火门	3000	0.63	6/5/5	3900×4300	2000×2750×3000	2200×2900	2000×2800	四扇中分双折	30.4	2150	5600	-1，1，2，3，4
	HT-3-3号	无	单控	货梯	2000	1.0	6/5/5	3150×3200	1800×2200×3000	1700×2900	1500×2800	四扇中分双折	30.4	1600	4870	-1，1，2，3，4
	HT-3-4号	无	并联	客货梯	1350	1.0	6/3/3	2500×2100	1800×1750×2600	1300×2500	1100×2400	两扇中分	30.4	1650	4870	-1，首层夹层，4
	HT-3-5号	无		客货梯	1350	1.0	6/3/3	2500×2100	1800×1750×2600	1300×2500	1100×2400	两扇中分	30.4	1650	4870	-1，首层夹层，4

（2）电梯主要配置技术规格及参数要求，见表5-12。

乘客电梯、客货电梯技术参数及配置表 **表5-12**

序号	电梯编号	HT-1-1号、HT-2-1号、HT-2-2号、HT-3-1号、DT-2-5号、HT-3-6号、DT-1-1号、DT-1-2号、DT-1-5号、DT-1-6号、DT-3-1号、DT-3-4号、DT-3-5号、DT-3-6号、DT-3-7号	HT-3-2号、DT-3-3号
1	电梯类型	无机房乘客电梯	无机房货梯
2	电梯台数	15台	2台
3	控制方式	单控/并联	单控
4	电梯载重	1000kg	HT-3-2号=3000kg HT-3-3号=2000kg
5	运行速度		HT-3-2号=0.63m/s HT-3-3号=1.0m/s
6	提升高度		
7	顶层高度		
8	底坑深度		
	……		
43	BA接口	需配置	需配置
44	电梯基本功能要求	1.称重启动；2.超载保护及报警功能；3.超速保护功能；4.门过载保护功能；5.开门时间异常保护功能；6.开门异常自动选层功能；7.电动机空转保护功能；8.对讲通信功能；9.警铃报警功能；10.故障低速自救运行功能；11.停车在非门区报警功能；12.电动机过载（热）保护功能；13.位置异常自动校正功能；14.超速机械保护功能；15.启动补偿功能；16.轿厢内方向指示；17.开门时间自动控制功能；18.运行次数显示功能；19.轿厢内照明、通风自动控制功能；20.故障自动存储功能；21.层高自测功能；22.消防迫降功能；23.泊梯功能；24.双击取消轿厢误指令；25.轿顶检修操作功能；26.机房内检修操作功能；27.待机定期自检功能；28.底坑对讲机通讯功能；29.门停止运行功能；30.抱闸动作双安全检测；31.厅外检修显示功能；32.光幕保护功能；33.停电应急照明功能；34.五方通话功能；35.满载直驶；36.无呼自返基站功能；37.司机功能；38.消防电梯应具有断电自动再平层功能	

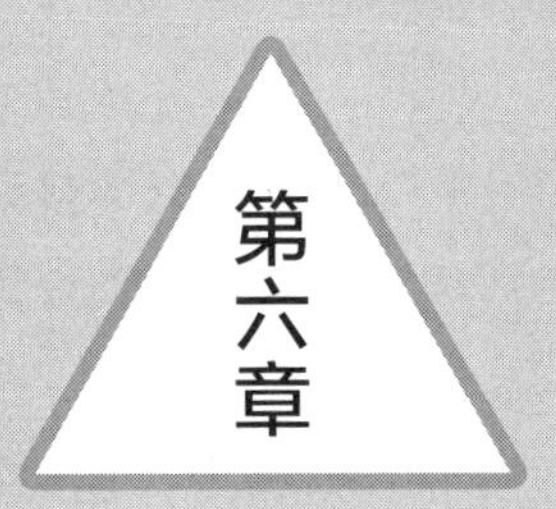

造价管理

第一节 工程造价构成及计价方法

一、建设项目总投资及工程造价构成

建设项目总投资是为完成工程项目建设并达到适用要求或生产条件，在建设期内预计或实际投入的全部总和。生产性建设项目总投资包括建设投资、建设期利息和流动资金三部分，非生产性建设项目总投资包括建设投资和建设期利息两部。其中建设投资和建设期利息之和即为工程造价或固定资产投资。

工程造价中的主要构成部分是建设投资，建设投资是为完成工程项目建设，在建设期内投入且形成现金流出的全部费用。根据国家发改委和建设部发布的《建设项目经济评价方法与参数（第三版）》（发改投资〔2006〕1325号）的规定，建设投资包括工程费用、工程建设其他费用和预备费三部分。

工程费用是指建设期内直接用于工程建造、设备购置及其安装的建设投资，可分为建筑安装工程费和设备及工器具购置费。工程建设其他费用是指建设期为项目建设或营运必须发生的但不包括在工程费用中的费用。预备费是在建设期内因各种不可预见因素的变化而预留的可能增加的费用，包括基本预备费和价差预备费。流动资金指为进行正常生产营运，用于购买原材料、燃料、支付工资及其他营运费用等所需的周转资金。

建设项目总投资的具体构成内容见表6-1。

二、工程计价方法

工程计价是指按照法律法规及标准规范规定的程序、方法和依据，对工程项目实施建设的各个阶段的工程造价及其构成内容进行预测和估算的行为。根据计算程序的不同，工程计价方法分为实物量法和单价法。

（一）实物量法

实物量法是依据图纸和相应计价定额的项目划分及工程量计算规则，先计算

建设项目总投资构成　　表6-1

<table>
<tr><td rowspan="13">建设项目总投资</td><td rowspan="12">固定资产投资</td><td rowspan="12">工程造价</td><td rowspan="11">建设投资</td><td rowspan="2">工程费用</td><td>设备及工器具购置费</td></tr>
<tr><td>建筑安装工程费</td></tr>
<tr><td rowspan="7">工程建设其他费用</td><td>建设单位管理费</td></tr>
<tr><td>用地与工程准备费</td></tr>
<tr><td>市政公用配套设施费</td></tr>
<tr><td>技术服务费</td></tr>
<tr><td>建设期计列的生产经营费</td></tr>
<tr><td>工程保险费</td></tr>
<tr><td>税费</td></tr>
<tr><td rowspan="2">预备费</td><td>基本预备费</td></tr>
<tr><td>价差预备费</td></tr>
<tr><td colspan="3">建设期利息</td></tr>
<tr><td>流动资产投资</td><td colspan="4">流动资金</td></tr>
</table>

出分部分项工程量，然后套用消耗量定额计算人材机等要素的消耗量，再根据各要素的实际价格及各项费率汇总形成相应工程造价的方法。

（二）单价法

单价法包括综合单价法和工料单价法。

1.综合单价法

若采用全费用综合单价（完全综合单价），首先依据相应工程量计算规范规定的工程量计算规则计算工程量，并依据相应的计价依据确定综合单价，然后用工程量乘以综合单价，并汇总即可得出分部分项工程及单价措施项目费，之后再按相应的办法计算总价措施项目费、其他项目费，汇总后形成相应工程造价。中国现行的《建设工程工程量清单计价规范》GB 50500—2013中规定的清单综合单价属于不完全综合单价，当把规费和税金计入不完全综合单价后即形成完全综合单价。

2.工料单价法

首先依据相应计价定额的工程量计算规则计算工程量；其次依据定额的人材机消耗量和预算单价，计算工料单价；用工程量乘以工料单价，汇总可得分部分项工程人材机费合计；再按照相应的取费程序计算其他各项费用，汇总后形成相应工程造价。

第二节　全过程造价管理基本原理和内容

一、全过程造价管理基本原理

全过程造价管理贯穿于建设工程项目从概念阶段到项目后评估整个过程，它与碎片化、传统式的造价管理的区别在于管理链条向两端延伸，具有系统性和整体性。其管理重心前移，注重事前事中的过程控制、目标管理与计划管理。它是以造价控制为核心，风险管控为重点，合同管理为手段，信息化技术为工具的集成式管理。其核心内涵在于通过管理使造价与设计、招标、合同、施工等有机结合，实现项目价值的最大化，为项目节约成本。

造价管理切入的时间点不同，造价控制的效果就截然不同，越早介入效果越好，如图6-1所示。在项目策划阶段，工程造价策划同步跟进，这将使日后造价控制工作达到事半功倍的效果。

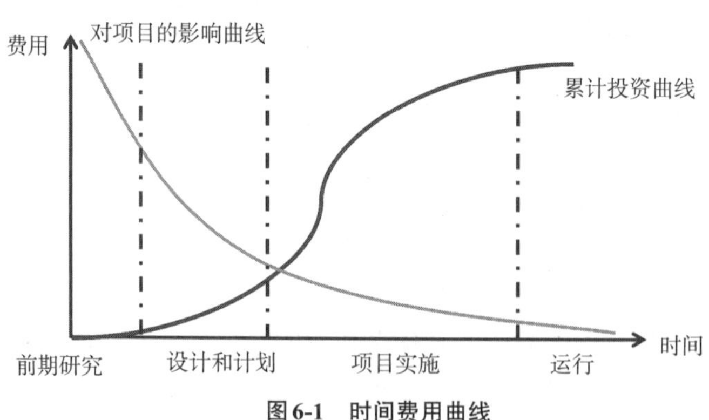

图6-1　时间费用曲线

全生命周期不仅包括初始阶段，还包括未来的运营维护以及拆除翻新阶段。随着工程投资管理的进一步发展，人们逐渐认识到仅靠施工阶段的造价管理远远不能满足对工程项目造价和成本的控制要求。建设单位是推动建筑业发展的原动力，建设单位更多地希望设计和施工紧密结合，提供包括项目前期的策划和开发设计、施工、运营以至项目结束的全生命周期服务。因此，迫切需要对工程建设项目全生命周期进行投资控制，如图6-2所示。

投资控制的关键在决策和设计阶段。在项目全过程管理的各个阶段中，决策阶段对该项目有重大影响，特别是项目建设规模、工艺方案和流程、主要设

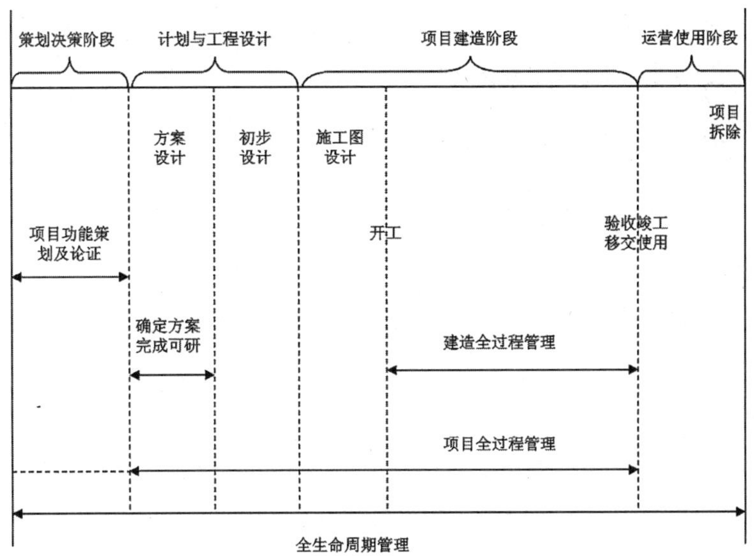

图6-2　项目管理服务范围示意图

备选型、建设标准水平等的确定，直接关系到项目投资的高低及投资效果的好坏。在项目作出投资决策后，控制工程造价的关键就在于设计，项目的结构类型、功能布局和材料、设备选用等都会对项目投资造成较大的影响。在建设工程的不同阶段对项目投资的影响大体上分别为投资决策阶段75%～95%，设计阶段35%～75%，施工阶段35%～59%，竣工决算阶段0～5%等。因此，在不同阶段，投资控制的重点和效果是不同的，关键是在决策和设计阶段。

工程造价管理是一个持续的过程，贯穿于工程建设的始终，应当遵循全生命周期、全方位、动态控制的基本原则：

（1）全生命周期控制。从项目策划、设计、建造到运维全生命周期进行控制，综合考虑工程建设各阶段的成本投入，平衡建造成本与运营成本的关系，使项目全生命周期总费用趋于合理，提高项目投资效益。

（2）全方位控制。从设计、技术、招标、合同、施工、进度、质量、安全等全方位建立造价控制体系，使之与工程造价深度融合，实现项目投资价值最大化。

（3）动态控制。拟定各阶段造价控制目标，编制造价控制计划；对造价控制计划的执行状况进行跟踪、检查、分析和比较；找出偏差，分析原因；制定纠偏措施，消除隐患，确保工程造价控制目标的实现。

二、造价管理的基本内容

（一）建设项目造价管理的职能

一般认为投资管理的主要职能是决策、计划和控制。

1.投资决策

投资决策主要是指建设项目出资人在充分调查和评估的基础上，做出建设项目投资决策。

2.投资计划

投资计划是指在建设项目实施过程中以工程设计概算（预算）和工程进度计划为基础，对建设项目的资金投入作出最优化的总体计划和期间计划安排。期间计划是针对一定时期（如一年）的投资而编制的资金计划。编制投资计划的目的是落实既定的投资决策，明确在确定的期间应该完成的建设任务。

3.造价控制

造价控制是执行投资决策和投资计划的过程。任何计划安排都不可能完全预见建设项目实施过程中可能发生的全部问题。

造价管理和造价控制必定是一个动态的变化的过程。这个过程，包括对投资计划安排的分析和论证；对投资计划执行状况的跟踪、检查、分析和评估；及时发现计划执行中出现的偏差，分析偏差产生的原因，并针对出现的偏差采取针对性措施，纠正和消除产生偏差的原因，使建设项目实施能在动态和变化过程中达到预定的目标。

（二）建设项目造价控制的基本内容

建设项目造价控制的基本内容是：建立健全造价管理和控制体系，在项目建设的各个阶段，通过优化建设方案、工程设计方案、资源配置方案和施工方案，采取科学的方法和有限的措施，随时纠正建设项目实施过程中出现的偏差，将建设项目造价控制在审定的限额（目标）之内，确保建设项目的质量、工期和工程造价按照既定目标实现，使建设项目获得预期的投资效益和社会效益。

第三节　造价管理工作目标与计划

一、造价管理工作目标

通过目标与目标体系的建立，明确工作思路与方向，是造价管理必须遵循的基本原则。在工程建设各个阶段建立与之相适应的造价控制工作目标，形成前者控制后者，后者补充前者的相互作用关系，层层严格控制工程造价。

以某项目建设各阶段造价管理工作目标为例，见表6-2。

工程建设各阶段造价管理工作目标　　表6-2

序号	项目建设阶段	工作目标	备注
一	概念性方案设计阶段	1.为项目投资决策提供数据支持。 2.投资匡算综合误差率小于30%	估算
二	方案设计阶段	1.确定项目造价控制目标。 2.项目建议书阶段投资估算综合误差率小于20%，可研阶段投资估算综合误差率小于10%	估算
三	初步设计阶段	1.优化概算，实现工程价值最大化。 2.设计概算综合误差率小于5%	概算
四	施工图设计阶段	1.配合设计院优化设计。 2.施工图预算综合误差率小于2%	预算
五	招标阶段	1.合约规划合理，内容完整，界面清晰。 2.配合招标、清标工作，规避合同风险。 3.招标控制价综合误差率小于2%	招标控制价（或最高投标限价）
六	施工阶段	1.动态控制成本，及时发现、纠正偏差。 2.材料、设备采购价格符合市场行情。 3.进度款支付符合工程实际，严禁超付。 4.工程变更、现场签证、措施费用执行合同原则，按程序办理	施工阶段全过程造价控制
七	竣工阶段	1.竣工结算综合误差率小于2%。 2.项目后评估，数据录入数据库	结算
八	审计阶段	咨询成果合规、合法，符合审计要求	决算

二、造价管理工作计划

计划是指导工作的行动纲领，造价管理也不例外，通过计划可理清工作思路、工作方法，以及工作内容与时间的关系。造价管理工作计划分为两个层次，第一层次，《造价咨询工作总计划》，包括全过程造价咨询所有工作内容及时间安排，是开展造价管理工作的总纲。第二层次，重要事项工作计划，如《工程量清单及招标控制价编审工作计划》《竣工结算编审工作计划》《资金使用计划》等等。

在编制计划之前，一定要根据项目实际情况梳理所有咨询工作内容、管理工作内容以及各项工作之间的逻辑关系，再依据进度计划进行编制，其造价咨询工作时间安排必须满足工程进度要求。以《造价管理工作总计划》《工程量清单及招标控制价编审工作计划》为例，具体格式见表6-3、表6-4。

造价管理工作总计划　　表6-3

序号	工作事项	时间			责任人	
		开始	完成	持续天数	编制	审核
1	投资估算					
2	多方案技术经济比选					
3	造价控制目标（按估算批复）					
4	协助设计院限额设计（初步设计）					
5	概算审核及优化					
6	概算评审					
7	调整造价控制目标（按概算批复）					
8	协助设计院限额设计（施工图设计）					
……	……					

第四节　项目决策及方案设计阶段造价管理

一、项目决策与工程造价的关系

（一）项目决策的正确性是工程造价合理性的前提

在项目决策阶段进行方案比选，功能优化，创造价值，实现项目增值。正确的投资行动来源于正确的项目投资决策，项目决策的正确与否，直接关系到其建设的成败，关系到造价的高低和投资经济效果的好坏。

（二）项目决策的内容是决定工程造价的基础

决策阶段各项技术经济决策，对该项目的工程造价有重大影响，特别是建设

工程量清单及最高限价编审计划 表 6-4

序号	工程名称	招标时间			清单编制及组价（编、审单位同步进行）			清单及组价核对			出具报告时间		
		开始时间（发招标文件）	完成时间（公示完成）	持续时间(天)	开始	结束	持续时间(天)	开始	结束	持续时间(天)	开始	结束	持续时间(天)
一	总承包工程												
1													
2													
……													
二	专业承包工程												
1													
2													
……													
三	设备采购及安装												
1													
2													
……													
四	配套工程												
1													
2													
……													

标准的确定、建设地点的选择、工艺的评选、设备选用等，直接关系到工程造价的高低见表6-4。

（三）造价高低、投资多少对项目决策的影响

决策阶段的投资估算是进行投资方案选择的重要依据之一，同时也是决定项目是否可行及主管部门进行项目审批的参考依据。既不能一味地追求功能性而忽略了环境、美观、人文等要求，也不能加大投资，延长回收期。

二、投资估算编制要求

投资估算是在投资决策阶段，以方案设计或可行性研究文件为依据，按照规定的程序、方法和依据，对拟建项目所需总投资及其构成进行的预测和估计，是在研究并确定项目的建设规模、产品方案、技术方案、工艺技术、设备方案、厂址方案、工程建设方案以及项目进度计划等的基础上，依据特定的方法，估算项目从筹建、施工直至建成投产所需全部建设资金总额并测算建设期各年资金使用计划的过程。投资估算的成果文件称作投资估算书，也简称为投资估算。

（1）估算的范围应与项目建设方案所涉及的范围、所确定的各项工程内容相一致。

（2）估算的工程内容和费用构成齐全，计算合理，实事求是，不搞假数字，不提高或者降低估算标准，不重复计算或者漏项少算，为决策提供客观的真实的依据。

（3）估算应做到方法科学、基础资料完整、依据充分。

（4）估算选用的指标与具体工程之间存在标准或者条件差异时，应进行必要的换算或者调整。

（5）估算的准确度应能满足建设项目决策不同阶段的要求。投资机会研究阶段，误差率应在±30%以内；初步可行性研究（项目建议书）阶段，误差率应在±20%以内；可行性研究和项目评估阶段，误差率应在±10%以内。

三、投资估算的编制依据

投资估算的编制依据是指在编制投资估算时所遵循的计量规则、市场价格、费用标准及工程计价有关参数、率值等基础资料，编制依据主要有以下几个方面：

（1）国家、行业和地方政府的有关法律、法规和规定。

（2）政府有关部门、金融机构等发布的价格指数、利率、汇率、税率等有关参数。

（3）行业部门、项目所在地工程造价管理机构或行业协会等编制的投资估算指标、概算指标（定额）、工程建设其他费用定额（规定）、综合单价、价格指数和有关造价文件等。

（4）类似工程的各种技术经济指标和参数。

（5）项目所在地编制同期的人工、材料、机械、机械台班市场价格，以及设备的市场价格和有关费用。

（6）工程勘察与设计文件。

（7）委托单位提供的各类合同和协议及其他技术经济资料。

四、投资估算的作用

投资估算作为论证拟建项目的重要经济文件，既是建设项目技术经济评价和投资决策的重要依据，又是该项目实施阶段投资控制的目标值。投资估算在建设工程的投资决策、造价控制、筹集资金等方面都有重要作用。

（1）项目建议书阶段的投资估算，是项目主管部门审批项目建议书的依据之一，也是编制项目规划、确定建设规模的参考依据。

（2）项目可行性研究阶段的投资估算，是投资者进行投资决策的依据之一，投资者要根据自身的财务能力和信用状况做出是否投资的决策，也是研究、分析、计算项目投资经济效果的重要条件。政府投资项目的可行性研究报告被批准后，其投资估算额将作为设计任务书中下达的投资限额，即建设项目投资的最高限额，不能随意突破。

（3）项目投资估算是设计阶段造价控制的依据，投资估算一经确定，即成为限额设计的依据，用于对各设计专业实行投资切块分配，作为控制和指导设计的尺度。

（4）项目投资估算可作为项目资金筹措及制订建设贷款计划的依据，建设单位可根据批准的项目投资估算额，进行资金筹措和向银行申请贷款。

（5）项目投资估算是核算建设项目固定资产投资需要额和编制固定资产投资计划的重要依据。

（6）投资估算是建设工程设计招标、优选设计单位和设计方案的重要依据。

在工程设计招标阶段，投标单位报送的投标书中包括项目设计方案、项目的投资估算和经济性分析，招标单位根据投资估算对各项设计方案的经济合理性进行分析、衡量、比较，在此基础上，择优确定设计单位和设计方案。

五、方案设计阶段造价管理工作要点

方案设计阶段造价控制的主要工作内容是编制投资估算，价值分析，多方案比选，合理确定工程造价控制目标，为限额设计提供依据。其工作要点如下：

（1）熟悉项目基本情况。了解建设单位意图，项目定位、项目特点、建设标准、建造要求，品质、档次等基本情况。

（2）收集相关资料。根据上述估算编制依据的内容收集相关资料，供估算编审人员使用。

（3）编审投资估算。建设项目投资估算编审方法包括生产能力指数法、系数估算法、比例估算法、混合法、指标估算法。投资估算编制要结合拟建项目的特点，按照拟采用的设计方案及总图布置参考项目所在地的基础资料和数据进行编制，并将所采用的估算系数和估算指标价格水平调整到项目建设所在地及项目建设期的实际水平，同时应对拟建项目的建设条件，如抗震设防等级、建设用地费、场外交通、供水、供电、供气等，以及所采用的估算系数和估算指标中未包括的费用内容进行修正。投资估算费用内容和构成应符合建设项目总投资的费用构成要求。

（4）多方案技术经济比选。受资源、市场、建设条件等因素的限制，拟建项目可能存在建设场地、建设规模、产品方案、工艺流程不同等多个整体方案。而在一个整体方案中亦可存在总平面布置、建筑结构形式等不同的多个设计方案。多方案技术经济比选在遵循技术先进、经济合理的原则上，结合项目寿命期总费用，兼顾近期与远期的发展规划，适当留有发展余地。比选内容包括建设规模、结构形式、总平面布置、工艺流程、设备选型、材料选用等。建设项目多方案整体宏观比选，一般采用投资回收期法、计算费用法、净现值法、内部收益率法等。在建设项目局部多方案的比选，一般采用价值功能分析、多指标综合评分法比选。

（5）编制造价控制目标。根据选定的优化方案调整投资估算，确定造价控制总目标，并按单项工程、单位工程逐步分解造价控制目标，预留调节资金，出具《造价控制目标计划书》。

（6）协助设计院限额设计。将造价控制目标向设计院交底，协助设计院测算经济指标。

六、设计阶段工程造价控制的措施

设计阶段是指在工程开始施工之前，设计者根据已批准的设计任务书，为具体实现拟建项目的技术、经济要求，拟定建筑、安装及设备制造等所需的规划、图纸、数据等技术文件的工作。工程设计是建设项目进行全面规划和具体描述实施意图的过程，是工程建设的灵魂，是科学技术转化为生产力的纽带，是处理技术与经济关系的关键性环节，是确定与控制工程造价的重点阶段。设计是否经济合理，对控制工程造价具有十分重要的意义。

（1）实行设计招投标制度。中国的设计招投标通常为初步设计阶段的招标投标，一旦方案中标，则整个设计全包。

（2）推行限额设计就是按照设计任务书批准的投资估算额进行初步设计，按照初步设计概算造价限额进行施工图设计，按施工图预算造价对施工图设计的各个专业设计文件做出决策。

第五节　初步设计阶段造价管理

设计概算是以初步设计文件为依据，按照规定的程序、方法和依据，对建设项目总投资及其构成进行的概略计算。具体而言，设计概算是在投资估算的控制下根据初步设计（扩大初步设计）的图纸及说明和设计概算的编制依据，按照设计要求，对建设项目从筹建至竣工交付使用所需全部费用进行的预计。设计概算的成果文件称作设计概算书，也简称设计概算。设计概算是工程造价在初步设计阶段的表现形式，用于衡量建设投资是否超过估算并控制下一阶段费用支出。

一、设计概算的编制依据

设计概算编制依据是指编制项目概算所需的一切基础资料，编制依据主要有以下几个方面：

（1）国家、行业和地方政府的有关法律、法规和规定。

（2）政府有关部门、金融机构等发布的价格指数、利率、汇率、税率等有关参数。

（3）相应工程造价管理机构发布的概算定额（或指标）。

（4）工程勘察与设计文件或设计工程量。

（5）项目所在地编制同期的人工、材料、机械台班市场价格，以及设备供应方式及供应价格。

（6）项目资金筹措方案。

（7）正常的施工组织设计或拟定的施工组织设计和施工方案。

（8）项目的管理（含监理）、施工条件。

（9）项目所在地区有关的气候、水文、地质地貌等自然条件。

（10）项目所在地区有关的经济、人文等社会条件。

（11）项目的技术复杂程度，新技术、新材料、新工艺以及专利使用情况等。

（12）项目批准的相关文件、合同、协议等。

（13）委托单位提供的其他技术经济资料。

二、设计概算的作用

设计概算是工程造价在初步设计阶段的表现形式，用于衡量建设投资是否超过估算并控制下一阶段费用支出。具体表现为：

（一）编制依据

设计概算是编制建设项目投资计划、确定和控制建设项目投资的依据。按照国家有关规定，政府投资项目编制年度固定资产投资计划，确定计划投资总额及其构成数额，要以批准的初步设计概算为依据，没有批准的初步设计文件及其概算，建设工程不能列入年度固定资产投资计划。

政府投资项目设计概算一经批准，将作为控制建设项目投资的最高限额。在工程建设过程中，年度固定资产投资计划安排、银行拨款或贷款、施工图设计及其预算、竣工决算等，未经规定程序批准，都不能突破这一限额，确保对国家固定资产投资计划的严格执行和有效控制。

（二）预算依据

设计概算是控制施工图设计和施工图预算的依据。经批准的设计概算是政府投资建设工程项目的最高投资限额。设计单位必须按批准的初步设计和总概算进行施工图设计，施工图预算不得突破设计概算，设计概算批准后不得任意修改和调整；如需修改或调整时，须经原批准部门重新审批。竣工结算不能突破施工图预算，施工图预算不能突破设计概算。

（三）衡量设计方案依据

设计概算是衡量设计方案技术经济合理性和选择最佳设计方案的依据。设计部门在初步设计阶段要选择最佳设计方案，设计概算是从经济角度衡量设计方案经济合理性的重要依据。因此，设计概算是衡量设计方案技术经济合理性和选择最佳设计方案的依据。

（四）最高投标限价依据

设计概算是编制最高投标限价的依据。以设计概算进行招标投标的工程，招标单位以设计概算作为编制最高投标限价的依据。

（五）合同依据

设计概算是签订建设工程合同和贷款合同的依据。建设工程合同价款是以设计概、预算价为依据，且总承包合同不得超过设计总概算的投资额。银行贷款或各单项工程的拨款累计总额不能超过设计概算。如果项目投资计划所列支投资额与贷款突破设计概算时，必须查明原因，之后由建设单位报请上级主管部门调整或追加设计概算总投资。凡未获批准之前，银行对其超支部分不予拨付。

（六）考核依据

设计概算是考核建设项目投资效果的依据。 通过设计概算与竣工决算对比，可以分析和考核建设工程项目投资效果的好坏，同时还可以验证设计概算的准确性，有利于加强设计概算管理和建设项目的造价管理工作。

三、初步设计阶段造价管理工作要点

初步设计阶段造价管理的工作重点。优化概算，让设计、技术、经济深度融合，实现工程价值最大化，真正做到“物有所值”，充分展示造价咨询工作的专业水准。根据批复的设计概算调整造价控制目标，层层限额设计，实现对投资限额的控制与管理。其工作要点如下：

（1）收集相关资料。根据上述概算编制依据的内容收集相关资料，供概算编审人员使用。

（2）审核设计概算。根据《建设工程造价咨询规范》GB/T 51095—2015及造价咨询行业相关规定审核设计概算。

（3）优化概算。与类似项目的技术、经济指标进行对比分析，找出差异；对同类材料、设备的品质、参数综合分析，比较价格；对施工措施、施工工艺进行评审，追求合理方案；分专业按单位工程进行成本分析，运用价值工程、BIM技术优化概算；在总金额不变的前提下，根据建设单位意愿进一步平衡资金；按优化后的方案出具设计概算成果文件。

（4）概算评审及调整。将设计概算书送财政部门评审，组织或参与评审会，收集、整理专家评审意见，根据专家意见调整设计概算。

（5）调整造价控制目标。根据批复的设计概算调整造价控制总目标，并按单项工程、单位工程逐步分解造价控制目标，修订在方案设计阶段拟订的《造价控制目标计划书》。用于指导和控制施工图阶段的限额设计。

（6）协助设计院限额设计。将造价控制目标向设计院交底，协助设计院测算经济指标，层层限额设计，体现对投资限额的控制与管理。

第六节　施工图设计阶段造价管理

施工图预算是以施工图设计文件为依据，在工程施工前对工程项目的投资进行的预测与计算。施工图预算的成果文件称为施工图预算书，简称施工图预算。

一、施工图预算编制依据

施工图预算编制依据是指编制建设项目施工图预算所需的一切基础资料，编制依据主要有以下几个方面：

（1）国家、行业、地方政府发布的计价依据、有关法律法规或规定。

（2）相应工程造价管理机构发布的预算定额和地区单位估价表。

（3）建设项目有关文件、合同、协议等。

（4）批准的设计概算。

（5）批准的施工设计图纸及相关标准图集和规范。

（6）合理的施工组织设计和施工方案等文件。

（7）项目的管理模式、发包模式。

（8）项目有关的设备、材料供应合同、价格及相关说明书。

（9）项目所在地区有关的气候、水文、地质地貌等自然条件。

（10）项目的技术复杂程度，以及新技术、专利使用情况等。

（11）项目所在地区有关的经济、人文等社会条件。

二、施工图预算的作用

（一）施工图预算对建设单位的作用

（1）施工图预算是施工图设计阶段确定建设工程造价的依据，是控制施工图设计不突破设计概算的重要措施。

（2）施工图预算是建设单位在施工期间安排建设资金计划和使用建设资金的依据。

（3）施工图预算是招投标的重要基础，既是工程量清单的编制依据，也是招标控制价编制的依据。

（4）施工图预算是拨付进度款及办理结算的依据。

（二）施工图预算对施工单位的作用

（1）施工图预算是确定投标报价的依据。

（2）施工图预算是施工单位进行施工准备的依据，是施工单位在施工前组织材料、机具、设备及劳动力供应的重要参考，是施工单位编制进度计划、统计完成工作量、进行经济核算的参考依据。

（3）施工图预算是控制施工成本的依据。

（三）施工图预算对其他方面的作用

（1）对于工程咨询单位而言，客观、准确地为委托方做出施工图预算，不仅体现出其水平、素质和信誉，而且强化了投资方对工程造价的控制，有利于节省投资，提高建设项目的投资效益。

（2）对于工程造价管理部门而言，施工图预算是编制工程造价指标指数、构建建设工程造价数据库的数据资源，也是合理确定工程造价、审定工程最高投标限价的依据。

（3）在履行合同的过程中发生经济纠纷时，施工图预算还是有关仲裁、管理、司法机关按照法律程序处理、解决问题的依据。

三、施工图设计阶段造价管理工作要点

施工图设计阶段造价咨询工作的重点在于两方面，其一，验证设计产品的经济性，与类似工程进行对标，协助设计院进一步优化。在此引进BIM技术优化设计，辅助工程量计算，对优化成本能达到事半功倍的效果；其二，为了便于施工图预算及招标阶段工程量清单及控制价的编制，事先提出对施工设计图的深度要求，在编制工作开展前再进一步细致检查。其工作要点如下：

（1）协助设计院限额设计。测算经济指标，验证设计的经济性，运用价值工程原理对工程量大的主要项目进行评价，优化设计方案，提高设计质量，做到技术与经济相统一，改进不合理的设计，协助设计院进一步优化，层层限额，动态管理。

（2）提出施工设计图深度要求。施工图是投标报价的依据，施工图设计深度不够，既关系到报价的准确度，又关系到施工过程中的一系列设计变更。施工图纸完成后，建设单位参与审查设计是否满足功能要求，是否有不合理的地方，材料、设备是否符合建设单位的要求。对于设计图纸的不足之处，请设计单位及时予以更正和补充，以便为工程量清单编制提供准确的依据，施工设计图必须满足清单列项、工程量计算的基本要求。同时，也减少施工中的变更设计，从源头上减少施工过程中的返工，有效控制索赔。

（3）编制或审核施工图预算。由于造价控制工作重点前移，估算、概算、造价控制目标在前期已经非常清晰，招标阶段又要编制招标控制限价，施工图预算逐步在弱化。

第七节　工程施工招标阶段造价管理

一、招标阶段造价管理的重要性

招标阶段上承设计阶段，下启实施阶段，对于确定和控制工程造价起着重要作用，招标阶段造价管理，是建设项目全过程投资控制关键环节之一，将进一步推动建设项目造价控制目标的实现。

工程施工招标常采用工程量清单计价模式，由招标人提供招标工程量清单，

投标人根据招标工程量清单自主报价，各投标报价工程量相同，价格构成清晰可比，提高了招投标工作的透明度，为企业竞争提供了共同的起点，便于评标，而且简化投标报价计算过程，缩短投标报价时间，有利于招标投标的公开公正、科学合理。工程量清单计价模式下，统一工程量、合理低价中标、投标人根据企业定额自主报价的特点对工程造价控制目标和具体工作有着深刻影响。

二、招标阶段造价管理工作要点

招标阶段造价管理的重点在于风险管理与事前控制，应当加强合约规划、计划管理、招标文件、合同文件、招标控制价、清标等方面的管理。工程量清单与招标控制价的完整性与准确率将得到提升，工程造价扯皮事件将得以缓解，对推动工程进度，协调参建各方关系起到积极作用。其工作要点如下：

（一）合约规划

合约规划的内容包括划分合同包（标段）的数量，策划发包模式、招标构架，拟定招标范围，明确工作界面，分解造价控制目标等工作内容。通过构架图、矩阵表或工作列表等多种形式表现出来，各个合同包（标段）之间的工作界面、协调配合事项清晰可见、一目了然。通过合约规划可协助设计管理减少错、漏、碰、缺，帮助招标采购合理划分标段，配合现场管理提高工作效率，指导造价管理控制成本，对确定招标控制限价和施工过程中的成本动态管理具有重要意义。合约规划编制时间可提前到初步设计阶段或更早，也可分阶段进行，随着设计图纸深度的提高与完善，施工内容越来越明确，造价控制目标和各合同包（标段）之间的工作界面由粗到细，逐步清晰，合约规划书在招标阶段定稿成型。

合约规划需由项目经理牵头，组织造价、招标、设计、工程等相关人员参与，可在设计阶段也可在招标阶段编制。合约规划书的编制步骤如下：

（1）划分合同包及招标标段，确定发包模式。

（2）拟定合同包（标段）招标范围，明确工作界面。

（3）按合同包（标段）重新分解造价控制目标。

（4）出具合约规划书。

（二）配合招标

配合招标的内容包括：协助建设单位确定计价模式（常用的计价模式是工

程量清单计价）；拟定工程量清单编制范围及详细工作界面；编制投标报价原则（与工程量清单及招标控制价编制原则相同）；配合编写招标文件中造价控制及风险分担条款；起草合同文件；参与招标文件会审、答疑、补遗。

（三）检查图纸的可报价性

检查图纸是否达到招标要求的深度，读图预先发现错、漏、碰、缺及图纸疑问，要求设计院澄清或解决疑问。参与图纸会审，提出因图纸表述模糊而可能造成的风险，并提出优化建议。

（四）编审工程量清单及招标控制价

工程量清单是招标文件的重要组成部分，是投标单位进行投标和进行公平竞争的基础。因此，工程量清单必须科学合理，内容明确，客观公正。编制人员应采取切实有效的措施，严格按招标文件规定的范围和内容，保证工程量清单的编制质量。建立工程量清单审查制度。工程量清单编制之后要进行必要的审核，重点审查工程量有无重大的计算错误、重大漏项、重复计算、多缺项，项目特征描述是否准确等。要尽量把图纸中的内容表达清楚，从而杜绝施工过程中过多的签证，以有效控制投资。

招标控制价（或最高投标限价）是指根据国家或省级建设行政主管部门颁发的有关计价依据和办法，依据拟订的招标文件和招标工程量清单，结合工程具体情况发布的招标工程的最高投标限价。招标控制价编制重点关注以下几方面：

（1）严格依据招标文件和发布的工程量清单编制招标控制价。

（2）正确、全面地使用行业和地方的计价定额和信息价格。对招标文件规定可使用的市场价格应有可靠依据。

（3）依据国家有关规定计算不可竞争的措施费用和规费、税金。

（4）竞争性的措施方案依据专家论证后的方案进行合理确定，并正确计算其费用。

（5）编制招标控制价时，施工机械设备的选型应根据工程特点和施工条件，本着经济实用、先进高效的原则确定。

（五）招标控制价与目标值比较

招标控制价编制完成后，应与造价控制目标进行对比，查找差异，寻找原因，并与类似工程的经济数据进行对标分析，经充分论证后提出优化建议，在确保建设项目造价控制总目标不变的前提下，可适当调整单位工程或者单项工程的造价控制目标。

（六）清标

清标的目的在于不改变各投标人实质性内容的前提下，通过对投标文件的分析，发现其存在的问题，合同双方可能面临的风险，并在评标前或合同签订前采取合理的风险规避措施予以防范。清标结果应当编制成清标报告。清标工作应包括以下的内容：

（1）投标文件完整性、符合性复核（含招标文件的补遗）。

（2）算术误差的复核与修正。

（3）缺、漏、重项的分析。

（4）综合单价合理性分析。

（5）不平衡报价分析。

（6）暂列金、暂估价正确性复核。

（7）措施项目清单和其他项目清单的完整性、合理性分析。

（8）不可竞争性费用正确性分析。

（9）其他应分析和澄清的问题。

（七）签订施工合同

确定合理的合同价和签订严密的工程合同，使合同价格得以稳定实现是招投标阶段工程造价管理的重要措施。按照招标文件起草施工合同，合同条款不得违背招标文件实质性内容，将清标发现的问题和合同洽谈过程中增加的内容编写到合同文件中。合同条款描述要详细，措辞要严谨，避免出现前后矛盾的现象，特别是针对牵涉工程款结算方式、材料价格、工程量增减、施工措施费等内容的约定。这样既能维护合同双方利益，也能有利于控制工程造价。

第八节　建设项目施工阶段造价管理

一、施工阶段造价管理工作要点

施工阶段造价管理的工作内容比较多，涉及范围广且耗费时间。其重点在于材料、设备核价，现场收方计量，进度款支付，对于设计变更、施工措施、索赔引起的造价变化要预先测算、评估，及时处理，对工程造价进行动态管理，并在月报中将当月发生的情况汇总及时上报建设单位。其工作要点如下：

（一）建立合同台账

建立施工总承包、专业分包、配套工程、材料、设备、咨询等各类合同台账。承包人进场后，组织相关人员对施工合同、工程量清单、材料、设备清单进行交底。

（二）编制资金使用计划

项目资金使用计划应根据承发包合同约定及项目实施计划编制。其中建安工程费用资金使用计划应依据施工承包合同和批准的施工组织设计进行编制，应与计划工期和工程款的支付周期及节点、竣工结算款支付节点相符。

项目资金使用计划编制采用由粗到细、由近期到远期、逐期调整的原则。设计阶段项目资金使用计划可根据设计概算和项目实施计划（项目里程碑计划或一级进度计划）编制。随着造价控制目标和进度计划逐渐清晰，结合建设单位资金情况、工程量变化等因素定期或适时进行调整。

（三）工程计量与合同价款审核与支付

工程计量报告与合同价款支付申请根据工程施工或采购合同中的有关工程计量周期及合同价款支付时点的约定审核本期应付合同价款金额。甲方供材料费、工程预付款、质量保证金按照合同约定扣减，设计变更、索赔费用、现场签证等随工程进度款一起支付。建立工程款支付台账，其内容包括：当前累计已付工程款金额、当前累计已付工程款比例、未付工程合同价余额、未付工程合同价比例、预计剩余工程用款金额、预计工程总用款与合同价的差值、产生较大或重大偏差的原因分析等。

（四）暂定价材料、设备价格询价与核价

对于采用工程量清单方式招标的暂定价材料、设备，其价格应当在工程实施过程中进行询价与核价。后续采用招标采购材料、设备的应当编制清单和最高投标限价。后续采用直接采购材料、设备的应通过对三家及以上同等档次并符合要求的材料设备供应商询价、比价，并作好工作过程的记录。

（五）工程变更、工程签证和工程索赔审核

按照施工合同约定对工程变更、工程签证和工程索赔进行审核，当施工合同未约定或约定不明时，应按国家和行业的有关规定执行。工程变更和工程签证前应测算变更金额，进行多方案技术经济比较，经评审后发出变更和签证指令，完工后按实收方计算费用。

工程索赔费用应在合同约定的时间内予以审核，并出具工程索赔费用审核报告或要求申请人进一步补充索赔理由和依据。

工程变更、工程签证和工程索赔引起的造价变化计入当期工程造价，随当期工程款一起支付。将工程变更、工程签证和工程索赔单进行编码、存档，分别建立相应的管理台账。

（六）工程造价动态控制

根据造价控制目标，编制造价控制计划。对工程造价的执行状况进行跟踪、检查、分析和比较，找出偏差，分析偏差产生的原因，对可能发生的影响合同价格变化的因素进行预测，制定防范措施，确保造价控制目标的实现。绘制造价动态控制曲线、编制月度造价管理情况报告书，时时掌握工程造价变化动态。

二、工程索赔管理

工程索赔是指在工程合同履行过程中，当事人一方因非己方的原因而遭受经济损失或工期延误，按照合同约定或法律规定，应由对方承担责任，而向对方提出工期和（或）费用补偿的行为。

（一）索赔原因分析

1.建设单位违约

建设单位未能按照规定的时间向施工单位提供场地使用权；建设单位未能在规定的时间内付款（预付备料款、工程进度款）；建设单位未能在规定的时间内发出图纸、指令或批复；建设单位拖延签发各种签证；甲供材料、设备的延误或不符合合同标准等。

2.合同缺陷

在合同中存在着缺陷，包括商务条款和技术规范及图纸中的缺陷。如施工单

位执行建设单位的解释就会发生成本的增加或工期的延长，进而引发索赔。

3.施工条件变化

建设单位未按合同提交场地或场地地下管网未查明，基础地质方面出现变化引起的索赔等。

4.工程变更

工程师发现因设计错、漏、碰、缺问题发出设计变更指令，导致实际完成的工程量超过或小于投标时给定的工程量，增加工作、改变建筑材料、暂停施工或加速施工等。

5.工期延误

非施工单位原因造成的工期延误，施工方可以要求经济补偿。如：工程预付款迟缓支付，施工图纸不能按时提交；面积增大、结构改变、功能变更；拖欠工程进度款；材料、设备到位不及时；施工停水停电每天8小时及以上；不可抗拒力造成的影响；计划变更；由于建设单位指定的其他分包施工单位拖延工期而影响总工期等等。以上原因应在工程合同的相关条款进行约定。

非施工原因引起的工期延误而引起的费用补偿或费用损失；由于停工或工期延误造成人工费、材料费、机械停置费、三大工具闲置费的增加；行政管理费的增加；拖欠工程进度款的利息等等。

6.建设单位指令

工程师在施工过程中发出各种指令，施工单位执行这些指令（包括错误的指令），造成的成本的增加和（或）工期的延长。

7.费用增加

由于国家、地方的文件、规定（定额、取费标准、税收、上交的各种费用等）等导致施工单位施工费用的增加。

8.其他施工单位干扰

在同一个施工现场有几个施工单位同时施工时，发生的因某施工单位不能按期完成自身工作，而影响其他施工单位的工作、场地使用、现场交通等，而造成各施工单位相互干扰发生的工程索赔。

（二）提出的索赔理由

根据《建设工程施工合同（示范文本）》GF-2017-0201合同条款，施工单位可以提出索赔理由的条款如表6-5所示：

索赔事项表 **表6-5**

序号	索赔理由	对应条款
1	建设单位的代表指令错误	第5条2款
2	建设单位的代表指令、批准、图纸及其他约定义务	第5条3款第7条
3	由于建设单位代表的责任，在情况紧急且无法同建设单位联系时，施工单位采取保证工程和人民生命财产安全的紧急措施	第6条2款
4	建设单位在工程交付前提前使用后发生损坏维修费	第8条6款
5	违反有关施工现场清洁规定发生的或该规定为合同签订后颁发的非施工单位原因造成的损失的罚款	第8条8款
6	建设单位延期开工	第10条
7	因建设单位原因，暂停施工	第11条
8	赶工的经济支出	第13条
9	检查检验中建设单位或其他施工单位原因引起的经济支出	第14条
10	检查检验影响正常施工，且检查检验合格	第14条
11	检查检验合格后，又发现施工单位的质量问题	第14条
12	建设单位要求提高质量等级要求	第15条
13	因设计或建设单位采购设备原因使试车达不到验收要求	第17条
14	建设单位对隐蔽工程重新验收而进行剥落，且检验合格	第18条
15	合同价款的调整：1.工程量增加；2.设计变更或工程洽商；3.工程造价管理部门公布的价格调整；4.一周内非施工单位原因造成停水停电累计超过8小时；5.其他约定的增加	第19条25款
16	建设单位不按约定（时间、数额）支付工程款	第20条
17	建设单位不按约定（时间、方式、数额）支付工程款	第22条
18	建设单位提供的材料设备不符合要求或延误	第23条
19	对施工单位提供的材料设备，建设单位未能按时到现场验收，后来验收后发现材料设备不合格	第24条
20	由于建设单位原因，使用代用材料	第24条
21	建设单位的变更	
22	建设单位未按照合同约定日期验收引起的工程保管费用	第27条
23	建设单位在收到竣工报告后无正当理由办理结算	第28条
24	保修期间非施工单位原因造成返修	第29条
25	建设单位违约	第31条
26	非施工单位责任造成的伤亡事故有责任方承担责任和有关的费用	第33条
27	施工中出现地下障碍和文物	第35条
28	不可抗力对工程本身的损害；清理修复工作费用另行约定	第37条1款，第20条12款
29	在因政策变化、不可抗力以及双方以外的原因导致的工程停建或缓建	第39条

（三）防止索赔的措施

（1）把好合同关。建设单位代表与授权的工程师（咨询工程师与监理工程师）熟练掌握合同条款，认真履行合同职责；高度重视合同的签订，用词严谨，避免产生歧义和争议。

（2）在招标前完善施工设计图，确保设计质量，减少设计变更。

（3）建设单位与工程师谨慎发布指令。

（4）甲供材料/设备按合同要求到位。

（5）按合同约定支付工程款。

（6）建立索赔费用台账。

三、建设工程施工合同交底

施工合同交底是造价管理的有效途径，通过对合同主要内容进行分析、解释和说明，可以让合同双方明确自己权利义务界限，清楚合同条款，并遵照执行，防止因对合同不熟悉、不理解、掌握不透彻而出现违反合同的行为。表6-6是施工合同交底的重点内容：

施工合同交底要点　　表6-6

<table>
<tr><th>序号</th><th>重点内容</th><th>说明</th><th>备注</th></tr>
<tr><td colspan="4">协议书部分</td></tr>
<tr><td>一、5</td><td>工程内容</td><td rowspan="2">1.工程内容与承包范围两者密切相关。
2.了解本合同的工作内容和范围、与其他合同的界限、界面、界点。
3.确保工程建设内容的清晰、明了，指导工程的实施及各项管理工作。
4.是现场合同相关方关注并应掌握的重要合同内容</td><td></td></tr>
<tr><td>一、6</td><td>承包范围</td><td></td></tr>
<tr><td>二</td><td>合同工期</td><td>1.了解掌握合同工期目标，指导工程的进度计划及实施工作。
2.应重点关注施工过程中，对合同工期影响的原因分析与责任承担，并书面明确。
3.应处理好涉及合同工期的索赔与反索赔</td><td></td></tr>
<tr><td>四、1</td><td>签约合同价</td><td>1.掌握合同金额，并作出相应的人、材、物准备。
2.明确里面的暂估价，包括专业工程暂估价、材料设备暂估价、暂列金额；在进度款支付中，涉及支付累计限额时，应关注是否扣除该部分金额。
3.掌握哪些是实施范围内的，哪些是业主的，合同双方及相关方需要从哪些方面展开工作</td><td></td></tr>
</table>

续表

序号	重点内容	说明	备注
四、2	合同价格形式	很重要，不同的合同形式，在建设过程涉及不同的管理模式（在投资控制方面）	
		专用条款部分	
1.1.3.7	为施工现场组成部分的其他场所	1.根据项目实际完善，应预估该部分场所涉及的相关费用的承担主体。 2.特别是发包人提供的临时占地不满足现场施工需要时的约定。 3.避免由此造成的不符合合同约定的签证	
1.1.3.10	临时占地	1.根据项目实际情况，主要是涉及可能的临时占地的费用承担。 2.特别是发包人提供的临时占地不满足现场施工需要时的约定。 3.避免由此造成的不符合合同约定的签证	
1.13	工程量清单错误的修正	1.按规定发包人应对其提供的工程量清单质量负责，此条就是为发包人提供的清单出现问题时的处理原则及办法。 2.由于清单错误不单纯是错误，可能涉及承包人的不平衡报价，虽然不平衡报价是承包人的权利，但发包人也有权利限制承包人不平衡报价，可在此条就不平衡报价作出限制与约定。 3.交底的目的是掌握有无不平衡报价的限制，如有，是如何限制；有无工程量清单错误的修正，如有，出现时如何修正；从而指导工程的投资控制	
2.4.2	提供施工条件	1.该条很重要，为发包人提供的施工条件，包括临时用水、用电、用气、用暖、现场施工排放等内容，涉及费用的承担主体、承担内容、承担界限及由此产生的相关其他风险。 2.需要重点掌握，避免由此造成的不符合合同约定的签证	
3.1-（10）	承包人应履行的其他义务	1.掌握合同对承包人的其他义务约定，如对建设方提供现场办公条件（用房、用水、用电、用暖、用车、网络等）、为发包人的委托的专业承包人提供施工条件、承包人应履行的总承包管理、配合、服务、协调、照管等义务的约定等内容。 2.并严格按合同约定进行现场管理，特别涉及费用的签证与收方的实施，避免由此造成的不符合合同约定的签证	
10.3	变更程序	变更程序的掌握，特别涉及费用调整时，发包人内控制度中的审批权限，即影响金额大小不同，应由谁审批后方可有效的事宜	
10.7.1	依法必须招标的暂估价项目	1.掌握需招标的暂估价项目的内容约定、招标主体约定、合同职责约定。 2.便于现场管理时及时处理由此涉及相关事宜，避免影响施工进度，避免实施时引起双方争议	
10.7.2	不属于依法必须招标的暂估价项目	1.掌握不需招标的暂估价项目的内容约定、价格确定程序办法原则约定、支付约定以及相关的违约约定。 2.便于现场管理时及时处理由此涉及相关事宜，避免影响施工进度，避免实施时引起双方争议	

续表

序号	重点内容	说明	备注
11.1	市场价格波动引起的调整	1.掌握人、材、机因价格波动的调整原则与办法。 2.便于在施工过程中，完善合同约定的调价需要的基础资料签证	
12.1	合同价格形式	1.掌握不同合同形式下承包人应承担的合同风险约定。 2.避免由此造成的不符合合同约定的签证	
12.4	工程进度款支付	1.进度款的支付周期、审核程序、支付原则与办法。 2.指导现场进度款支付涉及相关管理与实施工作	
14.2	竣工结算审核	1.主要涉及竣工结算审核原则及办法。 2.此条非常重要，是确定合同价格的核心条款，需要合同相关方完全掌握与理解。 3.合同相关方应及时发现并提出审核原则存在的不足，在过程中予以补充完善，避免事后争议	
16.1.1	发包人违约的情形	1.本条是集中梳理合同中的发包人的违约情形。 2.现场管理人员一定要掌握，尽量避免违约情形的出现	
16.1.2	发包人违约的责任	1.本条是集中梳理合同中的发包人违约后的合同责任。 2.现场管理人员一定要掌握，也指导违约情况出现时，承担相应的合同责任	
16.1.3	因发包人违约解除合同	本条是发包人违约后，解除合同的约定，因此，现场管理人员一定要掌握	
16.2.1	承包人违约的情形	1.本条是集中疏理合同中的承包人的违约情形。 2.现场管理人员一定要掌握，以加强现场对承包人的管理	
16.2.2	承包人违约的责任	1.本条是集中疏理合同中的承包人的违约后的责任。 2.现场管理人员一定要掌握，以便于出现违约情况时的合同处理措施，加强对承包人的管理	

第九节　竣工阶段造价管理

工程竣工结算是指工程项目完工并经竣工验收合格后，发承包双方按照施工合同的约定对所完工的工程项目进行的计算、调整和确认。财政部、建设部于2004年10月发布的《建设工程价款结算暂行办法》规定，工程完工后，发承包双方应按照约定的合同价款调整内容以及索赔事项，进行竣工结算。工程竣工结算分为单位工程竣工结算、单项工程竣工结算和建设项目竣工总结算。

一、工程结算审核依据

工程结算审核依据是指审核工程结算时需要工程计量、价格确定、工程计价有关参数、率值确定的基础资料，审核依据主要有以下几个方面：

（1）建设期内影响合同价格的法律、法规和规范性文件。

（2）与工程结算编制相关的国务院建设行政主管部门以及各省、自治区、直辖市和有关部门发布的建设工程造价计价标准、计价方法、计价定额、价格信息、相关规定等计价依据。

（3）工程结算审核委托咨询合同。

（4）工程结算送审文件。

（5）施工合同、专业分包合同及补充合同，有关材料、设备采购合同。

（6）招标文件、投标文件。

（7）工程施工图或竣工图、经批准的施工组织设计、设计变更、工程洽商、索赔与现场签证，以及相关的会议纪要。

（8）工程材料及设备中标价、认价单。

（9）发承包双方确认追加或核减的工程价款。

（10）经批准的开工、竣工报告或停工、复工报告。

（11）现场踏勘复验记录。

（12）工程结算审核的其他相关资料。

二、工程结算的作用

（1）工程结算是反映工程进度的主要指标。在施工过程中，工程结算的依据之一就是按照已完的工程进行结算，根据累计已结算的工程价款占合同总价款的比例，能够近似反映出工程的进度情况。

（2）工程结算是加速资金周转的重要环节。施工单位尽快尽早地结算工程款，有利于偿还债务，有利于资金回笼，降低内部运营成本。通过加速资金周转，提高资金的使用效率。

（3）工程结算是考核经济效益的重要指标。对于施工单位来说，只有工程款如数地结清，才意味着避免了经营风险，施工单位也才能够获得相应的利润，进而达到良好的经济效益。

三、工程竣工结算审核要点

竣工结算审核是造价咨询的传统业务，经历了几十年的发展，其编审程序与方法已经非常成熟。但以下几点也常被忽略，务必重点关注：其一，按合同类型选择结算审核方法，单价合同、总价合同、成本加酬金合同区别对待，不能一概而论用同一种审核方法。其二，踏勘现场，仔细比较实物与竣工图，当不相符合时，按实计算而非按图计算工程量。其三，单位工程、单项工程出具结算报告后，还需按建设项目出具竣工结算总报告。其四，严格执行二级复核，保证咨询成果质量。其五，结算完成之后进行“项目后评估”，为后续类似项目投资估算提供数据支持。

二级复核是保证咨询成果质量的重要手段之一，其复核的关键点在于以下几方面：

（1）审查编审依据的真实性、有效性、完整性、合法性。

（2）审查结算范围与内容是否与合同一致，各合同包（标段）之间的工作界面是否重复、交叉。

（3）审查变更程序是否符合要求，是否涉及费用增减，以及变更了计价方式。

（4）审查合同价款调整是否符合合同约定及有关法律法规。

（5）审查项目各子项之间的关联性与逻辑性。

（6）审查含税材料、设备价格或签证，是否进行税金抵扣。

四、项目后评估

结算完成之后的“项目后评估”是竣工阶段造价管理的重点工作之一，通过对全过程造价咨询的总结，对成本控制重点、难点的分析，提炼出造价控制更高要求和标准，对后续项目的造价管理具有积极作用；同时，将结算数据进行定义、整理，录入数据库，是新项目估算阶段使用数据的来源，如此形成循环闭合的造价管理模式。

五、竣工决算的作用

项目竣工决算是指所有项目竣工后，项目建设单位按照国家有关规定在项目竣工验收阶段编制的决算报告。它是以实物数量和货币指标为计量单位，综合反映竣工建设项目全部建设费用、建设成果和财务状况的总结文件，是竣工验收报告的重要组成部分。

（1）建设项目竣工决算是综合全面地反映竣工项目建设成果及财务情况的总结性文件，它采用货币指标、实物数量、建设工期和各种技术经济指标综合、全面地反映建设项目自开始建设到竣工为止全部建设成果和财务状况。

（2）建设项目竣工决算是办理交付使用资产的依据，也是竣工验收报告的重要组成部分。建设单位与使用单位在办理交付资产的验收交接手续时，通过竣工决算反映了交付使用资产的全部价值，包括固定资产、流动资产、无形资产和其他资产的价值。及时编制竣工决算可以正确核定固定资产价值并及时办理交付使用，可缩短工程建设周期，节约建设项目投资，准确考核和分析投资效果。可作为建设主管部门向企业使用单位移交财产的依据。

（3）建设项目竣工决算是分析和检查设计概算的执行情况，考核建设项目管理水平和投资效果的依据。竣工决算反映了竣工项目计划、实际的建设规模、建设工期以及设计和实际的生产能力，反映了概算总投资和实际的建设成本，同时还反映了所达到的主要技术经济指标。通过对这些指标计划数、概算数与实际数进行对比分析，不仅可以全面掌握建设项目计划和概算执行情况，而且可以考核建设项目投资效果，为今后制订建设项目计划，降低建设成本，提高投资效果提供必要的参考资料。

六、竣工决算的内容

建设项目竣工决算应包括从项目筹建到竣工投产全过程的全部实际费用，即包括建筑工程费、安装工程费、设备工器具购置费、工程建设其他费及预备费等费用。根据财政部、国家发展和改革委员会、住房和城乡建设部的有关规定，竣工决算由竣工财务决算说明书、竣工财务决算报表、工程竣工图和工程竣工造价对比分析四大部分组成。其中竣工财务决算说明书和竣工财务决算报表两部分又称建设项目竣工财务决算，是竣工决算的核心内容。竣工财务决算是正确核定项目资产价值、反映竣工项目建设成果的文件，是办理资产移交和产权登记的依据。

第十节　工程审计

一、工程审计内容

工程审计包括工程造价审计与竣工财务决算审计。工程审计独立于项目组织之外，审计人员与项目组织无任何直接的行政或经济关系。

工程造价审计是指按照国家或行业建筑工程预算定额的编制顺序或施工的先后顺序，逐一对全部项目进行审查。

竣工财务决算审计是指建设项目正式竣工验收前，由审计人员依法对建设项目竣工决算的正确性、真实性、合法性和实现的经济效益、社会效益及环境效益进行的检查、评价和鉴证。其主要目的是保障建设资金合理、合法使用，正确评价投资效果，促进总结建设经验，提高建设项目管理水平。

二、工程审计关注要点

（1）建设程序。报批报建手续是否完备、合法，招标投标程序是否合法。

（2）建设资金。对建设资金的来源情况、到位情况及支付程序、依据、用途、金额进行审查，审查相关职能部门对建设资金的拨付、使用和管理等各环节的监管情况，是否存在白条支付及工程款直接拨付给承建者个人情况，有无将取得利息进入私设小金库的现象。

（3）施工合同。合同承包范围与内容的界定是否清晰，合同条款设置是否合理、合规，合同的实质性条款与招标文件是否一致，签约合同价、工期、质量是否与投标文件一致。影响工程造价的关键性条款，即设计变更、进度款支付、价格波动调整、材料设备价格核定、工程结算的原则及办法设置是否清晰。

（4）收方签证资料。签字人员有无授权，是否符合其职责权利，单位签章是否满足合同约定，签字盖章手续是否齐全、完备、符合规定。收方签证事项是否真实，有无虚假情况。收方签证资料是否符合合同约定，有无已包含在合同范围中，重复收方签证的现象。

（5）材料设备核价。核价的程序是否符合法律法规及施工合同，有无应招标而未招标的情况。核定的价格是否符合市场合理价格原则，有无核价异常偏离情况，核价单签字盖章手续是否齐全、有效。

（6）设计变更（含工程技术洽商）。设计变更程序是否符合工程管理的相关规定，审批程序是否符合内控制度规定。设计变更资料的签字盖章手续是否齐全、有效，有无为变更而变更的情况（为调高合同价格而故意变更），有无为避免价格调减，现场施工与设计图纸不符，而故意不变更的情况。

（7）隐蔽资料。隐蔽资料反映的内容数据是否真实、有效，内容数据与收方签证资料、设计变更资料之间的逻辑顺序上是否一致。对重要隐蔽部位进行核实与核查。

（8）竣工图。竣工图的签署手续是否完备有效，是否与现场实质竣工实物相符。

（9）进度款支付。进度款的计算、支付是否符合合同约定，进度款审批程序是否符合内控制规章制度规定或合同约定。

（10）工程造价。投标最高限价、合同价、结算价是否存在超概现象，造价经济指标、工程量指标有无明显异常。合同的违约责任、工期延误约定是否在结算中如实反映，是否严格以合同约定进行计价或结算。定额计价的项目需关注工程取费、措施费、企业管理费、规费、利润、税金等费率是否正确，是否严格执行合同约定的上浮或下浮，定额套用是否正确，人工费计取是否符合合同约定。清单计价的项目需关注清单项选用是否正确，借用是否恰当，暂估价结算原则是否正确。组织措施费用取费基数及费率是否正确，技术措施费否符合合同约定结算原则，税金取费基数及费率是否正确。

（11）内控制度健全性。建设单位是否建立了必要的内控制度，是否严格按已建立的内控制度执行。

（12）财务核算是否规范、真实。建设单位采购的材料、设备及其支付是否符合合同约定，是否与批复概算相符，领取收发是否符合财务管理制度规定。采购成本核算是否真实、准确、可靠、完整。待摊投资是否合理、合法。

（13）专款专用、资金有无挤占、挪用、虚列、转移、贪污私分。为确保建设资金专款专用，有无合理有效地应对措施，建设资金的使用是否符合财务管理制度的规定。建设资金使用的签批手续是否完善与到位、合规。是否存在资金挪用现象，对建设资金的使用情况进行审计评价。

三、项目后评价审计

对已经完成的审计项目的目标，执行过程，绩效和影响进行分析，确定项目预期的质量、进度、安全、投资目标及设计功能的实现程度是否达到，依法实施的审计过程是否合理有效，审计成本是否与绩效匹配。审计结果是否产生积极的社会影响及效应。通过分析评估找出项目成败的原因，总结经验教训，为提高审计项目的决策和管理水平提出建议，进而提高审计工作的规范化和科学化水平。

第十一节　崇州人民医院及妇幼保健院项目投资估算
（四川2008年地震恢复重建项目）

该案例投资估算是在项目预可研阶段，根据现有的资料对建设项目的投资数额进行初步计算，是最粗略的投资测算，作为投资者决定是否继续进行可行性研究的依据之一，为投资者决策提供数据支持。投资估算编制主要依据大数据和造价工程师的经验积累。

一、收集相关经济资料

包括已完工程的财务决算资料、工程结算资料及准备实施的类似项目中标预算资料，并对其进行指标分析，具体如下：

（一）类似项目的财务决算资料及相应的工程结算资料分析

收集全国各地类似医院的工程决算及结算资料，整理分析出相应实际总投资指标、建安工程指标，见表6-7。

类似项目财务决算总投资指标表　　表6-7

项目名称	项目所在地	床位数（张）	建筑面积（m^2）	总投资金额（元）	单方造价（元/m^2）	竣工时间	医院等级
项目A	华东	450	51751.56	254635270.73	4920	2007.10	二级甲等
项目B	华南	420	48302.23	232500368.99	4913	2006.7	二级甲等
项目C	西南	400	46005.12	214877954.19	4671	2006.12	二级乙等
项目D	华北	350	40252.56	182075612.22	4523	2005.6	二级乙等
项目E	西北	330	37951.45	152210741.97	4011	2007.8	二级乙等

注：1. 以上财务决算指标包含基本医疗设备费、工程建设其他费。
　　2. 总投资指标在4000元/m^2～5000元/m^2之间。

（二）参考近期类似项目中标预算资料

从不同渠道收集到2008年底以前已中标、正准备实施的类似医院项目的中标预算指标（不含医疗设备、工程建设其他费用），整理分析相应的预算造价指标，见表6-8。

类似项目中标建筑安装工程预算造价指标表　　表6-8

序号	分部工程	项目1 单方造价（元/m^2）	项目2 单方造价（元/m^2）	项目3 单方造价（元/m^2）	项目4 单方造价（元/m^2）	项目5 单方造价（元/m^2）
1	门诊楼	3355.29	3347.29	3312.38	3138.96	2841.81
（1）	土石方工程	65.03	134.99	164.84	54.06	72.73
（2）	基础工程	253.34	302.81	370.49	248.94	249.17
（3）	主体建筑工程	2236.10	2180.71	2087.13	2080.00	1859.31
（4）	主体安装工程	800.81	728.78	689.93	755.96	660.61
2	医技楼	3541.92	3533.49	3496.63	3313.56	2999.89
（1）	土石方工程	82.38	162.18	181.32	77.06	49.77
（2）	基础工程	269.89	309.32	356.83	224.43	203.18
（3）	主体建筑工程	2409.46	2353.65	2308.26	2282.18	2066.14
（4）	主体安装工程	780.20	708.34	650.22	729.89	680.80
3	住院部	3086.31	3078.96	3046.84	2887.32	2614.00
（1）	土石方工程	63.74	143.59	162.92	59.63	33.98
（2）	基础工程	142.51	252.17	290.69	133.32	120.70
（3）	主体建筑工程	2078.51	1993.55	1951.93	1944.49	1780.42
（4）	主体安装工程	801.55	689.64	641.30	749.87	678.89
4	保障楼	3111.82	3104.41	3072.03	2911.19	2635.61
（1）	土石方工程	80.96	80.77	79.93	75.74	68.57
（2）	基础工程	162.86	162.47	160.77	152.36	137.93
（3）	主体建筑工程	2060.75	2055.84	2034.40	1927.88	1745.38
（4）	主体安装工程	807.25	805.33	796.93	755.20	683.71
5	室外总图工程	396.56	395.61	391.49	370.99	335.87
合计	综合单方造价	3672.10	3663.35	3625.14	3435.34	3110.14

注：建安工程造价指标在3000元/m^2～3700元/m^{2}之间。

（三）崇州人民医院及妇幼保健院投资估算确定

（1）根据上述类似项目的经济指标，从总投资的角度，单方经济指标在4000

元/m^2 ～ 5000元/m^2。从建安工费用的角度，结算单方经济指标在3000元/m^2 ～ 4000元/m^2，预算单方造价在3000元/m^2 ～ 3700元/m^2之间。

（2）根据类似工程指标法，初步确定崇州市人民医院及妇幼保健院在立项阶段，其投资估算约3亿元，总投资单方经济指标为5267元/m^2，具体投资估算见表6-9。

崇州人民医院及妇幼保健院投资估算表　　表6-9

序号	项目名称	建筑面积（m^2）	投资额（万元）	估算指标（元/m^2）	备注
一	项目投资	57000	24120	4231	
1	建筑安装工程费用	57000	21840	3831	
1）	人民医院	45000	18000	4000	
2）	妇幼保健院	12000	3840	3200	
2	医疗设备费用	57000	2280	400	
二	工程建设其他费	57000	3169	556	12%
三	预备费	57000	2730	479	10%
四	项目总投资	57000	30019	5267	

注：以上总投资单方经济指标为5267元/m^2，比类似项目总投资指标高约267元/m^2，占比约5%，考虑主要因素如下：

1.各省市均在援建四川灾区，预估实施时人、材、机供求关系紧张，涉及相应价格上涨因素。

2.灾区项目运输基础设施受损，材料设备运输困难，导致价格上涨因素。

3.灾后恢复重建时间国家肯定有硬性要求，项目存在赶工，导致成本上升。

4.估算指标与财务决算指标之间存在差异。

二、崇州市人民医院及妇幼保健院空调冷热源方案比选

价值工程分析是设计、技术、造价等方面的专家运用集体智慧通过有组织的活动，对建筑产品进行功能价值分析，实现建筑产品价值最大化，不是片面地认为工程造价越低越好，工程品质越高越好，而是把功能、造价两个方面综合起来进行分析，寻找两者的最佳平衡点或投资者的期望值，以便达到优化设计的目的。

（一）工程概况

该工程位于四川省崇州市，是崇州市人民医院和崇州市妇幼保健院的迁建项目。崇州市人民医院为二级甲等医院，设有门诊楼（多层）、医技楼（多层）、住院楼（高层）、中心供应保障楼（多层），有床位450张。崇州市妇幼保健院是一栋独立的多层建筑，包括门诊和住院两部分，有床位120张。总空调面积约42000m^2，

空调冷负荷约6000kW，空调热负荷约3800kW，卫生热水热负荷约1300kW。

（二）能源状况

工程位于崇州市中心地段，属夏热冬冷地区，电力及天然气供应充足，无分时电价政策，无市政热源，周边无可供利用的废热和工业余热。项目西侧2.5km左右，有岷江主要支流西河，长年不断流，故项目所在地具有浅层地下水可供利用。

（三）冷热源方案初选

根据项目情况及项目所在地能源条件，并结合医院日常使用需求，对技术比较成熟的以下冷热源方案进行分析。

1. 电制冷机组加燃气锅炉

该方案为电力及天然气供应充足，且无市政供暖的南方地区最常采用的冷热源形式。技术非常成熟，调节性能好，能效比较高，初投资较低，但须考虑冷却塔噪声和锅炉尾气对周边环境的影响。

本方案作为备选方案之一。

2. 直燃机组

该方案一般作为电力无法满足项目需求、但天然气供应充足且无市政供暖地区的冷热源形式，具有一机兼具制冷、制热、卫生热水的功能。技术成熟，调节性能好，但初投资较高，且需考虑尾气对周边环境的影响。

本方案作为备选方案之一。

3. 地源热泵

该方案适合于有天然地表水等资源可供利用，或者有可利用的浅层地下水且能保证100%回灌的地区，具有一机兼具制冷、制热、卫生热水的功能。技术比较成熟，调节性能好，能效比较高，但初投资较高，无冷却塔噪声和锅炉尾气对周边环境的影响问题。

本方案作为备选方案之一。

4. 空气源热泵

该方案为电力供应充足且无市政供暖的南方地区常采用的冷热源形式，具有一机兼具制冷、制热的功能，无需设置冷热源机房，但需占用较大的建筑屋面或室外绿地。技术上非常成熟，但初投资较高，能效比较低，在极端天气下制冷量及制热量衰减较为严重，且须考虑机组噪声对周边环境的影响。

本方案不作为备选方案。

（四）冷热源设备配置

1. 方案一（电制冷机组加燃气锅炉）

（1）冷源选型。

项目空调冷负荷约6000kW，考虑采用制冷量为900RT的水冷离心式冷水机组2台，单台制冷量3165kW，总制冷量6330kW。

（2）热源选型。

项目空调热负荷约3800kW，考虑采用制热量为2100kW的冷凝式真空热水锅炉2台，总制热量4200kW。

卫生热水热负荷约1300kW，考虑采用制热量为700kW的冷凝式真空热水锅炉2台，总制热量1400kW。

2. 方案二（直燃机组）

冷热源选型。考虑采用直燃型溴化锂冷热水机组2台，单台制冷量分别为2908kW和3489kW，总制冷量6397kW。单台制热量分别为2242kW和2690kW，总制热量4932kW。单台卫生热水热量分别为1000kW和1200kW，总卫生热水热量2200kW。

3. 方案三（地源热泵）

冷热源选型。考虑采用螺杆式水源热泵机组5台，单台制冷量为1337kW，总制冷量6685kW。单台制热量为1542kW，总制热量7710kW。

卫生热水热源采用高温水源热泵机组2台，单台卫生热水热量为799kW，总卫生热水热量1598kW。

（五）经济性分析

1. 初投资

由于空调末端设备、冷热水管道、空调风管、阀门管件相同，故初投资仅计算冷热源及其配套设备等的费用，见表6-10～表6-12。

方案一：

电制冷机组加燃气锅炉 **表6-10**

内容名称	造价（万元）
水冷离心式冷水机组2台	245
冷凝式真空热水锅炉4台	96
水泵、冷却塔等配套设备	60
合计	401

方案二：

直燃机组 表6-11

内容名称	造价（万元）
直燃型溴化锂冷热水机组2台	495
水泵、冷却塔等配套设备	70
合计	565

方案三：

地源热泵 表6-12

内容名称	造价（万元）
水源热泵机组7台	345
水泵等配套设备	50
地下水钻孔及土建费	70
合计	465

2.年运行费用

由于空调末端设备及输配设备基本相同，故运行费用仅粗略计算了冷热源设备的费用。夏季供冷时间按6个月 ×30天 ×24小时计算，冬季供热时间按3个月 ×30天 ×24小时计算，综合负荷率55%，电价0.8元/度，天然气价格3.25元/m^3，各方案年运行费用见表6-13 ～表6-15。

方案一：

电制冷机组加燃气锅炉 表6-13

费用名称	金额（万元）
制冷用电	210
制冷用气	
制冷小计	210
制热用电	1
制热用气	132
制热小计	133
卫生热水	49
全年合计	392

方案二：

直燃机组　　表6-14

费用名称	金额（万元）
制冷用电	7
制冷用气	346
制冷小计	353
制热用电	4
制热用气	157
制热小计	161
卫生热水	54
全年合计	568

方案三：

地源热泵　　表6-15

费用名称	金额（万元）
制冷用电	190
制冷用气	
制冷小计	190
制热用电	79
制热用气	
制热小计	79
卫生热水	39
全年合计	308

3.费用分析对比表

费用分析对比见表6-16。

方案费用分析对比表　　表6-16

	方案一	方案二	方案三
初投资（万元）	401	565	465
年运行费用（万元）	392	568	308
20年运行费用（万元）	7840	11360	6160
年节省费用（万元）			84
20年节省费用（万元）			1680
增加初投资回收期（年）			0.8

（六）方案分析

由于方案二初投资和年运行费用均为最高，故不采用。

方案三初投资比方案一略高，但每年运行费用可节省84万元，仅0.8年即可将增加的初投资节省回来，20年使用寿命的节省费用高达1680万元。另由于无需再设置热水锅炉和冷却塔，在节省大量设备和土建费用的同时，避免了冷却塔对建筑屋面和室外绿地的占用，也避免了冷却塔噪声和锅炉尾气对周边环境的影响。

因此，本项目冷热源形式建议采用方案三，即地下水地源热泵系统。

三、工程量清单及招标控制价编制原则

工程量清单及招标控制价常常出现漏项、重项，特征描述错误，计算范围不清晰，施工技术措施不周全，材料、设备定位与档次不明确，风险分摊不均衡等情况，导致投标人不平衡报价，高额索赔。施工过程中工程变更、现场签证频繁发生，为竣工结算突破设计概算埋下伏笔，这都与《工程量清单及招标控制价编制原则》的水平高低相关联，是事前管理与控制不到位造成的后果。

（一）项目基本情况

（1）工程名称：崇州市人民医院及崇州市妇幼保健院。

（2）工程地点：位于崇州市永康东路、蜀南东路、崇双路、江源路四条道路的围合地块内。

（二）工程基本概况

（1）现状地貌情况：回填土，自然沉积二年以上。

（2）土石方开挖情况：现场已完成表层清理。

（3）回填区情况：不属于高回填或高抛填区域。

（4）地下水情况：无地下水，具体详地勘资料。

（5）单体建筑，见表6-17。

（三）编制内容及范围

工程量清单及招标控制价编制内容及范围为崇州市人民医院及崇州市妇幼保健院建设项目一标段，建筑面积58950.17m^2。详细内容见表6-18。

单体建筑明细表

表 6-17

序号	建筑物名称	建筑面积（m^2）	地上层数	檐高（m）	基础类型	结构类型	备注
1	门诊楼	8009.56	3 F	13.50	桩基/地梁	框架结构	
2	医技楼	15429.8	−1F/4 F	15.69/13.50	条基/独基	框架结构	
3	住院部	21737.32	−1F/15 F	59.7	桩基/筏板	框剪结构	
4	保障楼	1510.72	2 F	9.00/11.30	桩基/地梁	框架结构	
5	妇幼保健院	12262.77	4 F	18.00/21/00	桩基/地梁	框架结构	
	合计	58950.17					

编制范围表

表 6-18

序号	编制内容及范围	详细工作界面
1	土石方工程	大基坑开挖及坑底基槽、基坑开挖、回填，包括： 1.平场土石方：红线内自然地坪至设计室外标高所有土石方。 2.基坑土石方：设计室外地坪至大基坑基底所有开挖及回填（含基坑工作面及放坡）。 3.基础土石方：基槽、基坑开挖及回填。 4.回填：室内、车库顶、地下室挡墙背后等。 5.外运：场内转运，场外运输
2	基础工程	桩基、筏板基础、基础梁、独立基础、带型基础按设计图
3	主体结构	包括混凝土一次结构、二次结构、砌体结构
4	建筑装修	1.地面范围：室外墙脚散水、台阶、坡道，室内地面从素土夯实层到垫层。 2.楼面及楼梯：只做到结构层。 3.抹灰工程：内墙面抹灰，未吊顶房间、未吊顶走廊或楼梯等的天棚抹灰。 4.门窗栏杆工程：仅限普通木夹板门、普通镶板门、普通木窗、防火门窗
5	屋面工程	1.保温不上人屋面：施工图设计的全部内容。 2.保温上人屋面：除屋面面层装饰及其结合层以外的所有内容。 3.不保温不上人屋面：施工图设计的全部内容。 4.不保温上人屋面：除屋面面层装饰及其结合层以外的所有内容。 5.保温种植土屋面：施工图设计的全部内容。 6.不保温种植土屋面：施工图设计的全部内容
6	给水系统	室内给水系统：从单位工程室外给水阀门井起，至室内每个用水点的第一个阀门止（含阀门）
7	排水系统	室内排水系统：从单位工程室内排水干管起，至室外第一个污水检查井为止，室内各排水点预留300mm接口（不含卫生洁具安装）
8	电力系统	以配电房低压配电柜出线起，至单位工程楼层及室内配电箱止（含配电箱），包括发电机至低压配电屏的母线槽安装及通风空调的动力管线
9	采暖系统	从单体热力入口装置（含热力入口装置）开始至各个采暖末端，包含电梯机房排气扇、电散热器
10	消防系统	室内消防系统（管道部分以单位工程室外第一个井为界或外墙外1.5m为界）

续表

序号	编制内容及范围	详细工作界面
11	防雷接地系统	包括屋面、基础、强弱电井、电梯井道等的防雷接地工程，并不限于栏杆、百叶、门窗、幕墙等的接地预埋、安装
12	弱电智能化系统	从弱电间至户内弱电点的预埋线管线盒、线管内穿铁丝、桥架及用户室内弱电箱（空箱）预埋等
13	室外道路工程	1.室外散水：实施至散水外边沿。 2.室外与建筑物相接的台阶梯步：实施至第一踏步外边沿。 3.室外与建筑物相接的坡道：实施至坡道起坡线
14	室外综合管网工程	1.给水：自建筑物室外阀门井/无阀门井则从建筑物外墙1.5处接入各建筑物内。 2.排水：实施至单栋建筑物室外第一个污水检查井（不含）。 3.雨水：实施至建筑物外墙外第一个雨水检查井（不含）。 4.室外用电：自室内配电柜至室外用总配电箱（含）

（四）招标控制价计价原则

1.人工费及价差调整

按四川省工程造价管理规定，执行《×××工程造价信息价》《第××期》及相关文件。

2.材料、设备费用

（1）主要材料、设备种类：按照设计施工图计入，见表6-19。

暂定价材料种类　　表6-19

序号	材料名称	规格	单位	数量	单价（元）	合价（元）
一	电梯					4478400.00
1	住院部病床电梯	综合	台	3.000	256000.000	768000.00
2	住院部污物及专用消防电梯	综合	台	1.000	204000.000	204000.00
3	医技楼污物专用电梯	综合	台	1.000	150400.000	150400.00
4	医技楼洁净医护用电梯	综合	台	1.000	150400.000	150400.00
5	医技楼电梯	综合	台	1.000	153600.000	153600.00
6	门诊楼病患专用电梯	综合	台	1.000	212000.000	212000.00
7	门诊楼污物专用电梯	综合	台	1.000	150400.000	150400.00
8	门诊楼医用电梯	综合	台	1.000	150400.000	150400.00
9	保障部升降梯	综合	台	2.000	137600.000	275200.00
10	门诊楼自动扶梯	综合	台	4.000	220000.000	880000.00
11	住院部污物专用电梯	综合	台	1.000	204000.000	204000.00
12	病床专用电梯（3层）	综合	台	2.000	145000.000	290000.00

续表

序号	材料名称	规格	单位	数量	单价（元）	合价（元）
13	病床专用电梯（4层）	综合	台	1.000	195000.000	195000.00
14	污物专用电梯（4层）	综合	台	1.000	340000.000	340000.00
15	病患专用电梯（4层）	综合	台	1.000	355000.000	355000.00
二	发电机组					3030000.00
1	柴油发电机组1400kW	综合	台	1.000	2650000.000	2650000.00
2	发电机组320kW	综合	台	1.000	380000.000	380000.00
	合计					7508400.00

注：工程量清单编制完成后，若涉及部分材料设备无相关价格的情况，后期由建设单位根据材料清单商定是否列入暂定价材料范畴。

（2）指定品牌材料。指定品牌的材料，由投标人自主报价，施工过程中承包人按下列品牌或同等档次的材料供货，结算时执行投标报价不作调整，见表6-20。

指定品牌清单表 **表6-20**

序号	材料类别	规格	品质要求	推荐参考品牌	备注
1	钢材类	综合	合格	鞍钢、首钢、宝钢或同等档次	
2	水泥	综合	合格	海螺、南方、冀东或同等档次	
3	防水材料	综合	一线品牌	东方雨虹、海虹老人、禹王或同档次	
4	防火卷帘特级	综合	一线品牌	美心、九安、盼盼或同档次	
5	铝合金型材	综合	一线品牌	坚美、广铝、亚铝或同档次	
6	穿孔铝板	综合	一线品牌	西南铝、兴发、阳光或同档次	
7	真石漆	综合	一线品牌	立邦、多乐士、华润或同档次	
8	玻璃	综合	一线品牌	南玻、耀皮、信义或同档次	
9	石膏板	综合	一线品牌	龙牌、可耐福、泰山或同档次	
10	轻钢龙骨	综合	一线品牌	龙牌、可耐福、泰山或同档次	
11	PVC、UPVC管	综合	非一线品牌	伟星、白蝶、日丰或同档次	
12	报警设备	综合	非一线品牌	北大青鸟、利达华信、安科瑞或同档次	
13	风机	综合	非一线品牌	上虞风机、德州亚太、格瑞德或同档次	
14	水泵机组	综合	一线品牌	熊猫、连成、东方泉或同档次	
15	配电箱元器件	综合	一线品牌	ABB、斯奈德、西门子或同档次	
16	疏散标识灯	综合	一线品牌	飞利浦、雷士、三雄极光或同档次	
17	供暖设备	综合	一线品牌	日丰、埃美柯、森或同档次	
18	聚乙烯双壁波纹管（含管件）	综合	一线品牌	联塑、公元、顾地或同档次	

（3）其他材料价格：执行《××工程造价信息价》《第××期》。

3.规费、税金

按工程建设当地最新文件规定执行。

4.措施项目费用

（1）模板及支撑。包括各类混凝土及钢筋混凝土模板及支架（清单中约定的计算规则计算），涉及构件超高支撑费用应相应考虑。

（2）综合脚手架。建筑物综合脚手架含垂直封闭、各类水平防护架、垂直防护架、建筑物垂直运输等在约定工期内完成承包范围内的单位工程全部工程项目所需的各类脚手架，计算规则按清单约定的计算规则。

（3）垂直运输费。包括在约定工期内完成承包范围内单位工程全部工程项目所需的所有垂直运输费、超高降效等，计算规则按清单中约定的计算规则。

（4）组织措施费。按工程建设当地最新文件规定执行。

5.其他项目费用

（1）考虑按国家规范、规定及本地质检站在工程实施过程中所要求的所有常规和特殊检测费，包含但不限于以下内容：如基础施工中涉及的相关检测、各种材料的检验检测、门窗的相关检测、楼板厚度检测、钢筋间距检测、室内空气检测、建筑节能相关检测、建安设备（含电梯）相关检测费等。

（2）暂列金额：不考虑。

（五）工程量计算原则

（1）周边市政道路已形成，红线范围内现场地势较平坦，计算时先考虑平场场地至室外设计地坪标高，然后计算基坑基槽开挖回填。

（2）土石方外运。

1）深基坑开挖后需用于场内基础回填、挡墙背面回填等工程量须考虑300m范围内的场内转运；

2）回填剩余部分须外运，运距考虑25km。

（3）建筑及安装工程：根据设计图内容结合定额计算相关工程量。

（4）大型机械设备进出场及安拆：挖掘机4台次、装载机2台次、塔式起重机1台次/楼栋、施工电梯1台次/楼栋。

（5）脚手架工程。按综合脚手架列项，工程量计算及组价时考虑，除计算定额综合脚手架所包含的工程量外，还要计算为完成项目要发生各项单项脚手架，包括车行车道、人行通道、临街防护等工程量；工程量清单特征描述时注意脚手架工程所包括的内容。

(6)模板及支撑。根据混凝土构件计列模板清单项，涉及混凝土构件超高支撑的费用在定额组价时考虑相关费用。

(六)工程量清单编制要求

(1)清单编码符合国标清单规范规定。

(2)清单项目名称与项目特征逻辑关系须一致。

(3)清单项目特征描述准确，符合施工工艺要求。

(4)清单特征描述时严禁写“按设计要求”，须将设计作法进行摘录。

(5)清单特征描述时尽量避免“按×××图集作法或按设计做法”，须将图集或设计作法进行摘录。

(6)设计图中的建筑构造做法在编制清单项时按施工工序并结合工程当地现行定额子目的设置分别进行清单列项，并关注以下重点：

1)清单单位与定额组价单位的逻辑关系、单位之间的换算。

2)清单的计算规则若与规范不一致，须在特征描述中进行明确该清单项的计算规则。

(7)模板及支撑清单项与分部分项的混凝土清单项应保持对应关系，避免遗漏。

(8)措施类费用须根据工程建设所在地颁布的序列定额、行政主管部门发布的相关文件结合国标清单规范进行清单列项编制。

(七)工具及软件

本次工程量清单及招标控制价编制使用的软件为《鹏业计价文件软件版》

(八)成果文件要求

1.纸质版

(1)工程量清单编制报告一式三份。

(2)招标控制价编制报告一式三份。

2.电子版

(1)成果文件报告书。

(2)软件建模版本(土建、安装)。

(3)手算工程计算式(电子表格)。

(4)鹏业计价文件软件版。

(5)项目各楼栋的工程指标表格。

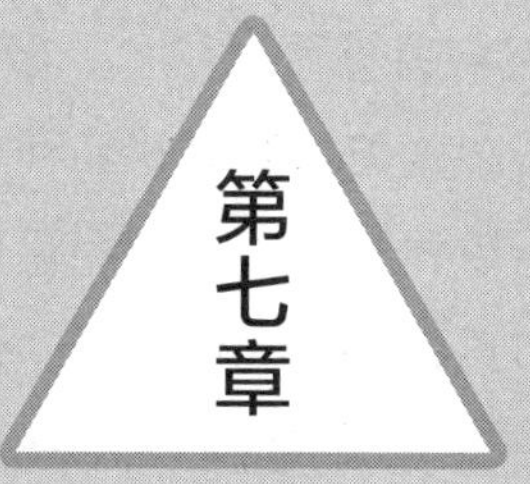

现场管理（监理）

现场管理涉及质量、安全、进度等各个方面，建（构）筑物建造是一个非常复杂的生产过程，施工时间长，工作环境差，参建单位多，参与建设的人员众多，协调难度大，参建各方机构大多数都是一次性柔性组织，若干个柔性组织构成一个庞大的柔性平台。思想与目标难以统一，容易形成沟通障碍，磨合期长，建造过程中的工艺工序种类繁多，使用的材料品种规格型号庞杂，对工程质量的保证形成较大的挑战。建筑、结构、强电、智能化、给水排水、暖通、环境工程等专业门类多，四新技术与信息化手段发展快、变化大，行政法规与技术法规多而严，对环境的影响会引起社会极大关注，经济与法律风险大，后果特别严重。针对以上问题，加强事前、事中、事后全过程监控，同时利用合同措施、经济措施、技术措施、组织措施就格外必要和重要。项目管理的九大管理并举，缺一不可，标准工作程序遵循制度化、动态化、信息化手段同时利用是参建各方和全体参建人员的工作准则。参建各方全体人员齐心协力，携手合作是项目顺利实施的最有效保证。

项目咨询机构的现场管理工作需要其他团队的协同工作，设计变更与专业设计二次深化设计以及重大技术问题处置工作需要设计管理工程师配合；大型功能设备及专用设备采购、开箱及安装等工作需要相应专业设计工程师的配合；隐蔽工程收方计量定价、材料核价与采购、设计变更、技术洽商、核价有关计价原则等工作需要得到造价工程师的支持，专业工程与大型设备进场需要招标团队的密切配合。

第一节　现场管理的目标及工作分解

一、现场管理的工作目标

现场管理的工作目标见表7-1。

现场管理工作目标表　　表7-1

序号	工作目标
1	建立完善的制度体系
2	责任落实，工作界面清楚明确，制订简捷有效的程序，使工作更加有序
3	场地准备与技术准备到位保证按合同约定开工
4	技术准备充分，将施工图存在的问题在施工之前解决
5	质量和安全、进度与成本管控有效，办法得当，措施有力
6	加强合同管理，严格履行合同责任和义务
7	履约合同责任，严格按合同支付
8	充分利用信息化手段，准确收集信息，及时传输，充分沟通，搭建和谐的管理平台
9	规范场容，文明作业，安全有序，整洁卫生

二、施工阶段的成果目标

施工阶段的成果目标见表7-2。

项目施工阶段的成果目标表　　表7-2

序号	名称	管理目标
1	质量目标	
2	工期目标	
3	安全目标	
4	成本管理目标	

第二节　现场管理

一、现场管理分类

（一）基础性管理

现场管理应做好各基础性工作，包括标准化工作、计量工作、原始记录等。

（二）综合性管理

项目现场管理包括目标性管理、生产要素管理、组织协调和现场文明管理等。在项目管理过程中，应用系统的观点，以目标管理为导向，认真执行有关标准，全面地进行管理，实现整体优化。

（三）全员性管理

现场管理的综合性强，内容多，因此，必须依靠项目团队中的每一位成员的精心工作、自我控制和自身素质。全员性管理就是要求重视每一个人员、每一个岗位，发挥每一个人的主观能动性。

（四）动态性管理

现场的各项生产要素要不断进行动态组合，各种条件和环境也在不断变化，因此必须进行动态管理，以不断适应变化的情况。

二、现场管理方法

现场管理常见的3种方法：

（一）标准化管理

标准化管理是按标准和制度进行现场管理，使管理程序标准化、管理方法标准化、管理效果标准化、考核方法标准化。为了实现标准化管理，首先应制定各种标准，然后执行并对执行的结果进行考核和评价。

（二）核算法

核算法是指对现场管理的有关事项进行量化与计算，并进行准确的核算与统计。

（三）检查和考核

检查和考核是通过下述过程实现的：在现场管理过程中，不断检查管理的实际情况；将实际情况与计划或标准相对比，以找出差距；根据对比的结果对现场管理状况进行评价和考核并改进管理工作。

三、现场管理措施

现场管理措施是视项目的具体情况所采取的管理办法。就施工项目而言，现场管理措施主要是：开展“5S”活动与合理定置。

（一）“5S”活动

“5S”活动是指对施工现场各生产要素所处状态不断地进行整理、整顿、清扫、清洁和素养。因为这5个词日语中罗马拼音的第一个字母都是“S”，所以简称为“5S”。“5S”活动是符合现代化大生产特点的一种科学的管理方法，是提高现场管理效果的一项有效措施和手段。

整理，就是对施工现场存在的人、事、物进行调查分析，按照有关要求区分需要和不需要，合理和不合理，将施工现场不需要和不合理的人、事、物及时处理。

整顿，就是在整理的基础上，将施工现场所需要的人、机、物、料等按照施工现场平面布置设计的位置，根据有关法规、标准以及规定，科学合理地布置和堆码，使人才合理使用，物品合理定置，实现人、物、场所在空间上的最佳结合，从而达到科学施工，文明安全生产，提高效率和质量的目的。

清扫，就是对施工现场的设备、场地、物品等进行维护打扫，保持现场环境卫生，干净整齐，无垃圾，无污物，并使设备运转正常。

清洁，就是维持整理、整顿、清扫，是前三项活动的继续和深入。通过清洁，消除发生事故的根源，使施工现场保持良好的施工环境和施工秩序，并始终处于最佳状态。

素养，就是努力提高施工现场全体人员的素质，养成遵章守纪和文明施工的习惯，这是开展“5S”活动的核心和精髓。

开展“5S”活动，要特别注意调动项目团队全体人员的积极性。在项目全过程，始终要做到自觉管理，自我实施和自我控制。

（二）合理定置

合理定置，就是将施工现场所需要的物在空间上合理布置，实现人与物、人与场所、物与场所、物与物之间的最佳配合，使施工现场秩序化、标准化、规范化，以体现文明施工水平。合理定置是现场管理的一项重要内容，是改善施工现场环境的一个科学的管理方法。

四、现场环境保护措施

（一）实行环境保护目标责任制

环境保护目标责任制是指将环境保护指标以责任书的形式层层分解到有关部门和人员并列入岗位责任，形成环境保护自我监控体系。项目经理是环境保护的第一责任人，是目标环境保护自我监控体系的领导者。

（二）加强检查和监控工作

项目对环境的影响程度，需要通过不断检查和监控加以掌握，只有掌握了项目环境的具体状况，才能采取针对性的措施。例如，在工程项目进行过程中，就应加强对项目现场的粉尘、噪声、废气、污水等因素的监测和监控工作，并根据污染情况采取措施加以消除。

（三）进行综合治理

一方面要采取措施控制污染；另一方面，应与外部的有关单位、人员及环保部门保持联系，加强沟通。要统筹考虑项目目标的实现与环境保护，使两者达到高度的统一。

（四）严格执行相关法律法规

国家、地区、行业和企业在环境保护方面颁布了相应的法律、法规，作为项目管理者应掌握这些法律、法规，并在项目进行过程中严格执行。

（五）采取有效技术措施

在进行项目计划时，必须提出有针对性的技术措施；在项目进行过程中，应按计划实施这些技术措施，并根据具体情况加以调整。

第三节　开工前的准备工作

一、现场管理制度建立

根据项目咨询合同、建设单位的管理要求、项目的工程特点编制项目的现场管理制度并在项目开工前组织参建各方进行交底，见表7-3。

现场管理制度　　表7-3

管理制度类型	管理制度名称
会议类	例会制度
	专题会议制度
	内部会议制度
技术管理类	读图、审图制度
	技术交底制度
	设计变更、技术洽商制度
	施工界面清理制度
	技术月度考核制度
质量管理类	质量交底制度
	质量通病与防治制度
	工艺样板制度
	固化图制度
	界面移交制度
	实测实量制度
	成品保护制度
	质量月度考核制度
	质量缺陷处理制度
	质量事故处理制度
安全管理类	安全交底制度
	文明施工管理制度
	危大工程管理制度

续表

管理制度类型	管理制度名称
安全管理类	安全检查制度
	安全管理月度考核制度
	应急管理制度
	环境保护管理制度
	安全事故处理制度
进度管理类	总进度计划管理制度
	周进度计划管理制度
	月进度计划管理制度
	进度考核管理制度
投资控制类	合同管理制度
	索赔管理制度
	材料核价管理制度
	现场收方、签证管理制度
	工程进度款支付管理制度
资料管理类	资料分类、编码制度
	资料流转流程管理制度
	竣工图管理制度
验收管理类	验收管理制度

二、技术基础工作的管理

技术基础工作的管理主要包括：实行技术责任制，执行技术标准与技术规程，制定技术管理制度，开展科学试验，交流技术情报，管理技术文件等。

实行技术责任制，就是要针对项目的具体技术工作落实到人，明确责任。

技术标准与技术规程是技术工作的指南，执行技术标准与技术规程，就是要按照标准与规程开展技术工作。所以，在项目进行过程中，首先应熟悉有相关标准和规程，然后应组织相关人员学习，并在具体操作过程中严格遵照执行。

如何开展技术管理工作需要用技术管理制度加以约束，技术管理制度是针对具体的技术管理工作所制定的规定、制度，这种制度可能有若干项。以一个施工项目为例，就需要制定施工图会审制度、施工组织设计管理制度、技术交底制度、施工项目材料与设备验收制度、工程施工质量检查验收制度、工程施工技术资料管理制度等。

在项目实施过程中，材料、设备、工艺方案、技术参数等的确定，可能需要通过开展科学试验的方法辅助决策，这也是技术基础工作的管理内容之一。

（一）规范、标准、图集和文件收集

依据项目经审查合格的施工图纸，收集项目的规范、标准、图集以及国家地方的文件，并保持为最新版本，见表7-4。

规范、标准、图集和文件汇总表 **表7-4**

序号	技术资料或文件类别	技术资料或文件名称清单	齐全与否
1	国家标准（GB）		
2	行业标准（JGJ）		
3	地方标准（DB）		
4	国标图集		
5	地方标准图集		
6	国家（地方建设行政主管部门）对落后淘汰限制产品的相关公告文件		
7	地方建设行政主管部门所发关于建筑工程常见质量问题防治的相关文件		

（二）设计图纸读图、审图

1.设计图纸读图

（1）熟悉图纸，清理项目所在地建设行政主管部门所颁布的关于质量要求的相关文件，并收集齐全。

（2）熟悉图纸，清理各专业所需的国家及地方规范、标准、图集，形成清单，并收集相关的规范、标准、图集的资料。

（3）熟悉图纸，清理各专业的材料、设备、构件的规格、型号、数量并形成列表清单；该工作必须依据各专业图纸的设计总说明和平面图进行清理。

（4）熟悉图纸，应清理出各专业的技术或施工的难点、重点、新技术、新工艺等并形成资料。

（5）熟悉图纸，应清理出各专业的图纸中需要深化或二次设计的内容，并形成清单。

2.设计图纸审图

(1)设计图纸审图的重点。

1)设计图纸的范围是否完整，是否满足设计合同的范围要求。

2)设计图纸的内容是否满足国家标准、规范和地方标准或项目所在地建设行政主管部门文件的要求。

3)设计图纸标准是否明确、经济上是否合理；设计图纸所表述的工作界面是否重叠不清。

4)设计图纸的各专业工程的各工序之间、各专业工程之间是否存在错、漏、碰、缺。

5)设计图纸是否满足现场施工一次完成。减少、避免因图纸的原因导致现场返工的经济浪费和工期延误。

(2)设计图纸审图意见处理。

1)在组织召开图纸会审会议前应将收集的审图意见提前报送设计院，由设计院进行熟悉并回复意见，会议仅对有异议和不清楚的部分进行讨论，避免召开无准备的图纸会审会议。

2)在收集到施工单位的审图问题后，应安排各专业工程师进行核对。

3)重点核对因改变材料、改变工艺而增加工程造价的审图意见，此类意见应从技术、经济、工期等多方面进行论证。

4)重点核对因改变材料而导致建设行政许可手续变更的审图意见，此类意见应慎重。

5)在核对设计回复意见时，宜避免“另行出设计变更”的用语。如果实际工作中出现此类回复意见，应在后续工作中跟踪落实，避免遗漏问题。

3.施工界面清理

(1)施工界面清理的准备资料。

施工合同、投标清单、设计图纸。

(2)施工界面清理的目的。

通过理清工作界面，校核施工合同、投标清单、设计图纸的内容是否重复、漏项。

(3)施工界面清理的内容。

总承包单位与分包单位、总承包单位与精装饰单位的施工内容、施工界面。

(4)施工界面清理的结果处理。

1)由项目技术负责人组织召开专题会议（项目经理、项目工程师、总监理工程师、专业监理工程师、施工技术负责人、造价审计人员应参加)。

2)对重复、漏项问题经各方讨论确认后还应完善设计变更及洽商的手续，方能作为后续施工和计价的依据。

4.施工组织设计审查

施工组织设计的内容审查见表7-5。

施工组织设计的内容审查要点 **表7-5**

步骤	重点	内容	符合	不符合
初步审查	签字、盖章及内审程序是否符合要求	1.施工组织设计编制人为施工项目技术负责人；施工组织设计的审核由施工单位项目经理进行审核；施工组织设计的审批由施工单位总工程师组织单位质量、安全部门进行审批。 2.施工组织设计必须加盖公章		
编制依据审查	选用的招标文件、设计图纸、国家标准规范、企业的规章制度	1.选用的标准、规范是否齐全；选用的标准、规范是否已过期。 2.选用的标准、规范是否满足招标文件、设计图纸、合同的要求标准		
工程概况及特点审查	工程的重、难、特点分析	1.是否对本工程的特点、难点、重点进行分析。 2.对特、难、重点的分析是否结合了工程的场地、地质、图纸、工艺、进度等方面进行了分析。 3.是否对现场施工条件进行全面分析		
施工部署审查	项目质量、进度、安全文明、环境管理目标、成本目标	目标是否明确；目标是否满足招标文件、施工合同的要求		
	项目机构组织	1.施工单位的项目组织架构是否齐全。 2.架构中的人员资格情况核查。 3.根据工程体量、合同的进度要求审查人员(施工员、质检员、安全员、资料员)及数量能否满足本工程的需要		
	分包计划	结合合同、图纸审查本工程的分包计划的内容是否准确，是否符合要求		
	施工区段划分	1.施工段的划分是否对平面施工段的划分、竖向施工段的划分都明确；文字不能表达的应附相关的图表。 2.施工流向和施工顺序是否合理，逻辑关系是否正确。 3.接合工程的进度要求、工程的特点审查施工区段的划分是否合理、满足工程实施需要		
主要分部分项施工方案审核	施工方案的范围是否齐全	施工方案中范围是否齐全；是否有节能专项方案、分户验收方案、安装方案等		

续表

步骤	重点	内容	符合	不符合
主要分部分项施工方案审核	施工方案的内容审核	1.施工方案中的施工技术是否采用了限制、落后淘汰技术。 2.施工方案中的技术要求是否与图纸设计总说明相符。 3.施工方案中的技术措施是否满足本工程的实际情况，技术措施是否到位。 4.施工方案中所采取的技术措施是否会导致成本的增加，是否经济可行		
施工进度计划审核	进度计划的内容审核	1.重要的分部、分项工程内容是否齐全。 2.施工合同中的重要的节点是否明确。 3.重要的工序节点、验收节点是否明确；(例如：拆外架、拆塔式起重机、节能验收、消防验收、分户验收、竣工预验收、竣工验收等)		
	进度计划的合理性审核	1.进度计划是否满足合同工期的要求。 2.进度计划中各工序间的搭接时间、逻辑关系是否正确合理。 3.进度计划中涉及分包单位的工期是否合理		
施工组织设计平面图的审核	总体布置	1.场区硬化范围是否满足文明施工要求。 2.根据工程的环境状况考虑是否存在二次平面布置问题；如有须明确二次平面布置图。 3.临水、临电的布置是否合理有效		
	塔吊等大型机具设备的布置	1.塔式起重机的覆盖范围能否满足施工场地需要。 2.塔式起重机的位置是否利于安装、拆除。 3.塔式起重机的位置是否满足大型构件吊装的施工要求。 4.塔式起重机的位置是否与周边的高压线、变压器保持安全距离。 5.多塔式起重机作业是否存在交叉作业情况，是否有措施		
	施工电梯的布置	1.电梯的位置与材料堆场、搅拌场的距离是否合适。 2.电梯的位置是否有利于电梯基础的处理		
	泵车的布置	1.泵车的位置是否考虑。 2.与泵车位置相邻的维护结构是否加强处理		
	场区道路布置	1.道路的宽度和转弯半径是否满足泵车的要求。 2.道路的坡度是否满足泵车、材料车辆的通行。 3.道路宽度受限时是否设置回车场、错车场		
	临建房屋的规划	1.临建房屋是否符合安全防火间距的要求；是否布置安全疏散通道；是否避开电焊作业场所。 2.临建房屋是否避开塔吊的起吊范围以外。 3.生活区、生产区是否分开布置		
	材料堆放和加工车间布置	1.材料的堆放场地是否布置在边坡位置。 2.材料的堆放场地是否在塔式起重机的覆盖范围内，是否存在二次转运。 3.材料加工棚的位置布置是否方便材料进出场。 4.材料加工棚的位置是否有利于塔式起重机的吊装		

续表

步骤	重点	内容	符合	不符合
施工组织设计平面图的审核	施工排水和基坑维护	1.道路、基坑周边的排水设施是否齐全。 2.道路、基坑周边的排水设施的布置是否合理。 3.临时排水、排污设施是否齐全，是否考虑周边市政接口问题		
	场区周边维护	1.场区周边是否采取全封闭。 2.场区周边的封闭结构的做法是否明确、结构是否可靠。 3.施工场地位于人流集中的市政道路边时，是否采取安全防护措施。 4.出入口的设施是否齐全，能否满足文明施工要求		
质量保证措施审核	质量保证体系	1.质量保证体系是否健全、有效。 2.质量保证的管理制度是否齐全，是否有可操作性		
	质量通病防止措施	1.内容是否齐全，是否对本项目有针对性，措施是否可行。 2.是否结合了政府关于质量通病防治的相关文件要求编制		
	成品保护措施	内容是否齐全，是否对本项目有针对性，措施是否可行		
进度保证措施审核	进度保证措施	1.材料、设备的数量、进场时间是否满足进度要求。 2.劳动力的组织是否满足进度要求。 3.保证进度目标的经济措施是否可行。 4.保证进度目标的技术、组织措施是否可行		
安全生产组织保证体系和制度的审核	组织管理体系	1.施工现场从项目部、劳务公司、班组的安全组织管理体系是否建立，人员是否落实。 2.安全管理体系的建立是否满足相关文件、现场安全生产要求		
	消防安全责任制度	1.是否确定消防安全责任人；用火、用电、使用易燃易爆材料等各项消防安全管理制度和操作规程是否建立。 2.是否设置了消防水源、消防通道、配备消防设施和器材。 3.现场的出入口是否设置了消防标识		
	对分包单位管理制度	1.是否制定对分包单位资格、人员资格及现场管理的规定和要求。 2.是否有对分包单位进行评价的制度。 3.是否有对分包单位的安全管理协议中明确双方安全责任、权利和管理要求		
	安全工作管理的规章制度	1.安全工作岗位责任制度是否完善。 2.安全工作交底和检查制度是否完善。 3.安全教育培训制度是否完善。 4.特种作业人员持证上岗制度是否完善。 5.三类人员考核任职制度是否完善。 6.安全工作奖惩制度是否完善。 7.安全生产情况网络信息和台账制度是否完善。 8.安全生产事故逐级报告制度是否完善。 9.施工作业安全操作规程是否完善。 10.各种机械（设备）操作规程是否完善		

续表

步骤	重点	内容	符合	不符合
工程增加费用的审核	施工组织设计中是否增加费用	1.本施工组织设计所编制内容是否存在额外增加费用，有或无均应在方案的报审封面注明。 2.对于有费用的内容，要求施工单位明确相关的造价的计费依据和计算方法等。 3.对有费用的内容必须审核该方案的可行性、必要性；然后由造价人员对造价进行确认。 4.对于有费用的部分内容必须审核原投标文件，是否与原投标文件一致，如不一致必须在审核意见中注明		
审查意见	建议使用的审查用语	本方案不能指导现场的工作，请按我方的书面审查意见重新编制，尽快报我方审查……（第一次审查）		
		本方案不能指导现场的工作，请按我方的书面审查意见增补相关内容，尽快报我方审查（第一次审查时用）		
		原则上同意本方案。请另增加以下内容……		
		原则上同意本方案，在执行过程中必须注意……（第二次或第三次用）		
		原则上同意本方案，在执行过程中必须及时通报相关情况，以便我方……（第二次或第三次用）		
		同意本方案，并请将执行情况随时书面反馈我部（第二次或第三次用）		
		同意，并请严格按照本方案和相关规定执行。（第二次或第三次用）		
		同意，但要……（第二次或第三次用）		

三、现场开工准备

（一）场地清理

场地清理工作见表7-6。

场地清理工作计划表　　表7-6

序号	工作事项	单位	数量	开始时间	完成时间	备注
1	现有建筑垃圾清理					
2	废旧钢筋混凝土拆除					
3	废旧砖砌体拆除					
4	移栽树木					
5	空中架设线路拆除					
6	地下管网线路拆改					
7	废弃物运出运距					
……	……					

（二）“三通一平”

1.临时用水、用电办理程序

临时用水、用电受理单位不同，但可同时办理，见表7-7。

临时用水、用电办理程序表　　表7-7

序号	工作名称	工作内容	责任单位	须提供的资料
1	准备工作	计算用电量、用水量、排水量	总施工单位	用水用电总量及水电平面图
2	申请登记		项管咨询方	
3	审批			
4	勘察现场	供水供电单位现场勘察	咨询方配合	
5	设计及预算编制	供水供电单位根据现场勘察结果，结合申请报告进行设计和预算编制	供水供电方	
6	设计及预算审核		项管咨询方	
7	方案修改		供水供电方	
8	合同签订		供需双方	
9	缴纳工程款		建设单位	
10	组织施工		施工方	
11	验收		建设单位与咨询方	
12	建立档案		供水供电方	
13	装表通水通电		供水供电方	

2.临时用电检查要求

（1）临时用电总用量及富余量考虑情况审核。

（2）临时用电线路径规划、用电总容量、用电计量等。

（3）临时用电施工方案的编制及现场的实施情况，是否与方案一致。

（4）电源的进线，总配电箱的装设位置和线路走向是否合理。

（5）选择的导线截面和电气设备的类型、规格是否正确。

（6）电气平面图，接线系统图是否正确完整。

（7）施工用电是否采用TN-S接零保护系统。

（8）是否实行“一机一闸”制，是否满足分组、分段漏电保护。

（9）照明用电措施是否满足安全要求。

3.临时用水（给水、排水）检查要求

（1）临时给水管道路径规划、管道管径、用水量及用水计量等。

（2）临时排水系统：排水管道路径规划、管道管径、排水量等。

（3）管线距基坑开挖线距离不小于2m，主要干、支管埋地敷设，埋地深度0.8m，沿管线布置若干个消火栓，消火栓敷设高度为1.1m。临时给水系统生活给水管采用镀锌钢管，消防给水、施工给水管采用焊接钢管。

（4）生活污水、施工污水排放管道及化粪池设置，污水接入规划，洗车沉淀池设计情况等。

4.通信的检查要求

满足待建区域内基本通信设施（电话、传真、宽带网络、光缆等）畅通。

5.场地平整

场内开挖或回填的土方量较大则需提前开始平基施工，造价达到须公开招标限额工程的应进行招标。

（1）土石方平基所需依据。

1）土地红线图与原始地貌实测标高。

2）规划局获取的地貌图。

3）设计图。

4）地勘报告。

5）场地调研表。

（2）注意事项。

1）分清土方和石方量。

2）回填区按设计提出的密实度要求执行。

3）弃土的运距。

（三）施工总平面策划

项目咨询机构在开工前根据项目地特点、场地现状对项目的施工总平面进行策划，策划结果作为总承包单位进行施工总平布置的依据。施工总平面策划重点如下：

（1）项目临时用电箱的位置。

（2）项目施工用水点的位置。

（3）项目施工临时排水、排污出口的管网位置。

（4）临时道路的要求。

1）临时道路与市政道路接口数量。

2）临时道路开口是否与永久道路开口的位置保持一致。

3）场内临时道路宽度、标高的基本要求。

4）场内临时道路、场内永久道路是否采取临永结合的方式。

（5）临时办公区、生活区的区域范围。

（6）场地的封闭围挡的范围、标准。

（7）施工总平面是否存在二次布置的情况。

（四）移交

（1）原始控制点（水准点、坐标控制点）实物及资料移交。

（2）场地用水、用电设施、设备实物及资料移交。

（3）场地及周边地下管网的资料移交。

（4）场地移交的内容。

1）平基标高复测到位。

2）边界是否到位。

3）边坡按设计处理到位。

4）路基碾压、路基标高、路基线性达到设计要求。

第四节　现场质量管理

质量管理通常包括质量目标制定、质量策划、质量管理计划、质量控制、质量保证和质量改进，可见，质量管理是质量管理主体围绕着使产品质量能满足不断更新的质量要求而采取的管理动作。项目的质量管理是一个系统过程，在实施过程中，应创造必要的资源条件，使之与项目质量要求相适应。项目各参与者都必须保证其工作质量，做到工作流程程序化、标准化和规范化，围绕一个共同的目标——实现项目质量的最佳化，开展质量管理工作。

项目质量策划是围绕着项目所进行的质量目标策划、运行过程策划、确定相关资源等活动的过程。项目质量策划的结果是明确项目质量目标；明确为达到质量目标应采取的措施，包括必要的作业过程；明确应提供的必要条件，包括人员、材料设备等资源条件；明确项目参与各方、部门或岗位的质量职责。质量策划的成果主要以质量计划、质量技术文件等质量管理文件的形式予以体现。

质量管理计划是针对特定的项目、产品、过程、合同。质量管理计划应明确指出由谁去做，何时完成，应使用哪些程序和相关资源的文件。其内容包括：

（1）需达到的质量目标，包括项目总质量目标和具体目标。

（2）质量管理工作流程，可以用流程图等形式展示过程的各项活动。

（3）职责、权限和资源在项目的各个不同阶段的具体分配。

（4）项目实施中需采用的书面程序和指导书。

（5）有关阶段适用的试验、检查、检验和评审大纲。

（6）达到质量目标的测量方法。

（7）随项目的进展而修改和完善质量计划的程序。

（8）为达到项目质量目标必须采取的其他措施，如更新检验技术、研究新的工艺方法和设备、用户的监督、验证等。

一、质量保证体系

（1）审查总承包单位的项目组织架构设置，管理人员配置和其相对应的职责与分工落实情况。检查总承包单位质量管理制度是否健全，检查总承包单位项目经理、生产、技术、质量等岗位管理人员的到位情况。

（2）对总承包单位承担施工任务的施工队伍资质及人员的资格与条件的审查（包括营业执照、资质等级证书、专业许可证、岗位证书等），审查合格后方可上岗施工。对不合格的队伍和人员监理工程师有权依照有关规定要求总承包单位予以撤换。

（3）审查从事特殊工序和工种、检验、试验的人员的持证上岗情况。

（4）审查分包单位资质及人员情况。重点是对施工的组织者、管理者的素质与质量管理水平，特殊工种和关键的施工工艺，新技术、新工艺、新材料等应用方面的操作者的素质和能力进行认真审查。

二、质量控制方法

质量控制的范围涉及项目质量形成全过程的各个环节。项目质量受到质量环各阶段质量活动的直接影响，任一环节的工作没有做好，都会使项目质量受到损害而不能满足质量要求。

质量控制的工作内容包括了作业技术和活动，即包括专业技术和管理技术两方面。质量控制应贯彻预防为主与检验把关相结合的原则，在项目形成的每一个阶段和环节，即质量环的每一阶段，都应对影响其工作质量的人、机、料、法、环（4M1E）因素进行控制，并对质量活动的成果进行分阶段验证，以便及时发现问题，查明原因，采取措施，防止类似的问题重复发生，并使质量控制对干什么、为何干、如何干、由谁干、何时干、何地干等问题应作出规定，并对实际质量活动进行监控。

（一）项目质量控制的特点

（1）影响质量的因素多。

（2）质量控制的阶段性。

（3）易产生质量变异。

（4）易产生判断错误。

（二）项目质量控制步骤

就项目质量控制的过程而言，质量控制就是监控项目的实施状态，将实际状态与事先制定的质量标准作比较，分析存在的偏差及产生偏差的原因，并采取相应对策。这是一个循环往复的过程，对任一控制对象的控制一般都按这一过程进行。该控制过程可归纳为4个阶段：计划（Plan）、实施（Do）、检查（Check）和处理（Action）。在项目质量控制中，这4个阶段循环往复，形成PDCA循环。

1.施工方案审核

施工方案要点见表7-8。

施工方案审查要点表 **表7-8**

<table>
<tr><th colspan="2">重点</th><th>内容</th><th>符合</th><th>不符合</th></tr>
<tr><td rowspan="2">编审程序及依据审查</td><td>签字、盖章及内审程序</td><td>1.由专业承包单位编制的专项施工方案是否由专业承包单位技术负责人审核，再报总承包单位项目技术负责人审批。
2.由总承包单位编制的专项施工方案由项目技术负责人进行审核。
3.对于危险性较大的分部分项工程专项方案施工单位技术部门组织本单位施工技术、安全、质量等部门的专业技术人员进行审核。经审核合格的，由施工单位技术负责人签字。
4.对于超过一定规模的危险性较大的分部分项工程，施工单位是否组织专家对专项方案进行论证</td><td></td><td></td></tr>
<tr><td>依据符合施工组织设计、合同、设计图纸、国家标准规范、地方的规章制度</td><td>1.选用的标准、规范是否齐全；选用的标准、规范是否已过期。
2.选用的标准、规范是否满足施工组织设计、合同、设计图纸、国家标准规范、地方的规章制度</td><td></td><td></td></tr>
</table>

续表

重点		内容	符合	不符合
工程概况	分部分项工程概况、施工平面布置、施工要求和技术保证条件	1.分部分项专项工程概况是否表述清楚，是否符合设计施工图与现场实际。 2.施工平面布置是否合理，施工要求是否明确，技术保证条件是否清楚		
施工计划	施工进度计划、材料与设备计划	1.进度计划是否满足施工总进度计划的节点要求。 2.进度计划中各工序间的搭接时间、逻辑关系是否正确合理。 3.材料与设备的数量与进场时间是否满足施工进度计划要求		
劳动力计划	专职安全管理人员、特种作业人员	1.专职安全管理人员的配置是否满足相关文件要求。 2.特种作业人员的数量、证件是否满足要求。 3.劳动力的数量是否满足进度计划的要求		
施工工艺技术	技术参数、工艺流程、施工方法、检查验收	1.技术参数的选用是否满足设计图纸、规范、规程的要求。 2.工艺流程明确、是否为限制、落后、淘汰工艺。 3.施工方法是否满足施工验收规范的要求；施工方法的选用是否利于质量通病的防治。 4.施工质量检查点是否明确，验收的方法、程序是否合理，有可操作性		
施工安全保证措施	组织保障、技术措施、应急预案、监测监控等	1.对专项工程重要危险源的辨识是否完整并符合工程实际。 2.组织保障措施是否健全。 3.技术措施有效，是否符合国家规范及相关文件要求。 4.应急预案是否有可操作性。 5.监测、监控措施是否合理，是否满足安全生产的要求		
计算书与相关图纸	计算书	1.计算单元的选用符合现场实际，且为最不利情况。 2.计算参数的选用明确，且符合现场的实际情况。 3.计算结果是否正确		
	相关图纸	1.通过计算形成的图纸是否具有可实施性；内容具体明确。 2.重要的节点大样是否图示明确		

2.专项工程与工艺技术交底

根据项目工程的特点，在各分部工程与专项工程施工前应完成质量交底。

（1）由施工单位技术负责人组织施工员、劳务班组长进行交底，明确该分部工程图纸的重点、施工难点、工艺标准、质量标准等内容。

（2）由监理组织，施工单位人员参与，明确该分部工程质量停止点、控制点的检查要点及验收程序。

（3）根据工程的实际情况也可以由监理组织将两级合并交底。

3.固化图

施工设计图中存在表达模糊，节点表达不完整，空间关系不清楚情况，导致图纸不能达到现场直接施工的要求，影响施工进度和质量，产生不少的结算纠纷。通过相应专业的平面叠加和空间叠加方式找出问题，针对这些问题将图纸修改并固化，进而对设计图纸进行优化与补充。

（1）固化图的作用。

1）通过固化图可以解决设计遗留的大部分问题。

2）通过固化图的梳理，有针对性地解决部分技术上的要点难点。

3）固化图可以将后期变更签证的产生次数控制在最低范围，提前锁定成本。

4）监理与施工单位一起讨论完成固化图，不仅统一了现场管理标准，也督促了监理与施工单位仔细读图，并培养其读图技巧。

5）集中对图纸清理，提高了现场管理的工作效率。

（2）固化图的实施类别。

1）《混凝土结构预留预埋固化图》主要反应混凝土结构内的套管及构件预留预埋，应绘制出精确的尺寸，以结构图为基础编制。

2）《安装预埋图》以建筑图、结构图为基础编制，对各类安装设备预留、预埋位置进行优化梳理。

3）《砌体固化图》以建筑图为基础编制，将所有墙体的尺寸位置、门窗洞口大小、组砌方式等尺寸进行固化确认。

4）《砌体固化图（导墙及构造柱）》以建筑图为基础编制，将所有导墙、构造柱的位置、高度、尺寸进行固化确认。

5）《管道走向定位合图》以建筑图为基础编制，主要确定各类管道的走向、定位、标高。

（3）固化图的审查要点。

1）审查图纸的强制性标准的符合性。

2）审查固化图内容的在使用功能方面是否满足要求。

3）审查固化图的定位、交叉、碰撞问题是否落实。

（4）因固化图的内容涉及后期造价结算，固化图审核完成后需以技术洽商方式，由原设计单位确认后实施。

4.工程样板

（1）工程样板计划。

1）项目开工前，项目管理部技术负责人应组织项目工程师及总监理工程师根据本项目的特点编制本工程的工程样板的计划。

2）工程样板计划的内容见表7-9。

工程样板计划表　　表 7-9

序号	分部工程	子分部、工序及分项工程	样板点评内容	组织人	主要参与人
1	基础分部	桩、独立基础	工艺、质量	A	B、C、D、F、G
2		钢筋、模板、混凝土	工艺、质量	C	B、D、F、G
3		地下防水	工艺、质量	C	B、D、F、G
4	主体分部	钢筋、模板、混凝土	工艺、质量	A	B、C、D、F、G
5		砌体	工艺、质量	C	A、B、D、F、G
6		钢结构组装与拼装、结构焊接、结构吊装、防腐涂料、防火涂料	工艺、质量	A	B、C、D、F、G
7	建筑装饰装修	抹灰、地面、吊顶、饰面板、饰面砖、涂饰、软包、细部	工艺、质量	C	A、B、D、F、G
8		门窗、幕墙	工艺、质量	C	A、B、D、E、F、G、H
9		精装饰样板间、样板层、外立面样板段	材料、质量、观感、功能	A	B、C、D、E、F、G、I
……	……	……	……	……	……

注：A-项目技术负责人；B-项目工程师；C-总监理工程师；D-专业监理工程师；E-设计；F-施工技术负责人（分包技术负责人）；G-施工员；H-质监站；I-项目建设单位。

（2）工程样板的实施要点。

样板实施的范围包括以下内容：

1）涉及施工工艺、质量、功能、观感效果的分部工程、分项工程或工序必须实行样板。

2）样板可以分为工法样板、实物样板。对于主体结构、安装工程可以采取工法样板与实物样板相结合的方式；对于其余的工程部分应采取实物样板的方式。

3）同一项目不同总（分）包单位分别做样板。

4）实物样板实施时可以按样板间、样板层、样板段进行划分。

（3）样板实施的时间。

1）工法样板宜在项目开工前完成。

2）实物样板应在大面积施工前必须完成样板及样板点评。

（4）样板点评内容。

1）检查施工工艺是否符合质量标准的要求，哪些需要改进。

2）检查施工质量是否满足验收规范的要求，哪些需要改进。

3）检查施工成果是否与设计图纸或固化图纸相符。

4）检查施工成果的功能、观感效果是否满足设计功能，满足建设单位的需求。

5）校核设计图纸是否满足规范的要求。

（5）工程样板点评纪要。

1）工程样板点评纪要应实行会签制度。

2）工程样板点评纪要中确定的工艺顺序、要求及标准可以作为后期大面积施工的依据。

3）工程样板点评纪要中所涉及材料变更、功能变更等内容只能作为变更洽商的前提，不能作为变更洽商的依据，应按要求完善设计变更及洽商的手续。

4）工程样板点评纪要应对样板点评的内容逐一明确。

5.界面移交

为搞好工程的整体施工管理，做好总、分包单位的协调管理工作，整合各参建单位的生产管理资源，做到生产管理有序，有令必行、有禁必止，为完成合同约定的工期、质量标准及相关安全文明施工的要求，明确各单位之间施工界面划分，更好地进行施工管理。

（1）界面移交管理要点。

1）移交单位向接受单位移交的部位已验收合格，并且资料完善，各方已签认。

2）双方移交前应确定移交时间、内容、参加人员。

3）界面移交清单内容包括有：

①移交的工作面范围、时间（如多次移交，应在移交清单中注明）。

②移交工作面的实际情况。

③需要移交单位或接受单位协调的事宜。

④成品保护，过程中坚持“谁施工谁负责”的原则。

⑤分包单位向总包单位的资料移交（包括隐蔽资料、图片等）。

⑥其他未尽事宜（如中间交接图纸、移交检查记录等）。

4）移交单位在己方签认或确认的技术资料的基础上，根据接受单位的整改意见要求，无条件限期整改完毕。当移交单位对整改意见的整改超出期限，或者经接受单位再次复核不符合要求时，由此引起的后果由移交单位负全责。

5）当移交清单签认后，接受单位未按合同规定提供书面复核数据、整改意见，或接受单位未在清单签认前进行施工，则都视为移交单位所移交的内容符合设计要求，由此引起的后果由接受单位负全责。

6）移交单位和接受单位的移交清单签认时，必须提前通知监理进行见证。

7）接受单位将移交清单或合同规定的书面复核数据、整改意见作为附件与进场前期资料一同报送监理单位，经监理单位同意，方能进行施工。对于移交清单，监理单位只对其双方签认进行确认，不对其具体内容进行确认，不承担接受单位对其本身的缺陷所应承担的责任。

8）移交清单签认的人员为移交单位、接受单位在本工程的项目经理或技术负责人。

9）签字完善后的界面移交单应由移交单位、接收单位、监理单位各自留存。

（2）界面移交规划样表，见表7-10。

××项目总分包界面移交规划及移交标准　　表7-10

序号	分部工程	移交类别	移交项目	移交方	接收方	主要移交内容及标准	备注
1	地基与基础工程	土石方	场地移交土石方	建设单位	土石方单位	1.原始地貌已经拍照留存。 2.原始地貌高程方格网已经复测。 3.地下管线。 4.邻近建筑物、构筑物保护要求。 5.移交坐标、高程点位	对于山地别墅土石方成分需认定的，应先与土石方单位达成共识
2			土石方平基（基坑）移交总包	土石方单位	总包	1.平基标高复测到位（正负30cm）。 2.边界是否到位（建筑边线外800m工作面）。 3.边坡按设计处理到位。 4.路基碾压、路基标高、路基线性达到设计要求	对于山地别墅施工道路尽可能与小区道路重合，作为小区正式道路基层使用
3			桩基单位移交总包	桩基、支护单位	总包	1.桩基已经按设计完成，各类检测已完成。 2.边坡支护已按设计完成，通过验收	
4		防水（基础）	基础防水进场移交	总包	防水	1.基层清理、修补补强；基层平整光滑。 2.抗浮锚杆钢筋朝向、角度调整完成	三根钢筋两两之间约120度
5			基础防水完成后移交	防水	总包	1.防水隐蔽验收完成。 2.抗浮锚杆钢筋与防水相交节点全部处理完成	按防水固化图节点大样处理并验收
……			……	……	……	……	……

6.实测实量

（1）实测实量组织体系见表7-11。

实测实量组织体系　　表7-11

级别	组别	检查责任人	检查比例	检查频率	结果处理
一	施工单位	项目经理+技术负责人+质检员	100%	随施工进度及时检查	问题整改，持续改进，结果上报项目监理部
二	项目监理部	项目总监+项目监理人员	见实测实量比例及时间表		结果上报项管部

（2）实测实量分类及内容见表7-12。

实测实量分类及内容　　表7-12

序号	检查项目		实测实量内容	检查比例	实测实量时间
1	工程测量		1.工程成果测量核查	100%	交点后及时复测
			2.工程定位测量核查	100%	施工测量自检合格后复测
			3.沉降观测	100%	按沉降观测方案
			4.轴线偏差控制	100%	基础结构完成后，每层（或施工段）结构施工前
			5.标高（含平整度）、垂直度测量控制	垂直度100% 标高50% 平整度30%	基础结构完成后；每层（或施工段）结构施工后
2	混凝土结构		1.墙、柱截面尺寸偏差	住宅工程按当地住宅分户验收标准执行，公建按30%	结构拆模后每层（或施工段）进行
			2.墙、柱垂直度		
			3.墙、柱表面平整度		
			4.楼板厚度及裂缝		
			5.顶板平整度		
			6.预留预埋位置及尺寸核查		
3	砌筑工程		1.砌体垂直度	住宅工程按当地住宅分户验收标准执行，公建按30%	按工程检验批
			2.表面平整度		
			3.门、窗洞口尺寸偏差		
4	楼、地面面层	整体面层	1.空鼓、裂缝、麻面、起砂	住宅工程按当地住宅分户验收标准执行，公建按30%	按工程检验批
			2.表面平整度（有排水坡度要求面层的坡度）		
			3.室内净高偏差		
			4.顶板水平极差		
			5.方正度		
		板块面层	1.粘接层空鼓、松动		
			2.表面平整度、坡度		
			3.板块的色泽、裂纹、掉角、缺楞等		
			4.镶嵌正确，接缝高低差、顺直		
			5.方正度		
5	墙面	抹灰	1.裂缝、空鼓	住宅工程按当地住宅分户验收标准执行，公建按30%	按工程检验批
			2.墙面垂直度		
			3.墙面平整度		

续表

序号	检查项目		实测实量内容	检查比例	实测实量时间
5	墙面	抹灰	4.房间开间/进深偏差	住宅工程按当地住宅分户验收标准执行，公建按30%	按工程检验批
			5.户内门洞尺寸偏差		
			6.阴阳角方正		
		饰面砖（板）	1.粘接层空鼓、松动		
			2.墙面垂直度		
			3.墙面表面平整度		
			4.饰面砖的色泽、裂纹、掉角、缺楞等		
			5.镶嵌正确，接缝高低差、顺直		
			6.阴阳角方正		
6	顶棚	抹灰顶棚	1.裂缝、空鼓	住宅工程按当地住宅分户验收标准执行，公建按30%	按工程检验批
			2.顶板水平极差		
		吊顶顶棚	1.裂缝、空鼓		
			2.吊顶顶板水平极差		
7	门、窗安装		1.进出墙的位置	住宅工程按当地住宅分户验收标准执行，公建按30%	按工程检验批
			2.型材拼缝宽度、高度差		
			3.外窗台高度		
			4.开启性能		
			5.防水性能		
8	栏杆		1.栏杆高度、栏杆间距	住宅工程按当地住宅分户验收标准执行，公建按30%	按工程检验批
			2.栏杆玻璃厚度		

（3）实测实量的结果处理。

1）对实测实量结果超过允许偏差的应按编制方案进行处理。

2）周期性对实测实量数据进行评价，通过存在的问题，从工艺方法、材料、工具、人、管理制度等进行分析，提出改进的措施，提升后续施工成果的实测实量合格率，保证工程质量。

7.成品保护

（1）成品保护方案的编制。

项目开工前由施工单位编制专项施工方案，经项目监理部审批后实施。

（2）成品保护的审核、实施要点。

1）对交叉作业的施工进度计划统筹安排与现场协调。

深入了解工程施工工序并在需要时根据实际情况进行调整，事先制定好成品保护措施，避免或减少后续工序造成前一工序成品的损伤和污染。一旦发生成品的损伤或污染，要及时采取有效措施处理，保证进度和质量。

2）工序交接检制度。

①各工序、分包的交叉作业或流水施工做到先交接后施工，使前后工序的质量和成品保护责任界定清楚，便于成品损害时的责任追究。

②在某区域完成任务后，须书面提出作业面移交申请，批准后办理作业面移交手续。

（3）成品保护责任制度。

施工过程中应坚持"谁施工、谁保护"，"保护自己的成品、不破坏他人的成品"，"谁破坏、谁赔偿"，"谁施工，谁维修"的原则。

（4）成品和设备保护巡查制度。

1）每天对各类成品进行检查，发现有异常情况立即进行处理，不能及时处理的立即上报，研究制订切实可行的弥补措施。

2）每周定期进行安全、质量、文明施工等检查时，也要把成品保护的执行情况一并纳入。

（5）成品和设备损害追查、补偿、处罚制度。

对任何成品或者设备损害事件，总包单位将予以调查处置，由失误造成的损害照价补偿，对故意破坏将加重处罚，甚至追究肇事者的法律责任。

（6）成品和设备保护举报与奖罚制度。

项目现场将设置举报电话和举报箱，对于署名举报者能够及时真实举报的，一经查实将给予一定的经济奖励。

（7）进入楼层或房间施工、检查、视察的许可制度。

1）当施工形象进度达到一定程度时，各楼层和主要房间将对进入该区的人员实行进入准许制度，以杜绝人为的产品损害事件发生。

2）防止无关人员进入成品保护区，凡需进入保护区域者，需经成品保护小组同意，否则不得放行。

（8）主要设备物资进场的验收或代管交接制度。

总包单位将对建设单位或其他指定分包单位，以及自身采购的设备、物资实行进场验收和代管手续办理制度。

（9）成品保护培训教育制度。

1）总包单位将对全部进场的施工人员或视察人员进行相关培训教育工作。

2）定期对管理和操作人员进行成品半成品保护教育。增强员工成品保护意识，自觉保护成品。

三、质量缺陷与事故处理

（一）质量缺陷处理

1. 质量缺陷分类

分为一般质量缺陷和严重质量缺陷。

2. 一般质量缺陷

（1）要求施工单位在开工前编制一般质量缺陷专项方案，报项目监理机构和项目咨询机构审批。

（2）一般质量缺陷专项方案中应包含质量缺陷的控制方法及处理措施等内容；质量缺陷的处理不应降低质量标准和验收标准。

（3）一般质量缺陷发生时，监理工程师应下发监理通知，督促施工单位按审批的质量缺陷专项方案中的处理方法进行修补。

（4）对于下道工序无影响的一般质量缺陷可由施工单位适时处理。

（5）项目监理机构应对质量缺陷处理过程进行跟踪，对处理结果进行验收。

3. 严重质量缺陷

（1）对于严重质量缺陷发生时，应要求施工单位立即提交质量问题报告，说明发生严重质量缺陷的部位、严重程度，拟采取的紧急措施。

（2）项目监理机构应下发监理通知，并组织施工单位对严重质量缺陷的原因进行调查，评估质量问题的严重程度。

（3）施工单位根据调查结果编制严重质量缺陷整改专项方案，该方案须得到设计院等相关单位的书面认可。

（4）项目监理机构根据整改方案对施工单位的处理过程进行旁站监督。施工单位处理完成后应书面告知项目监理机构。总监理工程师应组织项目咨询机构、施工、设计等单位进行重新验收。

（5）对严重质量缺陷应要求施工单位立即进行处理。对于故意拖延或处理不当的严重质量缺陷部位，项目监理机构应立即下发工程暂停令。

（二）质量事故处理

1. 质量事故分类

根据工程质量事故造成的人员伤亡或者直接经济损失，工程质量事故分为4

个等级。

2. 质量事故报告

工程质量事故发生后，事故现场有关人员应当立即向工程建设单位负责人报告；工程建设单位负责人接到报告后，应于1小时内向事故发生地县级以上人民政府住房和城乡建设主管部门及有关部门报告。

情况紧急时，事故现场有关人员可直接向事故发生地县级以上人民政府住房和城乡建设主管部门报告。

工程质量事故发生后，项目咨询机构应要求总监理工程师签发工程暂停令，并要求施工单位采取防治事故扩大的措施，并保护好现场。

事故报告应包括下列内容：

（1）事故发生的时间、地点、工程项目名称、工程各参建单位名称。

（2）事故发生的简要经过、伤亡人数（包括下落不明的人数）和初步估计的直接经济损失。

（3）事故的初步原因。

（4）事故发生后采取的措施及事故控制情况。

（5）事故报告单位、联系人及联系方式。

（6）其他应当报告的情况。

3. 质量事故调查

项目的咨询机构应配合事故调查小组的事故调查，提供客观的证据、资料。

4. 质量事故处理

根据质量事故调查报告或质量事故调查组提出的处理意见，项目监理机构应要求施工单位送报经设计等相关单位认可的技术处理方案。质量事故技术处理方案一般由施工单位提出，经原设计单位签认，并报设计单位批准。对设计结构安全和加固处理等重大技术处理方案，一般由设计单位提出，必要时，应要求相关单位组织专家论证，以确保处理方案可靠、可行，并满足结构安全和施工功能的要求。

技术处理方案经相关各方签认后，项目监理机构应要求施工单位制定详细的施工方案并实时处理。项目监理机构对处理过程进行跟踪检查，对处理结果进行验收。必要时应组织有关单位对处理结果进行鉴定。

质量事故处理完后，具备复工条件时，施工单位向项目监理机构报送工程复工报审表及相关材料，总监理工程师审核并签署意见，报建设单位批准后，签发工程复工令。

四、质量管理工作月度考核

项目咨询机构的项目技术负责人每月末应组织项目工程师、总监理工程师、监理工程师、总包（分包）单位项目技术负责人等对当月的项目质量情况进行检查考核，考核的主要内容为：

（一）专项施工方案的编制与审核

（1）是否有专项施工方案。

（2）专项施工方案的编制与审核程序是否完善。

（3）专项施工方案的内容是否有针对性。

（二）当月施工部分的质量交底情况

（1）是否进行质量交底。

（2）质量交底的流程是否符合要求。

（3）质量交底的记录是否齐全。

（三）当月施工部分的固化图实施情况

（1）有固化图要求的工序是否有固化图。

（2）固化图的手续是否齐全。

（3）是否按固化图施工。

（四）当月施工部分的样板实施情况

（1）工序是否执行了样板。

（2）是否进行了样板点评。

（3）样板点评纪要是否完整。

（五）当月施工部分的工序界面移交情况

（1）是否有界面移交的资料。

（2）移交的内容、数据是否明确。

（3）移交的签字是否完善。

（六）当月的原材料、构配件、设备的验收情况

（1）原材料、构配件、设备是否报验。

（2）原材料、构配件、设备是否按要求进行见证送样，送样结果是否符合要求。

（3）原材料、构配件、设备验收资料是否齐全，签字是否完善。

（七）分部、分项工程、检验批、隐蔽工程的验收情况

（1）验收是否符合检验批的划分要求。

（2）验收是否及时。

（3）验收的资料内容填写、签章是否符合要求。

（4）分部、分项工程的验收纪要是否完整。

（八）实体工程质量情况

（1）对实体工程进行实测实量，与已完成的数据进行对比。

（2）对实体工程观感质量抽查，检查存在的质量缺陷是否按要求进行处理，资料是否齐全，程序是否符合要求。

（3）对实体工程的成品保护执行情况进行检查。

项目咨询机构应根据考核内容制定相关的考核用表，质量考核应进行定量考核，通过量化得分评价项目本月的质量情况。每月考评结果应汇报建设单位，对于存在的问题应发监理通知，要求各单位进行整改。

第五节　现场安全管理

现场的安全管理，就是在项目实施工程中，组织安全生产的全部管理活动。通过对项目实施安全状态的控制，使不安全的行为和状态减少或消除，以使项目工期、质量和造价等目标的实现得到充分的保障。

安全管理的中心问题是保护项目实施过程中人的安全与健康，保证项目顺利进行。安全管理过程中，应正确处理四种关系，坚持六项基本原则。

（一）正确处理四种关系

（1）安全与危险并存。安全与危险在同一事物的运动中是相互独立的，相互依存而存在的。因为有危险，才需要进行安全管理，以防止危险的发生。安全与危险并非是等量并存，而是随着事物的运动变化而不断变化。

（2）安全与项目实施过程的统一。在项目实施过程中，如果人、物、环境都处于危险状态，则项目无法顺利进行。所以，安全是项目实施的客观要求，项目有了安全保障才能持续、稳定地进行。

（3）安全与质量的包涵。从广义上看，质量包涵安全工作质量，安全概念也包含着质量，交互作用，互为因果。安全第一，质量第一，这两种说法并不矛盾。安全第一是从保护生产要素的角度出发，而质量第一则是从关心产品成果的角度出发。安全为质量服务，质量需要安全保证。

（4）安全与速度互保。速度应以安全作保障，安全就是速度。在项目实施过程中，应追求安全加速度，尽量避免安全减速度。当速度与安全发生矛盾时，应暂时减缓速度，保证安全。

（二）坚持六项基本原则

（1）管项目同时管安全。安全管理是项目管理的重要组成部分，安全与项目实施两者存在着密切的联系，存在着进行共同管理的基础。管项目同时管安全是各级有关人员的安全管理责任。

（2）坚持安全管理的目的性。安全管理的内容是对项目中人、物、环境因素状态的管理，有效的控制人的不安全行为和物的不安全状态，消除和避免事故。达到保护劳动者安全和健康的目的。安全管理必须明确其目的，无明确目的的安全管理是一种盲目的行为。

（3）贯彻预防为主的方针。安全管理的方针是“安全第一，预防为主”。安全管理不仅是处理事故，更重要的是在项目活动中，针对项目的特点，对生产要素采取管理措施，有效地控制不安全因素的发展和扩大，将可能发生的事故，消灭在萌芽状态。

（4）坚持“四全”动态管理。安全管理与项目的所有人员有关，涉及项目活动的方方面面，涉及项目的全部过程及一切生产要素。因此，应坚持全员、全过程、全方位、全天候的“四全”动态管理。

（5）安全管理重在控制。安全管理的目的是预防、消灭事故，防止或消除事故危害，保护人员的安全与健康。安全管理有很多项内容，但对生产因素状态的控制，与安全管理目的直接相关。所以，对项目中人的不安全行为和物的不安全状态的控制，是安全管理的重点。

（6）不断完善、提高。安全管理是一种动态管理。管理活动应适应不断变化的条件，消除新的危险因素；应不断地摸索新的规律，总结管理、控制的办法与经验，指导新的变化后的管理，从而使安全管理不断地上升到新的高度。

一、安全保证体系

项目应根据项目实际情况明确项目的安全管理目标，实现项目安全管理可控，消除重大安全管理风险。

（一）管理职责

1.建设单位、咨询机构的安全管理职责

（1）项目负责人对项目的安全管理负有直接管理责任，咨询方负责人是项目安全生产第一责任人，负责项目安全生产管理工作的执行和落地。

（2）制定项目安全管理目标并完成安全管理目标分解，管理目标纳入合同文件并于进场后签订《安全生产目标责任状》。

（3）负责项目安全管理组织架构的搭建和更新。

（4）负责建立项目级安全生产应急预案，定期组织安全生产应急预案演练。

（5）负责组织项目安全检查，落实安全检查发现的安全隐患整改。

（6）配合进行安全事故的调查分析和处理。

2.监理单位安全管理职责

（1）监理单位对建设工程安全生产承担监理责任，总监理工程师为该工程安全监理第一责任人，负责制定安全生产管理监理实施细则，安全专业监理为该工程安全监理主要责任人，负责协助总监理工程师完成项目日常安全监理工作。

（2）负责审查施工单位现场安全生产规章制度的建立和实施情况，并应审查施工单位安全生产许可证及施工单位项目经理、专职安全生产管理人员和特种作业人员的资格。

（3）负责审查施工组织设计中的安全技术措施、重大危险源及危险性较大的分部分项工程的安全方案。

（4）根据国家规范要求，做好巡视、旁站等安全监管工作。

（5）做好安全日检，每周组织项目安全专项检查。

（6）每周组织安全监理例会，对存在问题进行分析总结并跟踪落实整改。

（7）发现重大安全隐患时，及时叫停现场施工并逐级向上反馈。

3.总（分）包单位安全管理职责

（1）总承包单位对施工现场的安全生产负总责，总承包单位项目经理为该工程施工安全管理第一责任人，总承包单位安全负责人负责协助项目经理完成承包范围内安全管理日常工作。依法将建设工程分包给其他单位的，分包单位项目经理为该分包工程施工安全管理第一责任人，总分包合同中应当明确各自的安全生产方面的权利、义务，并签订安全生产协议。

（2）负责编制安全文明施工方案，建立安全生产规章制度，并报监理单位审核。

（3）上报重大危险源及危险性较大的分部分项工程清单，施工前完成方案审批或专家论证，经施工单位公司总工、技术负责人、总监理工程师签字后实施。

（4）按照国家法律法规要求，对相关人员做好安全技术交底，并留存记录。

（5）按照规范及合同要求，落实安全日检、安全周检、专项安全检查等工作。

（6）按时参加安全例会，对建设单位、监理单位检查提出的问题落实整改。

（7）为施工现场全部作业人员办理意外伤害保险。

（二）建立安全管理制度

1.落实安全生产责任制

关键岗位人员签署安全生产责任书。

2.项目应建立以下安全管理制度

（1）安全目标管理制度。

（2）安全交底制度。

（3）安全教育制度。

（4）持证上岗制度。

（5）安全专项方案审批制度。

（6）安全定期、不定期检查制度。

（7）安全验收制度。

（8）危险性较大的分部分项工程管理制度。

（9）分包单位安全管理制度

（10）危险源辨识与监控制度。

（11）应急救援制度。

3. 安全生产资质管理

（1）总（分）包单位应提供与项目情况匹配的安全生产资质文件及人员组织架构。

（2）安全岗位人员配置见表7-13。

安全岗位人员配置　　表7-13

单位	配置部门	专职/兼职	配置标准
建设	项目部	兼	设置1名兼职安全工程师
监理	项目部	专	至少设置1名专职安全专业监理
总承包	项目部	专	（1）1万m^2以下的工程不少于1人 （2）1万～5万m^2的工程不少于2人 （3）5万m^2及以上的工程不少于3人，且按专业配备专职安全生产管理人员 （4）15万m^2的工程不少于4人，且每增加10万m^2增加1名专职安全生产管理人员
分包	项目部	专	（1）专业承包单位应当配置至少1人，并根据所承担的分部分项工程的工程量和施工危险程度增加 （2）劳务分包单位施工人员在50人以下的，应当配备1名专职安全生产管理人员；50～200人的，应当配备2名专职安全生产管理人员；200人及以上的，应当配备3名及以上专职安全生产管理人员，并根据所承担的分部分项工程施工危险实际情况增加，不得少于工程施工人员总人数的5‰

（3）建立特种作业人员及其他持证人员管理台账。及时更新，确保项目关键人员持证上岗。

二、安全交底与安全教育

1. 安全交底清单

根据项目情况编制项目安全交底清单，清单应对安全管理制度、所有工序及安全专项方案需进行安全交底。

2. 安全交底的程序及内容。

（1）建设单位应就安全管理目标、合同规定的安全管理要求对监理单位、施工单位等参建单位进行交底。

（2）施工单位安全专项方案编制人员或项目技术负责人应当向施工现场管理人员、工人进行方案交底。交底与接受交底人员应签署交底资料。

（3）监理单位总监理工程师应向监理项目人员进行交底，要求所有监理人员认识安全管理的重要性，熟悉项目的安全风险及管控。

3.安全教育

安全教育要求见表7-14。

安全教育要求 **表7-14**

序号	类别	受教育人员	教育人员	教育时间要求	成果文件
1	入场教育	新入场员工	总包安全员	新工人进场作业前	三级教育相关资料
2	特殊作业	特殊作业人员	总包安全员	特殊作业施工前	考核试卷、影像资料
3	主要负责人安全教育	主要负责人、安全管理人员	总包单位公司安全部	季度教育	考核试卷、影像资料
4	安全晨会	施工人员	总包班组长	每天进行	水印影像资料、微信工作群发布

三、危险性较大的分部分项工程管理

1.前期保障

（1）勘察单位。在勘察文件中说明地质条件可能造成的工程风险，列出危险性较大分部分项工程清单。

（2）设计单位。应当在设计文件中注明涉及危险性较大的分部分项工程的重点部位和环节，提出保障工程周边环境安全和工程施工安全的意见，必要时进行专项设计，列出危险性较大的分部分项工程清单。

（3）建设单位。

1）建设单位应当组织勘察、设计等单位在施工招标文件中列出危险性较大的分部分项工程清单，要求施工单位在投标时补充完善危险性较大的分部分项工程清单并明确相应的安全管理措施。

2）建设单位应当按照施工合同约定及时支付危险性较大的分部分项工程施工技术措施费以及相应的安全防护文明施工措施费。

3）建设单位在申请办理施工许可手续时，应当提交危险性较大的分部分项工程清单及其安全管理措施等资料。

2.危险性较大的分部分项工程判定

（1）开工前全面判定。

建设单位在正式开工前，应组织并会同施工、监理单位，邀请不少于3名相关专业专家，对项目中危险性较大的分部分项工程开展不少于1次全面判定工作，形成《危险性较大的分部分项工程全面判定表》。

（2）施工中动态判定。每月开展至少1次对项目存在的危险性较大的分部分项工程的动态判定工作，形成《危险性较大的分部分项工程动态判定表》，示例表见表7-15。

判定示例表 表7-15

序号	类别	危险性较大分部分项工程范围	具体类别（填序号）	超过一定规模的危险性较大的分部分项工程范围	具体类别（填序号）	工程部位	预计周期	
							开始日期	结束日期
1	基坑工程	1.开挖深度超过3 m（含3m）的基坑（槽）的土方开挖、支护、降水工程。 2.开挖深度虽未超过3m，但地质条件、周围环境和地下管线复杂，或影响毗邻建、构筑物安全的基坑（槽）的土方开挖、支护、降水工程		开挖深度超过5m（含5m）的基坑（槽）的土方开挖、支护、降水工程		白沙立交挡土墙、桥台开挖 接线立交挡土墙、桥台开挖 茶园立交挡土墙、桥台开挖 兴塘立交挡土墙、桥台开挖 白沙立交A、B匝道车行地通道 兴塘立交1号、2号人行及1号、2号车行地通道		
2								
3								
……								

3.危险性较大的分部分项工程方案管理

（1）方案编制。

建筑工程实行施工总承包的专项方案应当由施工总承包单位组织编制。其中，建筑起重机械安装拆卸、深基坑、附着式升降脚手架、建筑幕墙安装、钢结构（网架、索膜结构）安装、地下暗挖、水下作业等专业工程实行分包的，其专项施工方案可由专业承包单位组织编制。

（2）方案审核。

1）总包单位：由施工单位技术负责人组织本单位施工技术、安全、质量等部门的专业技术人员进行审核。

2）监理单位：由项目总监理工程师对方案的合规性、技术性、针对性、可实施性方面对方案进行审核。

3）分包单位：专业分包单位技术负责人签字盖单位法人公章后，报施工总承包单位技术负责人组织审核。

4）建设单位：建设单位项目负责人应对危险性较大的分部分项工程方案进行审核。

方案由施工总承包单位技术负责人签字并盖单位法人公章，后报监理单位审核，审核合格的由项目总监理工程师审核签字、加盖执业印章和监理单位法人公章。

（3）方案论证。

超过一定规模的危险性较大的分部分项工程应进行方案专家论证。

1）论证组织。实行总承包的，由施工总承包单位组织召开专家论证会。论证前，方案应完成项目参与各方的审核工作。

2）参与人员。

①专家。

②建设单位项目负责人、项目技术负责人。

③监理单位项目总监理工程师及专业监理工程师。

④总承包单位和分包单位技术负责人或授权委派的专业技术人员、项目负责人、项目技术负责人、专项施工方案编制人员、项目专职安全生产管理人员及相关人员。

⑤特别复杂、施工工艺难度较大或属于新技术的专项方案论证，施工单位分管安全的负责人应参加会议。

⑥有关勘察、设计单位项目技术负责人及相关人员。

⑦建设行政主管部门相关人员。

4.分部分项工程交底

（1）施工单位编制人员或者项目技术负责人应当向施工现场管理人员进行方案交底。建设单位、监理单位、监测单位等应派相关技术人员参加，监理单位应核查交底记录。

（2）施工现场管理人员应当向作业人员进行安全技术交底，与项目专职安全生产管理人员共同签字确认。

（3）总监理工程师应向现场监理人员进行交底。要求所有监理人员认识危险性较大的分部分项工程管理的重要性，熟悉项目危险性较大的分部分项工程质量技术标准，安全措施。

5.危险性较大的分部分项工程实施过程管理

（1）施工大门现场显著位置设置危险性较大的分部分项工程公告牌，公告危险性较大分部分项工程名称、施工时间和具体责任人员，并在危险区域设置安全警示标志。

（2）危险性较大的分部分项工程施工作业人员进行实名制登记管理（核查台账）。项目负责人、专职安全生产管理人员应在现场履职。

（3）管理人员及作业人员资质必须符合要求。

（4）危险性较大的分部分项工程实施过程巡视内容，见表7-16。

巡视内容表 **表7-16**

单位工程名称		危险性较大分部分项工程名称	明挖深基坑
巡视具体区域		该工程所属施工阶段	

1.在施工现场____________处已公告危险性较大分部分项工程名称、施工时间和具体责任人员。□未按照要求设置危险性较大分部分项工程公告牌。

2.在________危险区域设置了_______安全警示标志。安全标志设置存在问题，详见以下主要问题：__________

3.施工安全生产管理人员对专项施工方案实施情况进行现场监督。无安全生产管理人员实施现场监督。（抽查安全管理人员监督记录）

4.抽查作业人员____________，共______人，其中______人已经安全技术交底。□安全交底存在问题，详见后附主要问题：____________________

5.抽查特种作业人员________________，______人，其中______人，证件符合。□特种作业人员存在问题，详见后附主要问题：____________________

6.现场按照专项施工方案实施，方案确需调整的已按原程序重新审批。现场未按方案实施，具体巡视检查以下内容：

（1）基坑内是否积水：□不积水　□积水（排水是否及时____________）；

（2）基坑开挖放坡符合方案要求否：□不符合　□符合；

（3）土方开挖后暴露时间是否超过方案所定的12小时未架设内支撑：□有（要求按下发的监理指令进行施工内支撑）□没有；

（4）内支撑滞后根数______根；

（5）支撑防坠落措施是否符合要求：□不符合（存在问题：________________________）□符合；

（6）桩间挂网喷锚是否及时：□不及时（存在问题：______________________________）□及时；

7.施工现场周边环境未发现异常；现场发现异常的，主要巡视检查以下内容：

（1）开挖面地质是否与地勘相符：□相符　□不相符（是______地层）；

（2）支护墙或桩壁有无渗水：□有带泥砂渗漏水　□有清澈的渗漏水（采取______处理）□无渗漏水；

（3）基坑周边是否有超堆载现象：□有堆或超载（要求______处理）□无堆或超载；

（4）基坑四周排水是否通畅：□通畅　□不通畅（存在不通畅原因：____________；要求____________；）

（5）周边建筑物有无发生明显开裂与变形情况：□无　□有；

（6）周边道路有无明显的沉降与开裂：□无　□有；

（7）周边管线有无明显的变形或渗漏水或漏气现象　□无　□有

8.第三方监则和施工监测符合要求，数据无异常，口监测存在问题，详见以下巡视检查内容：

（1）基坑内支撑轴力监测是否异常：□无异常　□异常（累计值：________；变形速率：________）；

（2）桩体或墙体水平位移监测是否异常：□无异常　□异常（累计值：________；变形速率：________）；

（3）地表沉降监测是否异常：□无异常　□异常（累计值：________；变形速率：________）；

（4）管线监测是否异常：□无异常　□异常（累计值：________；变形速率：________）；

（5）建筑物监测是否异常：□无异常　□异常（累计值：________；变形速率：________）；

续表

9.抽查施工单位已建立危险性较大分部分项工程安全管理档案。档案建立存在问题，详见后附主要问题：_____ 10.需验收的危险性较大的分部分项工程进入下道工序或投入使用前已按规定组织验收，并设置验收标识牌；安全验收存在问题，详见后附主要问题：____________________ 11. 其他情况(应急与处置等)：是否存在监测数据预警：□无　□有(□黄　□橙　□红)；是否存在现场巡视状况预警：□无　□有(□黄　□橙　□红)；是否存在监测数据超控制的：□无　□有(累计值_____变形速率_____，具体的监测点类别及编号：______________)

(5)分部分项工程所使用的材料应进行报验，需要复检的材料应及时进行抽样送检。检查现场所使用的材料是否和方案中参数一致，是否和检测报告参数一致，必须三者相同。

(6)项目监理应对施工方案中的重要参数进行全面细致的检查，确保施工安全。方案中的重要参数作为重点检查内容，进行检查、销项、反馈；检查验收提出的问题应记录并规定整改时间。

(7)危险性较大的分部分项工程旁站，见表7-17。

危险性较大的分部分项工程旁站记录表　　　　表7-17

日期：	气候：	工程地点：
旁站监理的部位或工序：		
旁站监理开始时间：		旁站监理结束时间：
施工情况： 1.施工时间：　年　月　日　时至　月　日　时 2.现场施工负责人_______现场技术(质检)负责人_______现场工人_______人 3.钢支撑直径______cm，壁厚______mm，长度______m，第______道第______根；钢支撑安装预加顶力______MPa； 4.所有钢材均已通过试验：合格□　不合格□		
监理情况： 1.钢支撑直径_______cm，壁厚：_______mm，长度_______m，第_______道第_______根； 2.钢支撑Q235钢□，焊条E43□，楔块45号钢□ 3.钢支撑整根轴线偏差________mm、________mm、________mm；钢支撑位置高程安装误差不大于50mm，实际误差_________mm、_________mm、_________mm；钢支撑位置间距安装误差不大于100mm，实际误差________mm、________mm、________mm； 4.钢支撑安装预加预力_______MPa；千斤顶及压力表已标定□未标定□，表号_______，顶号_______；油表读数_______MPa；多台千斤顶是否同时施工加顶力□，未同时施工加顶力□　轴力计规格型号_______；轴力计编号：_______ 5.围檩与围护结构密贴□　未密贴□，用C30细石混凝土填缝□　未填缝□； 6.钢管纵向螺栓连接□，螺栓个数_____个，螺栓规格 ϕ _______mm； 7.其他：		
发现问题：		
处理意见：		
备注：		

(8) 加强对危险性较大的分部分项工程施工监理管控力度，监理机构发现施工单位未按专项施工方案实施时，应要求施工单位整改。发现存在安全隐患的，应要求施工单位整改；情况严重的，应要求施工单位暂停施工，并及时报告建设单位。施工单位拒不整改或者不停止施工的，监理机构应及时向有关主管部门报告。

(9) 监理机构也可以结合月度质量安全大检查和不定期的专项检查活动，开展对各专项施工方案实施情况的跟踪检查，对存在的问题或隐患，以通报或通知形式下发，进一步督促施工单位严格按经审批的专项施工方案实施，并实行闭环管理。

(10) 监测。施工单位监测按专项方案中的监测内容自行进行监测。第三方监测由建设单位委托具有相应勘察资质的单位进行监测。监测单位编制监测方案，由监测单位技术负责人审核签字并加盖单位公章，报送监理单位审批后方可实施。监测单位按监测方案向建设单位报送监测成果。

6.危险性较大的工程验收管理

(1) 根据危险性较大分部分项工程的实施，按分阶段验收、隐蔽验收、方案实施的总体验收组织验收。

(2) 验收人员应包括：建设单位项目负责人；监理单位项目总监理工程师及专业监理工程师；总承包单位和分包单位技术负责人或授权委派的专业技术人员、项目负责人、项目技术负责人、专项施工方案编制人员、项目专职安全生产管理人员及相关人员；有关勘察、设计和监测单位项目技术负责人；建设行政主管部门相关人员。

7.危险性较大的分部分项工程资料管理

(1) 施工单位必须建立危险性较大的分部分项工程安全管理档案，收集危险性较大的分部分项工程判定、专项施工方案及审核、专家论证、交底、现场检查、验收及整改等相关资料，周月检时应对安全资料进行检查。

(2) 监理单位必须建立危险性较大的分部分项工程安全管理档案，收集实施细则、专项施工方案审查、专项巡视检查、验收及整改等相关资料。

(3) 建设单位应保留危险性较大的分部分项工程管理资料。

四、特种设备的安全管理

(1) 进场前。考察、选定租赁单位和设备，核查单位安装、维保、租赁资质。

(2) 进场验收。对设备进行进场验收，核查关键部位，核查设备备案资料。

(3) 安装。对安装人员证件进行核查，参与安全交底，监理旁站，设置警戒区，开启扩音器，严禁辅助人员参与安装。

(4)安装单位自检、第三方检测。在获得检测报告前设备严禁投入使用。

(5)总包单位组织验收，形成书面验收记录。

(6)使用及维保。司机每班检查，产权单位定期检查、保养、维修，并留视频记录。

(7)拆除退场。办理拆除告知，报审专项方案，持证上岗，现场警戒。

五、现场安全检查

(一)定期安全检查

定期安全检查要求详见表7-18。

定期安全检查表 表7-18

序号	检查类型	检查人员	检查频次
1	项目安全日检	监理、总包、分包安全员	每日检查
2	项目安全周检	项目咨询机构、总包及监理安全管理人员、总包项目经理、总监理工程师	每周检查
3	项目安全月检	项目咨询机构、总包及监理安全管理人员、总包项目经理、总监理工程师	每月检查

(二)专项安全检查

专项安全检查要求详见表7-19。

专项安全检查表 表7-19

序号	检查类型	检查人员	检查频次
1	项目停工检查	项目咨询机构、总包及监理安全管理人员、总包项目经理、总监理工程师	停工前检查
2	项目复工检查	项目咨询机构、总包及监理安全管理人员、总包项目经理、总监理工程师	复工前检查
3	雨期安全检查	项目咨询机构、总包及监理安全管理人员、总包项目经理、总监理工程师	雨季施工前检查
4	冬期安全检查	项目咨询机构、总包及监理安全管理人员、总包项目经理、总监理工程师	冬季施工前检查
5	节假日安全检查	项目咨询机构、总包及监理安全管理人员、总包项目经理、总监理工程师	节假日前检查
6	项目其他类安全专项检查	项目咨询机构、总包及监理安全管理人员	依据重大危险源实施情况和季节性管理自行拟定

（三）现场安全检查要求

（1）所有安全检查应形成书面检查记录，明确整改时间并要求检查人员、责任人员签字确认。

（2）所有检查整改必须有书面的回复，回复应针对所有检查问题点位。

（3）监理在确认整改结果后签署检查整改回复。

六、现场安全管理考核

项目咨询机构项目负责人应组织项目工程师、总监理工程师、监理工程师、施工单位项目经理、专职安全人员等每月对的项目安全管理情况进行检查考核，分为资料与实体二部分，考核的主要内容为：

（1）安全管理人员、特种人员的持证、到岗情况。

（2）安全交底及安全教育的落实情况。

（3）安全专项方案的审批及执行情况。

（4）危险性较大的分部分项工程实施情况。

（5）特种设备的使用、维保情况。

（6）日常安全检查发现的安全隐患的整改落实情况。

（7）项目的文明施工执行情况。

（8）当地建设行政主管部门对现场安全管理的其他要求的执行情况。

第六节　现场进度管理

一、影响进度的原因

项目能否在预定的时间内完成，是项目最为重要的问题之一，也是进行项目管理所追求的目标之一。进度管理就是采用科学的方法确定进度目标，编制进度计划和资源供应计划，进行进度控制。

影响进度的原因主要有以下几种：

1. 对项目实现的特点及实施条件分析不够

（1）低估技术上存在的问题。

（2）低估了项目实施过程中各项目参与者之间协调的困难。

（3）对环境因素、物资供应条件、市场价格变化趋势了解不够等。

2.盲目确定工期目标

3.进度计划缺乏科学性，指导性差

进度计划未认真交底，操作者不能切实掌握计划的目的和要求，以致贯彻不力；未考虑计划的可变性，认为一次计划就可以一劳永逸，致使计划缺乏贯彻的基础而流于形式；项目实施者不按计划执行，凭经验办事，使编制的计划徒劳无益，不起作用。

4.项目参与者的工作失误

设计进度拖延；突发事件处理不当；项目参与各方关系协调不顺等，参建各方相互影响和制约。任何一个单位工作的滞后都将对施工进度产生影响。因此，控制进度不仅要考虑施工单位的施工速度，还应与有关的工作进度相互协调配合，才能有效地控制项目建设的进度；对于施工单位无法进行协调控制的工作，则在进度计划上应留有足够的机动时间。

5.设计变更因素的影响

设计变更因素是进度执行中的最大干扰因素，其中包括建设单位在项目实施中改变了部分工程，大量增加或减少了施工工作量；设计图纸的错误或变更打乱原定的施工进度计划，致使施工进度滞后或停顿。

6.材料物资供应进度的影响

施工中需要的材料和机具设备如果不能按期运抵施工现场或运到现场后发现其质量不满足合同中规定的技术标准，都会对施工进度产生影响。

7.资金原因

施工的顺利进行必须有足够的资金作保障，施工过程中建设单位要按期付给施工单位工程进度款，如果建设单位出现资金短缺的情况，将会直接影响到施工单位的施工速度。项目建设初期，需动用大量的流动资金用于材料的采购，设备的订购与加工以及临时工作和其他准备工作，如果资金不足也必然影响到施工任务按计划完成。

8.不利的施工条件

施工中一旦遇到比设计和合同文件中所预计的施工条件更为困难的情况（如遇到地下水、地质断层、溶洞、沉陷等水文地质条件的变化），必然会影响到施工进度。

9.技术原因

技术原因也是影响进度的一个因素。施工单位有时会低估项目施工在技术上的困难，或者是未考虑到某些设计和施工问题的解决还需进行必要的科研和实验，而这一切既需要资金也需要时间，对新技术、新材料以及新工艺的采用，应以保证和加快施工进度并确保质量为原则。施工单位对设计意图和技术要求未能全部领会，必然导致施工的盲目性，以致出现质量缺陷，对此，监理工程师应组织技术交底和图纸会审，对疑难工程协助施工单位确定合理的施工方案，以确保项目进度目标的实现。

10.施工组织不当

施工现场情况千变万化，常因劳动力和施工机械的调配不当而影响进度计划的实现。监理工程师应协助施工单位及时作好进度计划的调整，抓住进度执行中的主要矛盾，确保进度计划的实现。

11.不可预见事件的发生

施工中如果出现恶劣的气候条件、自然灾害等不可抗力因素，会影响进度的执行。

正因为有上述因素的影响，施工阶段的进度控制就显得非常重要。在项目施工过程中，一旦监理工程师掌握了进度实施状况以及产生问题的原因后，其影响是可以得到控制的。当然，上面的某些因素，例如恶劣的气候条件或自然灾害等是无法避免的，但在大多数情况下，可以通过有效的进度管理而得到弥补。

二、进度计划

通过计划来理清工作结构及工作的层级关系，以计划为基础去实施、组织、协调、控制，保障目标实现。可分为进度时间计划、人力资源计划、资金计划等。

各种不同层次和不同性质组成的计划，形成计划体系。计划是极其重要的工作，总咨询师应该至少用一半或者更多的时间与精力编制计划和调整计划。更要强调的一点，计划不是花拳绣腿用来看的，而是用来不折不扣执行的行动纲领。计划中的每一项工作都与需要的资源（所耗的时间、人力、工具、机具等）紧密联系，计划做得越细，开展工作就越有序。

计划一方面是项目咨询机构自身的工作计划，另一方面也要严格审核其他参建各方工作计划，把参建各方编制的计划植入管理咨询工作计划之中，制订能够真实可以落到实处的总体计划（含各方的计划）。

（一）编制工程进度计划的基本要求

（1）工作内容，工作之间的逻辑关系、时间顺序、需要的工作时间。

（2）工作计划需要解决几方面问题：

1）工作深度，工作边界。

2）工作量有多少，需要哪些资源（时间、人力、资金等）。

3）工程进度计划的编制工具。

进度计划的编制一般用Project软件编制。项目经理和编制计划的专业工程师要能熟练运用Project软件。

（二）进度计划分级

1.里程碑计划

里程碑计划是用于各级领导关注的重要关键节点完成情况，以便领导层掌握。

2.总进度计划

总进度计划指根据合同约定的工期，通过对各单项工程的分部、分项工程的计算，明确工程量，进而计算出劳动力、主要材料、施工技术装备的需要量，定出各建筑物、设备的开工顺序和施工期，建筑与安装衔接时间，用进度表反映出来，作为控制进度的指导性文件之一。总之，总进度计划是施工部署在时间上的体现。其主要内容包括：单项工程、建筑安装工程、总劳动量计划。

3.分部分项工程进度计划

分部分项工程进度计划是针对工程量较大或施工技术比较复杂的分部分项工程，在依据工程具体情况所制定的施工方案基础上，对其各施工过程所作出的时间安排。如大型基础土方工程、复杂的基础加固工程、大体积混凝土工程、大型桩基工程、大面积预制构件吊装工程等，均应编制详细的进度计划，以保证单位工程施工进度计划的顺利实施。

三、进度计划审核

（一）审核施工总进度计划

审核施工单位的施工总进度计划时，不仅要审核总进度计划的编制依据，更应审核工艺工序的逻辑关系与先后顺序是否合理，还必须认真审核施工单位投入的资源（劳动力，材料进场，机具设备等）计划。充分论证进度安排的合理性和可行性，切忌只看计划表，而不顾资源配置计划。要重点审核施工总进度计划中的关键线路是否正确，最有效的方法是对关键线路上的每一项工作的工程量进行计算校对。

（二）审核分部及分项实施计划

（1）根据分部工程的工程量（工程量清单）审核资源配置，按照人、机、料等资源及劳动生产效率判断是否合理。

（2）分析分部工程插入时间需要的施工条件。

（3）分部工程审核要点。

1）统计招标投标文件中的工程量。

2）重点对关键线路上的工作，进行分析与审核，落实人、机、料的准备。

3）作管理工作进度计划。

四、进度计划检查

（一）进度管理的管控

项目咨询机构应制定进度管理的管控行为，并明确相关的要求见表7-20。

进度管理管控表 **表7-20**

责任主体	时间频率	管控行为	要求
建设单位（咨询机构）	每周	项目例会	项目负责人对各计划的执行情况进行回顾，将完成情况进行通报，制定纠偏措施并形成记录
	每月	月度进度风险分析	项目经理组织工程师对项目关键节点进行回顾，对未来（6个月）存在风险进行分析并提出相应解决措施，并梳理工程计划风险专题纪要
监理单位	每日	进度通报	对关键工序劳动力资源和进度进行通报记录
	每周	监理例会	在会议上通报各单位上周计划完成情况及偏差，并将计划完成情况及偏差正式记入会议纪要。审核总分包计划纠偏措施并报建设单位
	每月	监理月报	将当月总分包合同工期完成情况做好记录，每月在监理月报中进行通报
施工单位	每日	进度通报	向监理、建设单位通报各工序劳动力、设备及当天施工进度情况
	每周	进度周报	统计周计划完成情况，针对偏差制定纠偏措施，并上报
	每月	进度月报	统计月合同完成情况，对偏差进行情况说明，并制定纠偏措施

（二）进度计划过程反馈

（1）项目各参建单位应制定标准的进度反馈方式，定期有效的对进度执行情况进行反馈。

（2）各级管理人员应对反馈信息进行检查核对，确保反馈内容真实有效。

（三）进度计划检查、分析

对进度计划执行情况的检查、分析是工程进度控制的重要工作。主要内容包括：跟踪检查并掌握实际进度执行情况；分析产生进度偏差的主要原因。

（1）进度计划检查。

在工程实施过程中，定期或不定期地对进度计划的执行情况进行跟踪检查。

（2）进度偏差原因分析。

进度偏差就是将实际进度与计划进度进行比较而出现的偏差（超前或滞后）。出现进度偏差时，应认真分析产生偏差的原因及其对后续工作和总工期的影响。

五、进度计划调整

在工程实施过程中，将实际进度与计划进度进行对比、分析，根据出现进度偏差的大小，以及对后续工作和总工期的影响，决定是否采取相应措施对原进度计划进行调整，以确保工期目标的顺利实现。

（一）分析进度偏差对后续工作及总工期的影响

分析出现进度偏差的工作是否为关键工作，如图7-1所示。

（二）进度计划调整原则

进度计划执行过程中如果实际进度与计划进度产生偏差，则必须调整原定计划，从而使其与变化以后的实际情况相适应。由于一项工程任务由多个工作过程组成，且每一工作过程的完成往往可以采用不同的施工方法与组织方法，而不同方法对工作持续时间、费用和资源投入种类、数量均可具有不同要求，工程进度的计划安排往往可以存在多种方案。因此，对执行过程中进度计划的调整而言，则同样也会具有多种方案，进度计划执行过程中的调整究竟有无必要还应视进度偏差的具体情况而定。

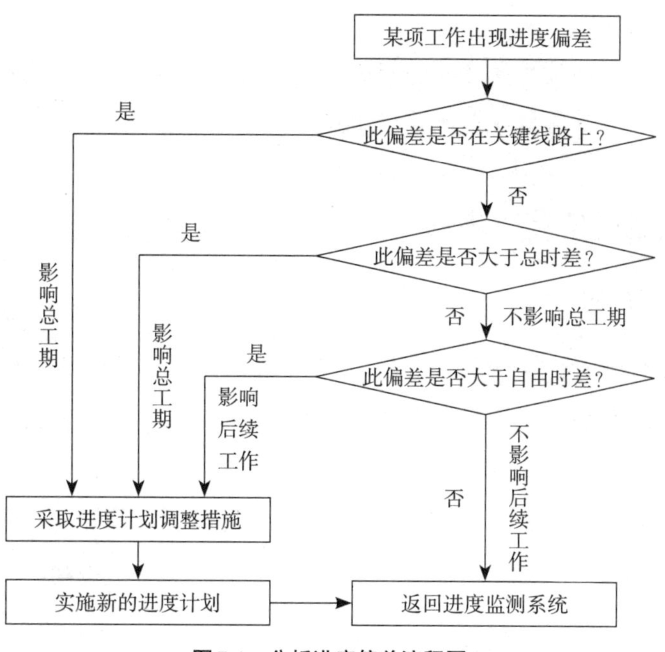

图7-1　分析进度偏差流程图

（三）进度计划调整方法

1.调整关键线路

当关键线路的实际进度比计划进度拖后时，应在尚未完成的关键工作中，选择资源强度小或费用低的工作缩短其持续时间，并重新计算未完成部分的时间参数，将其作为一个新计划实施。

2.调整工作量

（1）不打乱原网络进度计划的逻辑关系，只对局部逻辑关系进行调整。

（2）增减工作量后应重新计算时间参数，分析对原网络进度计划的影响。当对工期有影响时，应采取调整措施，以保证计划工期不变。

3.调整逻辑关系

逻辑关系调整只有当实际情况要求改变施工方法或组织方法时才可进行。调整时应避免影响原计划工期和其他工作的顺利进行。如将顺序进行的工作改为平行作业、搭接作业以及分段组织流水作业等，都可以有效地缩短工期。

4.调整工作持续时间

不改变工作之间的逻辑关系，缩短工作持续时间。当发现某些工作的原持续时间估计有误或实现条件不充分时，应重新估算其持续时间，并重新计算时间参数，尽量使原计划工期不受影响。

5.调整资源投入

对于因资源供应发生异常而引起进度计划执行的问题，应采用资源优化方法对计划进行调整，或采取应急措施，使其对工期的影响最小。

六、现场进度管理考核

(一) 管理行为考核

(1) 计划编制、审核考核。对计划编制的及时性、符合性进行考核。

(2) 管理行为考核。对项目计划管控动作是否实施到位，输出成果是否符合要求等进行考核。

(3) 对监理、施工单位的反馈动作考核，即时处罚。反馈动作的标准是否一致，频率是否符合要求，反馈信息是否正真实有效进行即时考核。

(二) 计划完成情况考核

(1) 在合同中明确计划关键节点奖罚措施，根据节点完成情况进行考核。

(2) 在项目实施过程中对计划的实施情况进行考核。

(3) 对施工单位的计划纠偏措施和计划实施态度进行考核，确定奖惩措施。

第七节　施工阶段造价动态管理

在项目实施过程中，影响合同价格发生变化的因素普遍存在，如设计变更、技术核定、工程签证、计时工、机械台班以及后续招标的专业工程、设备等超出暂定价的情况时有发生。如何管理好合同，控制好成本，是施工阶段造价控制的重要内容，主要体现在以下几方面：其一，作好合同管理及合同交底。其二，控制好工程变更程序。其三，管理好各类台账，真正实现成本的动态管理。

一、建设工程施工合同交底要点

施工合同交底是现场造价管理的有效途径，通过对合同主要内容进行分析、解释和说明，可以让合同双方明确自己权利义务界限，清楚合同条款，并遵照执行，防止因对合同不熟悉、不理解、掌握不透彻而出现违反合同的行为。

施工合同交底要点专用表使用说明见表7-21：

（1）表7-21条款是交底时通常应关注的重点内容。

（2）交底前，应结合工程实际情况，在通常基础上，进行调整完善。

施工合同交底要点专用表 **表7-21**

<table>
<tr><th>序号</th><th>重点内容</th><th>原因说明</th><th>备注</th></tr>
<tr><td colspan="4">协议书部分</td></tr>
<tr><td>1</td><td>工程内容</td><td rowspan="2">1.工程内容与承包范围两者密切相关。
2.了解本合同的工作内容和范围、与其他合同的界限、界面、界点。
3.确保工程建设内容的清晰、明了，指导工程的实施及各项管理工作。
4.是现场合同相关方关注并应掌握的重要合同内容</td><td></td></tr>
<tr><td>2</td><td>承包范围</td><td></td></tr>
<tr><td>3</td><td>合同工期</td><td>1.了解掌握合同工期目标，指导工程的进度计划及实施工作。
2.应重点关注施工过程中，对合同工期影响的原因分析与责任承担，并书面明确。
3.应处理好涉及合同工期的索赔与反索赔</td><td></td></tr>
<tr><td>4</td><td>签约合同价</td><td>1.掌握合同金额，并作出相应的人、材、物准备。
2.明确里面的暂估价，包括专业工程暂估价、材料设备暂估价、暂列金额；在进度款支付中，涉及支付累计限额时，应关注是否扣除该部分金额。
3.掌握哪些是实施范围内的，哪些是建设单位的，合同双方及相关方需要从哪些方面展开工作</td><td></td></tr>
<tr><td>5</td><td>合同价格形势</td><td>很重要，不同的合同形式，在建设过程涉及不同的管理模式（在投资控制方面）</td><td></td></tr>
<tr><td colspan="4">专用条款部分</td></tr>
<tr><td>6</td><td>为施工现场组成部分的其他场所</td><td>1.根据项目实际完善，应预估该部分场所涉及的相关费用的承担主体。
2.特别是发包人提供的临时占地不满足现场施工需要时的约定。
3.避免由此造成的不符合合同约定的签证</td><td></td></tr>
<tr><td>7</td><td>临时占地</td><td>1.根据项目实际情况，主要是涉及可能的临时占地的费用承担。
2.特别是发包人提供的临时占地不满足现场施工需要时的约定。
3.避免由此造成的不符合合同约定的签证</td><td></td></tr>
<tr><td>8</td><td>工程量清单错误的修正</td><td>1.按规定发包人应对其提供的工程量清单质量负责，此条就是为发包人提供的清单出现问题时的处理原则及办法。
2.由于清单错误不单纯是错误，可能涉及承包人的不平衡报价，虽然不平衡报价是承包人的权利，但发包人也有权利限制承包人不平衡报价，可在此条就不平衡报价作出限制与约定。
3.交底的目的是掌握有无不平衡报价的限制，如有，是如何限制；有无工程量清单错误的修正，如有，出现时如何修正；从而指导工程的投资控制</td><td></td></tr>
<tr><td>9</td><td>提供施工条件</td><td>1.该条很重要，为发包人提供的施工条件，包括临时用水、用电、用气、用暖、现场施工排放等内容，涉及费用的承担主体、承担内容、承担界限及由此产生的相关其他风险。
2.需要重点掌握，避免由此造成的不符合合同约定的签证</td><td></td></tr>
</table>

续表

序号	重点内容	原因说明	备注
10	承包人应履行的其他义务	1.掌握合同对承包人的其他义务约定，如对建设方提供现场办公条件（用房、用水、用电、用暖、用车、网络等）、为发包人的委托的专业承包人提供施工条件、承包人应履行的总承包管理、配合、服务、协调、照管等义务的约定等内容。 2.并严格按合同约定进行现场管理，特别涉及费用的签证与收方的实施，避免由此造成的不符合合同约定的签证	
11	变更程序	变更程序的掌握，特别涉及费用调整时，发包人内控制度中的审批权限，即影响金额大小不同，应由谁审批后方可有效的事宜	
12	依法必须招标的暂估价项目	1.掌握需招标的暂估价项目的内容约定、招标主体约定、合同职责约定。 2.便于现场管理时及时处理由此涉及相关事宜，避免影响施工进度，避免实施时引起双方争议	
13	不属于依法必须招标的暂估价项目	1.掌握不需招标的暂估价项目的内容约定、价格确定程序办法原则约定、支付约定以及相关的违约约定。 2.便于现场管理时及时处理由此涉及相关事宜，避免影响施工进度，避免实施时引起双方争议	
14	市场价格波动引起的调整	1.掌握人、材、机因价格波动的调整原则与办法。 2.便于在施工过程中，完善合同约定的调价需要的基础资料签证	
15	合同价格形式	1.掌握不同合同形式下承包人应承担的合同风险约定。 2.避免由此造成的不符合合同约定的签证	
16	工程进度款支付	1.进度款的支付周期、审核程序、支付原则与办法。 2.指导现场进度款支付涉及相关管理与实施工作	
17	竣工结算审核	1.主要涉及竣工结算审核原则及办法。 2.此条非常重要，是确定合同价格的核心条款，需要合同相关方完全掌握与理解。 3.合同相关方应及时发现并提出审核原则存在的不足，在过程中予以补充完善，避免事后争议	
18	发包人违约的情形	1.本条是集中梳理合同中的发包人的违约情形。 2.现场管理人员一定要掌握，尽量避免违约情形的出现	
19	发包人违约的责任	1.本条是集中梳理合同中的发包人违约后的合同责任。 2.现场管理人员一定要掌握，也指导违约情况出现时，承担相应的合同责任	
20	因发包人违约解除合同	本条是发包人违约后，解除合同的约定，因此，现场管理人员一定要掌握	
21	承包人违约的情形	1.本条是集中梳理合同中的承包人的违约情形。 2.现场管理人员一定要掌握，以加强现场对承包人的管理	
22	承包人违约的责任	1.本条是集中梳理合同中的承包人的违约后的责任。 2.现场管理人员一定要掌握，以便于出现违约情况时的合同处理措施，加强对承包人的管理	

（3）合同作为一种管理手段，重点是加强对实质性条款和风险的预控，因此，招标文件中应附完善的合同文件，且尽量避免合同实质性条款未约定或约定不清晰或约定存在歧义或约定存在前后自相矛盾等情况。

进行事前预控时，应本着相关者满意的原则，在符合法律、法规、规范、标准等的前提下，尽量做到客观、合理、公平、公正。

二、变更管理

（一）项目变更控制的基本要求

1.关于变更的协议

项目施工单位和建设单位之间，项目经理和项目总咨询机构之间应就有关变更方式、过程等问题进行协商，并形成文件或协议。

2.谨慎对待变更请求

对任何一方提出的变更请求，其他各方都应谨慎对待。例如，承包方对建设单位提出的变更，在未对这种变更可能会对项目的工期、费用产生何种影响做出判断前，就不能随便同意，而应估计变更对项目进度和费用的影响程度，并在变更实施前得到建设单位的同意。建设单位同意了对项目进度和费用的修改建议后，所有额外的任务、修改后的工期估计、原材料和人力资源费用等均应列入计划。必须对项目计划涉及的范围、预算和进度等进行修改。一旦这些变更被各方同意，就应形成一个新的基准计划。

3.变更的实施

（1）优选变更方案。变更方案的不同影响着项目目标的实现，一个好的变更方案将有利于项目目标的实现，相反，变更方案则会对项目产生不良影响。应该对变更方案进行优选。

（2）做好变更记录。项目变更的控制是一个动态过程，它始于项目的变化，而终于项目变更的完成。在这一过程中，拥有充分的信息、掌握第一手资料是做出合理变更的前提条件。这就需要记录整个变更过程，而记录本身就是项目变更控制的主要内容。

（3）及时发布变更信息。项目变更最终要通过项目团队成员实现，所以，项目变更方案一旦确定以后，应及时将变更的信息和方案公布于众，使项目团队成员能够掌握和领会变更方案，以调整工作方案。变更方案实施以后，也应通报实施效果。

（二）设计变更、技术洽商的类别

（1）每份设计变更及技术洽商必须注明类别原因，没有原因的设计变更及洽商不得审核通过。

（2）设计更及技术洽商的类别原因包含如下几类：

1）设计补充和完善（不返工，有费用增加）。

2）设计理解和确认（图纸不清楚，错漏，平、立、剖尺寸及做法要求不统一）。

3）优化设计（对原设计优化，减少费用）。

4）功能改变（因建设单位或相关部门要求，有返工的可能）。

5）管理不到位（因对设计漏项疏忽，材料或工序控制不严，有返工可能）。

（三）设计变更、技术洽商的管理原则

1.一单一估原则

每份设计变更、技术洽商均应有预估金额，且预估金额应分别对应相关工程合同。

2.一月一清原则

项目技术负责人必须每月初组织造价咨询单位与施工单位完成上月所有发出的变更、洽商单份数核对、金额预估。

3.时间限制原则

对设计变更、技术洽商禁止事后补办，每月月底项目技术负责人应组织监理对施工单位进行检查。

4.及时更改上图原则

对于已完善的设计变更、洽商项目管理部、监理、施工单位均应及时在施工图上更改标识（粘贴、更改均可），该工作的及时性、完整性应纳入技术考核的范围。

5.原件结算原则

办理变更、洽商结算时须有手续完备的、有效的原件作为结算资料。

（四）设计变更、技术洽商办理要求

1.表格要求

（1）变更、洽商应能明确反映编号、工程名称、发生的时间、发生的原因、发生的部位或范围、变更的内容、变更前图纸号（如不是整张图纸替换的变更，

应将变更部位用云线标示并附图作为附件)、变更后图纸等内容。

(2) 办理的变更、洽商应使用国家、地方规定的规范表格。

2.办理要求

(1) 设计变更、技术洽商必须要求设计院确认。

(2) 若某专业的设计变更、技术洽商导致其他专业需要一同变更的，应将各专业设计变更、技术洽商同时发放，并根据编号原则相应编号。

(3) 造价咨询单位在对设计变更、技术洽商费用进行计算时，应对措辞不清、结算时易引起分歧的予以退回，要求责任部门表达清楚，不致引起歧义。

(4) 对无法根据设计变更、技术洽商直接计算出工程量的，需进行现场按实收方确认。

(5) 对于工程内容减少或造价调减的设计变更、技术洽商，全过程咨询管理要及时跟踪、落实签发相应变更、洽商，防止因此而给建设单位造成损失。

(6) 设计变更、技术洽商须在完成全部审批手续及盖章后，由项目管理部文员统一对相关部门发放。

(7) 设计变更、技术洽商下发给承包人后方可开始相关变更工程的实施。

3.时限要求

(1) 项目设计院在外地的，为了加快设计变更、技术洽商的办理时间，建议设计院在施工期间派驻驻场代表或另建议由建设单位、项管、造价咨询、监理、总包单位共同成立技术委员会，采取集中会议的方式处理设计变更、洽商，提高办事效率。

(2) 在设计变更、技术洽商进行审批前，由造价咨询单位进行预估价（预估价时限原则上为3天，工作量大且复杂的单据的估算时限不超过7天，超过3天才能估算完成的事项造价咨询单位应与项目咨询机构、建设单位进行沟通)，预估价时限从现场造价工程师接收合格的、可供预估价的资料之时起算。

(3) 项目咨询机构收到变更、洽商单后，应在7天以内提交建设单位审批；在14天以内完成审批。

(4) 为了保证建设单位、项目咨询机构及承包人几方资料的完整性和一致性，每月应按“一月一清”的原则，对上月所完善所有手续的设计变更、技术洽商单的数量、完成情况进行核对和清理。

三、变更程序

各方变更程序如图7-2所示。

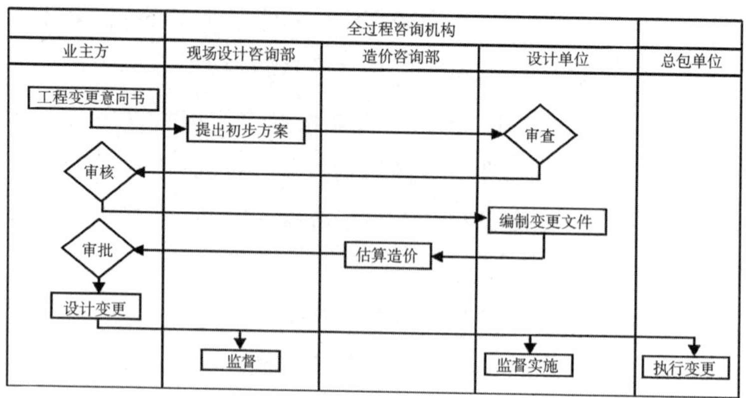

（a）业主工程变更流程图

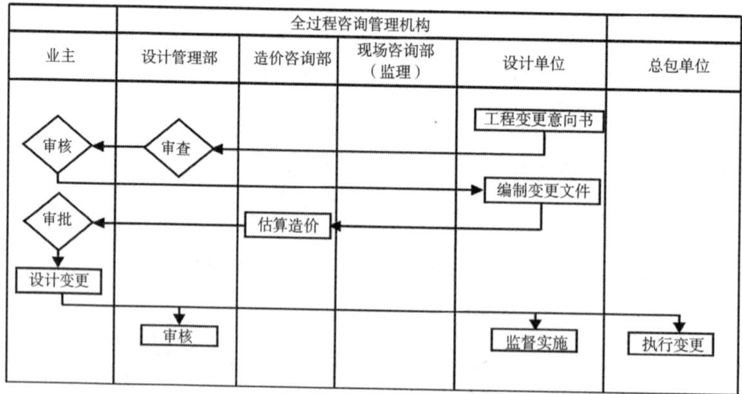

（b）设计单位工程变更流程图

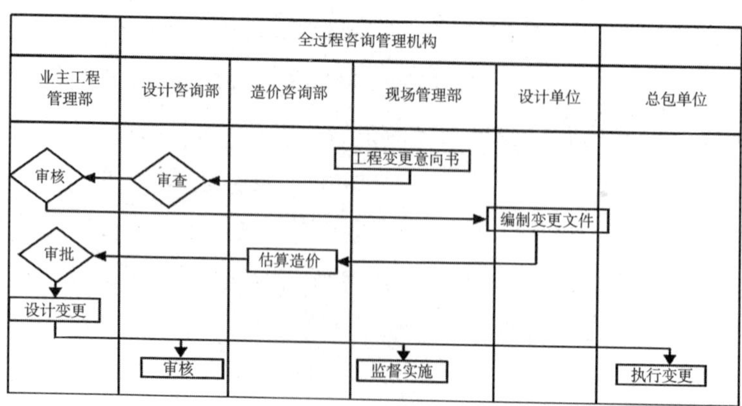

（c）监理单位工程变更流程图

图7-2　各方变更程序（一）

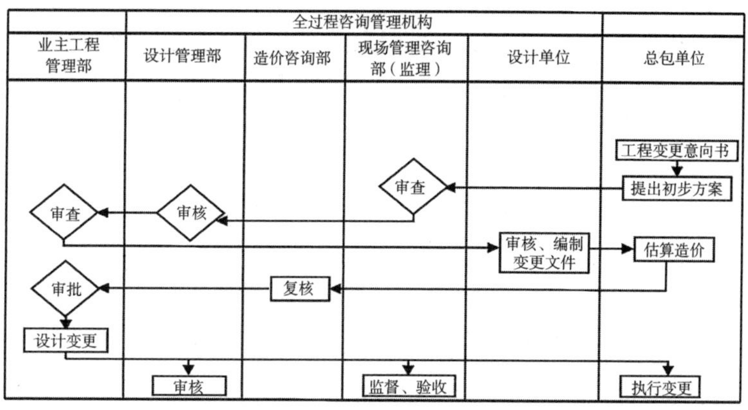

（d）施工单位工程变更流程图

图7-2　各方变更程序（二）

填写《工程变更单-1》（表7-22）、《工程变更单-2》（表7-23），设计变更按"一单一清"、费用按"一单一结"的原则进行管理。

工程变更单-1　　**表7-22**

（监理【　】变更【　】号）

工程名称：××项目

<table>
<tr><td colspan="3">致：___×××___
由于___×××___原因，兹提出___×××___工程变更，请予以审批。

附件：
☐ 变更内容
☐ 变更设计图
☐ 相关会议纪要
☐ 其他

变更提出单位：___×××___
负责人：___×××___
××××年×月×日</td></tr>
<tr><td>工程数量增/减</td><td colspan="2">×××</td></tr>
<tr><td>费用增/减</td><td colspan="2">×××</td></tr>
<tr><td>工期变化</td><td colspan="2">×××</td></tr>
<tr><td colspan="2">施工项目管理部（盖章）
项目负责人（签字）</td><td>设计单位（盖章）
设计负责人（签字）</td></tr>
<tr><td colspan="2">项目监理机构（盖章）
总监理工程师（签字）</td><td>建设单位（盖章）
负责人（签字）</td></tr>
</table>

工程变更单-2 表7-23

<table>
<tr><td>序号</td><td colspan="3">变更类别</td><td colspan="2">是否变更</td><td>备注</td></tr>
<tr><td>1</td><td colspan="3">进度计划变更</td><td colspan="2">□</td><td></td></tr>
<tr><td>2</td><td colspan="3">施工条件变更</td><td colspan="2">□</td><td></td></tr>
<tr><td>3</td><td colspan="3">工程量变更</td><td colspan="2">□</td><td></td></tr>
<tr><td>4</td><td colspan="3">合同变更</td><td colspan="2">□</td><td></td></tr>
<tr><td>5</td><td colspan="3">设计变更</td><td colspan="2">□</td><td></td></tr>
<tr><td rowspan="3">变更对原设计的影响</td><td colspan="5">①改变了原设计标准或批准的规模</td><td rowspan="3">须经建设单位报规划管理部门及相关部门重新审批</td></tr>
<tr><td colspan="5">②改变建筑物功能及造型</td></tr>
<tr><td colspan="5">是□ 否□</td></tr>
<tr><td rowspan="10">对合同约定的工程量的影响</td><td colspan="6">是□ 否□</td></tr>
<tr><td>序号</td><td>内容</td><td>数量</td><td colspan="2">增加</td><td>减少</td></tr>
<tr><td>1</td><td>×××</td><td>×××</td><td colspan="2">×××</td><td>×××</td></tr>
<tr><td>2</td><td>×××</td><td>×××</td><td colspan="2">×××</td><td>×××</td></tr>
<tr><td>3</td><td>×××</td><td>×××</td><td colspan="2">×××</td><td>×××</td></tr>
<tr><td>4</td><td></td><td></td><td colspan="2"></td><td></td></tr>
<tr><td>5</td><td></td><td></td><td colspan="2"></td><td></td></tr>
<tr><td>6</td><td></td><td></td><td colspan="2"></td><td></td></tr>
<tr><td>7</td><td></td><td></td><td colspan="2"></td><td></td></tr>
<tr><td>8</td><td></td><td></td><td colspan="2"></td><td></td></tr>
<tr><td rowspan="2">对进度的影响</td><td colspan="6">影响网络计划主关键线路 □ 天数 □</td></tr>
<tr><td colspan="6">对工期无影响 □</td></tr>
<tr><td rowspan="2">对价格的影响</td><td colspan="2">直接费用</td><td colspan="3">间接费用</td><td>总金额</td></tr>
<tr><td colspan="2">×××</td><td colspan="3">×××</td><td>×××</td></tr>
</table>

将每一项变更进行经济分析，并计入《项目设计变更经济分析台账》见表7-24。建立《项目设计变更总台账》见表7-25。

四、技术洽商程序

填写技术变更（洽商）申请及可行性审批表，见表7-26，技术变更（洽商）经济分析表，见表7-27，技术变更按“一单一清”、费用按“一单一结”的原则办理。

将每一项技术变更（洽商）进行经济分析，并计入项目技术变更（洽商）经济分析台账，见表7-28。

表 7-24

项目设计变更经济分析台账

<table>
<tr><th rowspan="3">序号</th><th rowspan="3">编号</th><th rowspan="3">涉及专业</th><th rowspan="3">变更时间</th><th rowspan="3">变更内容</th><th rowspan="3">变更原因</th><th colspan="2">投资影响判断</th><th colspan="6">影响金额</th><th rowspan="3">变更经济分析审批表编号</th><th rowspan="3">归属清单项</th><th rowspan="3">备注</th></tr>
<tr><th rowspan="2">有影响</th><th rowspan="2">无影响</th><th colspan="3">影响工程量</th><th rowspan="2">单价（元）</th><th colspan="2">影响金额（元）</th></tr>
<tr><th>单位</th><th>增加</th><th>减少</th><th>增加</th><th>减少</th></tr>
<tr><td>1</td><td></td><td></td><td></td><td></td><td></td><td></td><td></td><td></td><td></td><td></td><td></td><td></td><td></td><td></td><td></td><td></td></tr>
<tr><td>2</td><td></td><td></td><td></td><td></td><td></td><td></td><td></td><td></td><td></td><td></td><td></td><td></td><td></td><td></td><td></td><td></td></tr>
<tr><td>3</td><td></td><td></td><td></td><td></td><td></td><td></td><td></td><td></td><td></td><td></td><td></td><td></td><td></td><td></td><td></td><td></td></tr>
<tr><td>4</td><td></td><td></td><td></td><td></td><td></td><td></td><td></td><td></td><td></td><td></td><td></td><td></td><td></td><td></td><td></td><td></td></tr>
<tr><td>……</td><td></td><td></td><td></td><td></td><td></td><td></td><td></td><td></td><td></td><td></td><td></td><td></td><td></td><td></td><td></td><td></td></tr>
</table>

表 7-25

项目设计变更总台账

序号	编号	编码	专业	变更原因	提出单位	提出日期	会签时间	变更内容	增（+）减（-）费用金额	变更分类
1										
2										
3										
4										
……										
合计										

技术变更（洽商）申请及可行性审批表 **表 7-26**

工程名称			专业		编号	
事实描述（原方案、原因、拟变更为）						
综合分析	对质量影响	提高【 】、降低【 】、无【 】				
	对工期影响	节约【 】、延误【 】、无【 】，约__天				
	对安全影响	提高【 】、降低【 】、无【 】				
	对投资影响	增加【 】、减少【 】、无【 】，约__万元				
单位	人员	意见		签字		时间
施工方	项目负责人					
监理方	总监理工程师					
勘察方	项目负责人					
设计方	项目负责人					
全过程咨询方	技术负责人					
建设方	现场负责人					

附件：

技术变更（洽商）经济分析表 **表 7-27**

工程名称			专业		编号	
事实描述（原方案、原因、拟变更为）						
经济分析计价依据						
主要工程量增减						
对投资的影响（增减）分析						
投资影响结论	增加【 】、减少【 】、无【 】，约__万元					
造价咨询单位	编制人		时间			
	复核人		时间			

附件：

1.技术变更（洽商）申请及可行性审核表

2.单价计算预算书（略）

项目技术变更（洽商）经济分析台账 表7-28

<table>
<tr><th rowspan="3">序号</th><th rowspan="3">编号</th><th rowspan="3">涉及专业</th><th rowspan="3">洽商时间</th><th rowspan="3">洽商内容</th><th rowspan="3">洽商原因</th><th colspan="2">投资影响判断</th><th colspan="6">影响金额</th><th rowspan="3">洽商经济分析审批表编号</th><th rowspan="3">归属清单项</th><th rowspan="3">备注</th></tr>
<tr><th rowspan="2">有</th><th rowspan="2">无</th><th colspan="3">影响工程量</th><th rowspan="2">单价（元）</th><th colspan="2">影响金额（元）</th></tr>
<tr><th>单位</th><th>增加</th><th>减少</th><th>增加</th><th>减少</th></tr>
<tr><td>1</td><td></td><td></td><td></td><td></td><td></td><td></td><td></td><td></td><td></td><td></td><td></td><td></td><td></td><td></td><td></td><td></td></tr>
<tr><td>2</td><td></td><td></td><td></td><td></td><td></td><td></td><td></td><td></td><td></td><td></td><td></td><td></td><td></td><td></td><td></td><td></td></tr>
<tr><td>3</td><td></td><td></td><td></td><td></td><td></td><td></td><td></td><td></td><td></td><td></td><td></td><td></td><td></td><td></td><td></td><td></td></tr>
<tr><td>……</td><td></td><td></td><td></td><td></td><td></td><td></td><td></td><td></td><td></td><td></td><td></td><td></td><td></td><td></td><td></td><td></td></tr>
</table>

建立技术变更（洽商）总台账，见表7-29。

技术变更（洽商）总台账 表7-29

序号	编号	编码	专业	变更原因	提出单位	提出日期	会签时间	变更内容	增（+）减（-）费用金额	变更分类
1										
2										
3										
……										

五、计日工管理程序

建立计日工月台账，见表7-30。

计日工月台账　　表7-30

序号	投入该工作人员姓名	专业	工种	级别	耗用工时	起始时间（年 月 日 时）	终止时间（年 月 日 时）	备注
1								
2								
3								
……								

六、机械台班管理程序

建立机械台班月台账，见表7-31。

机械台班月台账　　表7-31

工作内容	设备类别	施工设备型号	台数	耗用台班	其他资料	凭证	起止时间	备注

七、现场收方管理

现场零星工程收方单，见表7-32。

现场桩基工程收方单，见表7-33。

建立签证收方计量台账，见表7-34。

八、现场材料、设备核价管理

（一）材料、设备核价的范围

施工总承包工程招标时采用暂定价方式进入投标报价的材料、设备；施工过程中工程变更和新增工作内容所涉及的新增加的材料、设备。

现场零星工程收方单 表 7-32

工程名称			
涉及部位			
签证事由及原因			
工程量计算式或工程量记录			
签字栏			
施工单位代表 时间：		造价单位代表 时间：	
监理单位代表 时间：		建设单位代表 时间：	

现场桩基工程收方单 表 7-33

序号	轴位	桩自编号	桩型	桩直径	桩顶绝对高程（m）	桩深（m）	桩数	实收桩长（m）	备注
1									
2									
3									
4									
……									

签字栏			
施工单位代表：	造价单位代表：	监理单位代表：	建设单位代表：
时间：	时间：	时间：	时间：

签证收方计量台账

表 7-34

序号	编号	涉及专业	签证收方时间	签证收方内容	签证收方原因	投资影响						经济分析审批表编号	归属清单项	备注
						影响工程量			单价（元）	影响金额（元）				
						单位	增加	减少		增加	减少			
1														
2														
3														
……														

（二）材料、设备核价的方式

对于单项合同采购价在限额以下的材料、设备采用认质核价或竞争性比选的方式确定价格；对于单项合同采购价在限额以上的材料、设备原则上采用公开招标的方式确定价格，获得相关部门批复的按批复的招标方式确定价格。

（三）材料、设备核价程序要求

（1）项目参与各方组建核价委员会。

（2）确定核价委员会职责。

（3）明确认质核价程序及相关的要求，流程图如图 7-3 所示。

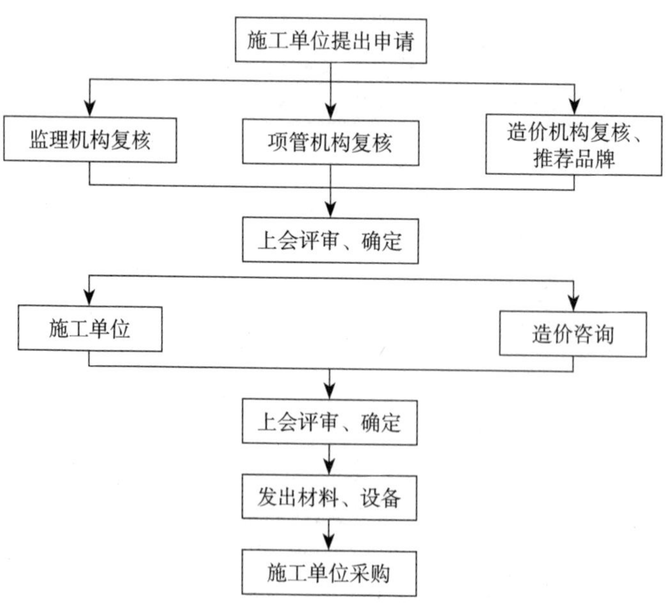

图 7-3　材料、设备认质核价流程

第八节　现场资料管理

现场资料管理主要通过对项目文件、文档、资料的标准化、程序化、科学化、规范化管理来实现资料管理的及时性、完整性、真实性、可追溯性及项目可视化的管理。

一、资料管理的依据

（1）《建设工程文件归档规范》GB/T 50328—2014（2019年版）。

（2）《建设工程监理规范》GB 50319—2013。

（3）项目所在地的城建档案馆的要求。

（4）建设单位的文档管理要求。

（5）项目咨询机构的现场管理要求。

二、资料分类管理

项目资料文件分类见表7-35。

项目资料文件类别及名称　　**表7-35**

类别	资料名称
工程准备阶段（A）类	
A1	立项文件
1	项目立项批复文件及项目建议书
2	可行性研究报告批复文件及可行性研究报告
3	专家论证意见、项目评估文件
4	有关立项的会议纪要文件、领导批复
A2	项目用地、拆迁文件
1	项目申请及规划选址意见书
2	建设用地批准书
3	建设用地规划许可证及附件
4	土地使用证明文件及附件
5	建设用地钉桩通知单

续表

类别	资料名称
A3	勘察、设计文件
1	工程水文、地质勘察报告
2	初步设计文件
3	设计方案审查意见
4	人防、环保、消防部门的审查意见（方案、初设、施工图）
5	施工图设计审查文件
6	节能设计备案文件
A4	招投标文件
1	勘察、设计招标文件
2	勘察、设计合同
3	施工招标文件
4	施工合同
5	全过程咨询招标文件
6	全过程咨询合同
A5	开工审批文件
1	建设工程规划许可证及附件
2	建设工程施工许可证
A6	工程信息文件
1	项目建设单位、咨询、设计、地勘、施工单位人员通讯录
2	项目咨询单位人员架构、人员资格文件
3	施工单位人员架构、人员资格文件
全过程咨询工作文件（B类）	
B1	咨询管理文件
1	全过程咨询管理大纲
2	监理大纲
3	监理规划
4	监理细则
5	全过程咨询管理周报
6	全过程咨询管理月报
7	监理月报
8	监理日志
9	监理通知、监理通知回复单
10	工作联系单

续表

类别	资料名称
11	监理工作总结
12	全过程咨询管理工作总结
B2	资质类文件
1	总包单位资质资料及人员上岗证
2	分包单位资质资料及人员上岗证
3	材料、设备供应单位资质资料
4	工程试验室(包括有见证取样送检试验室)资质资料
B3	技术管理类文件
1	施工组织设计
2	专项施工方案
3	设计图纸
4	图纸会审有关记录
5	设计交底有关记录及会议纪要
6	设计变更文件
7	技术洽商文件
B4	质量类文件
1	建筑材料、构配件、设备报审文件
2	施工测量放线报审文件
3	施工试验报审文件
4	有见证取样送检试验报审文件
5	检验批、分项、分部工程质量报审文件
6	质量问题处理记录及质量事故处理报告
7	其他有关工程质量控制的文件
B5	进度类文件
1	工程开工报审文件
2	工程总、月进度计划报审文件
3	工程竣工报审文件
4	工期延期、索赔文件
5	其他有关工程进度控制的文件
B6	安全类文件
1	特种人员资质审查文件
2	特种机械审查文件
3	安全日检查文件

续表

类别	资料名称
4	安全周检查文件
5	安全月检查文件
6	危险性较大的分部分项工程管理文件
7	其他安全文明管理类文件
B7	造价类文件
1	工程施工概(预)算、工程量清单资料
2	工程量申报及审批资料
3	工程款支付报批文件
4	工程现场收方、签证文件
5	工程变更费用报批文件
6	工程竣工结算报批文件
7	工程费用索赔文件
8	其他有关工程造价控制的资料
B8	工作记录类文件
1	监理巡视记录
2	旁站检查记录
3	监理抽检记录
4	监理测量资料
5	工程照片及声像资料
B9	会议类文件
1	第一次工地会议纪要及监理交底会议纪要
2	监理例会会议纪要
3	专题工地会议纪要
4	现场验收类会议纪要
5	其他会议纪要文件
B10	验收类文件
1	工程竣工预验收报验表
2	单位工程验收记录
3	工程质量评估报告
4	工程竣工验收备案表
5	竣工移交证书
B11	工程管理往来函件
1	建设单位函件

续表

类别	资料名称
2	施工单位函件
3	设计单位函件
4	政府部门函件
5	其他部门函件

三、资料的编码管理

项目资料编码管理规定见表7-36。

项目文档编码规定　表7-36

序号	文件产生	文件名称	编码撰写单位	编码规定	举例
1	设计院	设计变更单	设计院	单位工程—专业—流水号	1-2—结更001
2	现场发起	技术洽商/核订单	发起单位	单位工程—土建核+流水号	1-2—土建核001
				单位栋号—安装核+流水号	1-2—安装核001
3	A1	工程开工/复工报审表	施工单位	单位工程—开工（复工）+流水号	1-2—开工（复工）001
4	A2	施工组织设计报审表	施工单位	单位工程—施组+流水号	1-2—施组001
		施工专项方案报审表	施工单位	单位工程—专方+流水号	1-2—专方001
5	A3	分包单位资格报审表	施工单位	标区—分包资质+流水号	1标—分包资审001
6	A4	报验申请表	施工单位	单位工程—土建分部+流水号	1-2—土建基础报验001
				单位工程—电报验+流水号	1-2—电报验001
7	A5	工程款支付申请表	施工单位	标区—支付+流水号	3标—支付001
8	A5.1	（）月完成工程量报审表	施工单位	标区—工程量审+流水号	3标—工程量审001
9	A6	监理工程师通知回复单	施工单位	单位工程—回复+流水号	1-2—回复001
10	A9	工程材料/构配件/设备报审表	施工单位	单位工程—土建（安装、设备）材料+流水号	1-2—土建材料001
11	A10	工程竣工报验单	施工单位	单位工程—专业—竣工+流水号	1-2—电—竣工
12	A11	施工测量放线报验单	施工单位	单位工程—测量+流水号	1-2—测量验001
13	A12	施工进度计划报审表	施工单位	单位工程—进度+流水号	1-2—进度审001
14	B1	监理工程师通知单	监理单位	单位工程—通知+流水号	1-2—通知001

续表

序号	文件产生	文件名称	编码撰写单位	编码规定	举例
15	B2	工程暂停令	监理单位	单位工程—暂停令+流水号	1-2—暂停令001
16	B3	工程款支付证书	监理单位	单位工程—支付证书+流水号	1-2—支付证书001
17	B4	工程临时延期审批表	监理单位	单位工程—临时延+流水号	1-2—临时延001
18	B5	工程最终延期审批表	监理单位	单位工程—终延审+流水号	1-2—终延审001
19	B6	费用索赔审批表	监理单位	单位工程—索赔审+流水号	1-2—索赔审001
20	B7	不合格工程项目通知	监理单位	单位工程—不合格+流水号	1-2—不合格001
21	C1	监理工作联系单	监理单位	监理单位—联+流水号	××—联001
22	施工单位	工程量签证单	施工单位	单位工程—专业—签证+流水号	1-2—土建—签证001
23	监理单位	工地例会纪要	监理单位	监理单位—监例会+流水号	××—监例会第001号
24	监理单位	专题会议纪要	监理单位	监理单位—类别+专题+流水号	××—安专会第002号
25	施工单位	验收会议纪要	施工单位	标区—部位验收+流水号	1标—基础验收001
26	施工单位	施工方发的报告、申请、现场管理、通知类等文件	施工单位	施工单位名称+发+年度+流水号	××发〔2020〕—001
27	施工单位	甲供、乙供材料计划	施工单位	标区+甲供(乙供)+流水号	1标—甲供(乙供)001

注：本表以监理规范要求的样表为依据，编号均以001为起始号。

四、资料的文档管理

对施工过程中所涉及的资料文档进行梳理，明确现场管理责任方的资料名称、提交时间、数量、资料形式(纸质、电子)及资料的模本等内容，见表7-37。

资料文档管理　　表7-37

责任单位	文档资料名称	报送时间	纸质文档	数量	电子文档	模板
全过程咨询机构	监理规划	召开第一次工地例会前报送	√	2	—	
	监理细则	专项工程开工前7天报送	√	2	—	
	监理月报	每月25日报	√	2	—	
	监理周报	每周五报送	—	—	√	

续表

责任单位	文档资料名称	报送时间	纸质文档	数量	电子文档	模板
全过程咨询机构	监理工作总结	项目竣工验收后完成后1周内报送	√	2	—	
	监理例会纪要	项目每周工地例会之后1日内报送	√	4	√	
	专题会议纪要	会议后1日内报送	√	4	√	
施工单位	施工单位组织架构	合同签订后5天内报送	√	3	—	
	施工单位资质、人员资质、责任书	合同签订后5天内报送	√	3	—	
	设计交底、图纸会审纪要	图纸下发后3周内报送	√	8	√	
	施工组织设计	建设方交底完成，召开第一次工地例会前报送	√	6	√	
	专项施工方案	分项工程开工前1周内报送	√	6	√	
	施工总进度计划	合同签订后1周内报送	√	3	√	
	施工月计划	每月25日前报送	√	3	√	
	施工周计划	每周例会前报送	—	—	√	
	现场签证	签证工作完成后10日内报送	√	4	—	
	收方记录	完成现场收方工作当天	√	4	—	
	月进度完成量	每月25日前报送	√	4	√	
	技术洽商	发现问题后1日内报送；在15日内，完善所有签字签章手续	√	8	—	
设计院	设计变更	发现问题后1周内报送	√	8	—	
施工单位	费用、工期延误、索赔类文件	报送时间无具体要求，但返还时间应不超过收到函件的1周时间反馈	√	4	—	
	一般往来函件	报送时间无具体要求，但返还时间应不超过收到函件的2个工作日内反馈	√	3	—	
	材料计划	每月15日	√	3	√	
	材料报验	材料进场当日报送	√	3	—	
	工序报验	工序交接前2日报送	√	3	—	
	分包资质报审	总包自行签订分包合同前	√	3	—	

注：1.表中要求提交电子文档的资料，提交时间与纸质文档同步。

2.报送资料均采用提供的标准模板。

3.“√”表示需要提供，“—”表示不需提供。

第九节　现场验收管理

一、现场验收的组织者与参与单位

现场验收具体组织者与参与单位见表7-38。

现场验收的组织者与参与单位表　　表7-38

序号	验收内容	组织者	参与单位及人员
1	节能专项验收	总监理工程师	建设单位项目负责人或总咨询师；专业监理工程师；设计单位；施工技术负责人（分包技术负责人）；施工项目经理(分包单位项目经理)；质监站
2	防雷专项验收	总监理工程师	专业监理工程师；设计单位；施工技术负责人（分包技术负责人）；施工项目经理(分包单位项目经理)；质监站
3	档案专项验收	建设单位项目负责人或总咨询师	总监理工程师；专业监理工程师；设计单位；施工技术负责人（分包技术负责人）；施工项目经理(分包单位项目经理)；档案馆
4	消防专项验收	建设单位项目负责人或总咨询师	总监理工程师；专业监理工程师；设计单位；施工技术负责人（分包技术负责人）；施工项目经理(分包单位项目经理)；质监站；项目建设单位
5	规划验收	建设单位项目负责人或总咨询师	总监理工程师；专业监理工程师；设计单位；施工技术负责人（分包技术负责人）；施工项目经理(分包单位项目经理)；规划单位
6	环保验收	建设单位项目负责人或总咨询师	总监理工程师；专业监理工程师；设计单位；施工技术负责人（分包技术负责人）；施工项目经理(分包单位项目经理)
7	竣工预验收	总监理工程师	建设单位项目负责人或总咨询师；专业监理工程师；设计单位；施工技术负责人（分包技术负责人）；施工项目经理(分包单位项目经理)；质监站；项目建设单位
8	竣工验收	建设单位项目负责人或总咨询师	建设单位项目负责人或总咨询师；总监理工程师；专业监理工程师；设计单位；施工技术负责人（分包技术负责人）；施工项目经理(分包单位项目经理)；质监站

二、验收的主要任务

（1）配合建设单位组织竣工验收。

（2）组织好资料归档和接收。

（3）安排有关单位的竣工结算。

（4）在竣工后应进行绿色建造设计或施工评价、环境管理绩效评价。

（5）组织试运行。

（6）办理工程接收手续。

（7）协助明确项目运营后各参建单位的关系和作用。

（8）协助组织有关管理与技术人员的培训。

（9）协助物业单位及时接管工程物业维护。

（10）根据建设单位委托开展项目中间评价或项目后评价工作，对项目全过程进行回顾和总结，并分析原因，总结经验并提出对策建议。

（11）及时妥善处理项目施工过程中遗留的有关问题。为工程投产运营做好准备工作。

三、验收的计划体系

（1）组织编制验收计划，层层制订具体实施计划。

（2）执行过程中，应结合本地区实际情况，经常与建设单位进行必要的沟通，及时进行补充和完善。

（3）施工单位按照施工计划完成工程实体并自行检查合格后，再按照规定在监理机构组织下进行预验收，合格后再向发包人提交竣工验收申请。

（4）工程验收合格后，施工单位与建设单位进行工程结算，明确缺陷责任期的时长，办理工程质量保证金预留工作。

四、验收前各项准备工作

验收前各项准备工作见表7-39。

验收前各项准备工作表 **表7-39**

序号	工作内容	要求
1	实体质量	实体质量施工完成，施工单位自检合格，并经监理进行了检查，具备验收条件
2	资料及工具准备	1.与验收有关的施工蓝图及检测工具。 2.质量保证资料齐全，并经监理核查。 3.功能性试验检测资料齐全，并经监理核查。 4.验收相关的施工及隐蔽资料齐全，并经监理核查。 5.验收书面汇报资料（项管、监理、施工）齐全
3	会场准备	1.会议横幅。 2.会议用投影仪。 3.会议座签牌

续表

序号	工作内容	要求
4	验收路线准备	对于重大的验收（消防验收、竣工验收等）宜事前组织预演练，确定验收的线路，确定验收的分组检查单位及人员
5	会议通知	1.施工单位准备完成后，经监理核查后通知项管及建设单位。 2.对于外部单位的通知，须由项管或建设单位来通知，禁止施工单位自行通知。 3.一般验收须提前一天通知，重大验收必须提前一天以上通知，避免仓促，争取保证一次性验收通过

五、验收遗留问题处理

（1）当验收过程中，建设单位、设计、地勘、监理、施工单位各方不能形成一致意见时，应当协商提出解决的办法，待意见一致后，重新组织工程验收。

（2）如果验收不合格或未经验收，施工单位擅自进行下一道工序施工的，应责令立即整改签发局部停工通知书，并按照有关规定进行处理。

六、验收会议纪要

（一）验收会议纪要组成

（1）会议签到表。

（2）会议纪要内容（有整改时，附整改回执）。

（3）会议纪要会签表。

（二）验收会议纪要内容

（1）时间、地点、参与单位及人员、主持人。

（2）各单位会议发言内容意见明确，整改问题须逐条列出。

（3）对于有整改的要求，在整改回执时须要附照片，并由监理单位核查后签字盖章。

（三）验收会议纪要资料

（1）验收会议纪要资料份数原件一般须7份（实际可以根据项目具体情况）。

（2）验收会议纪要应盖公章。

（3）签字、盖章完善的会议纪要由项目管理部文员负责分发。

七、专项验收条件及程序

项目专项验收条件及程序见表7-40。

项目专项验收条件及程序表 **表7-40**

序号	验收名称	验收条件	验收程序
1	规划验线	工程所在场地达到“七通一平”条件，建设单位委托有资质测绘机构放线，并出具《建设工程测量成果报告书》	1.建设单位在施工前向规划行政主管部门提交填写完整的《建设工程验线申请表》。 2.规划监督检查人员在施工现场进行查验，获得许可后，方能进行后续施工
2	规划验收	1.建设工程主体和外立面完成，建设单位委托有资质测绘机构测绘，出具《建设工程竣工测量成果报告书》。 2.室外道路、管网、园林绿化已完成	1.按照建设工程规划许可证证件批准的内容，全面完成各项建设和环境建设之后，填写《建设工程规划验收申报表》，按规定向规划行政主管部门申请规划验收。 2.规划监督检查人员在施工现场进行查验，经验收合格的，规划行政主管部门在规划许可证件附件上签章
3	电梯验收	电梯安装、改造、重大维修完毕并经施工单位自检合格	1.电梯使用单位持核准的开工报告和有关资料向检验机构提出验收申请检验。电梯检验检测机构应当自接到检验申请之日起10个工作日内安排检验。 2.电梯安装、改造完毕并经检验合格后，由安全监察机构办理注册登记手续，发给电梯安全检验合格标志
4	消防验收	室内防火分区（含封堵）、防火（卷帘）门、消火栓、喷淋（气体）灭火、消防指示灯、消防报警、电气等系统完成联动调试，室外幕墙防火构造、庭院环形路、室外接合器等完成，并自检合格。建设单位委托有资质消防检测机构检测，并出具消防检测报告书	1.建设单位申请消防验收应当提供下列材料： A. 建设工程消防验收申报表。 B. 工程竣工验收报告。 C. 消防产品质量合格证明文件。 D. 有防火性能要求的建筑构件、建筑材料、室内装修装饰材料符合国家标准或者行业标准的证明文件、出厂合格证。 E. 消防设施、电气防火技术检测合格证明文件。 F. 施工、工程监理、检测单位的合法身份证明和资质等级证明文件。 G. 其他依法需要提供的材料。 2.当地消防验收机构进行现场消防验收，验收合格的，出具消防认可文件
5	人防验收	地下人防工程已完成通风、灯具、人防门安装，并自检合格，如：人防工程室外口及“三防设备”不具备条件，可出具缓建证明及暂不安装证明	建设单位组织竣工验收，提前7天书面通知当地人防工程质量监督机构或人民防空主管部门参与监督，验收合格后15天内向工程所在地的县级以上人民防空主管部门备案

续表

序号	验收名称	验收条件	验收程序
6	室内环境验收	1.室内装饰完成设计内容，建设单位委托有资质环境检测机构，并签订合同。 2.民用建筑工程室内环境中游离甲醛、苯、氨、总挥发性有机化合物（TVOC）浓度检测时，对采用集中空调的民用建筑工程，应在空调正常运转的条件下进行；对采用自然通风的民用建筑工程，检测应在对外门窗关闭1小时后进行。 3.民用建筑工程室内环境中氡浓度检测时，对采用集中空调的民用建筑工程，应在空调正常运转的条件下进行；对采用自然通风的民用建筑工程，检测应在对外门窗关24小时后进行	建设单位委托有资质环境检测机构现场检测，并出具《室内环境污染物浓度检测报告》
7	建筑节能验收	1.施工单位已完成施工合同内容，且各分部工程验收合格。 2.外窗气密性现场实体检测应在监理（建设）人员见证下取样，委托有资质的检测机构实施。 3.采暖、通风与空调、配电与照明工程安装完成后，应进行系统节能性能的检测，且应有建设单位委托具有相应检测资质的检测机构检测并出具检测报告	1.民用建筑工程竣工验收前，建设单位应组织设计、施工、监理单位对节能工程进行专项验收，并对验收结果负责，提前3天通知市墙革节能办到场监督。 2.验收合格后10个工作日内办理备案，备案时建设单位需提交下列材料： A.《民用建筑节能备案表》。 B. 民用建筑节能专项验收报告。 C. 新型墙体材料专项基金缴纳凭证。 D. 新型墙体材料认定证书复印件
8	无障碍设施验收	完成设计图纸无障碍设施内容，并自检合格	新建、扩建和改建建设项目的建设单位在组织建设工程竣工验收时，应当同时对无障碍设施进行验收。未按规定进行验收或者验收不合格的，建设行政主管部门不得办理竣工验收备案手续
9	供电验收	施工、供货单位按照供电企业审核受送电装置设计图纸内容完成，并自检合格；签订《供电用电合同》	竣工后要进行“通电负载”验收。在接到竣工验收通知后，在正式验收前10小时将全部用电打开，待正式验收时查看有无断、短线、跳闸等现象，并将所有开关开、关次数，检查有无异常情况，最后再测试一下总的电流量
10	燃气验收	施工、供货单位按照供燃气设计图纸内容完成，并自检合格；签订《供气用气合同》	1.由提供燃气的供应商进行验收； 2.施工单位必须提交设计图、竣工图以及相关必要的竣工验收资料，验收人员还必须要带齐开启设备的钥匙和工具提供燃气的供应商进行验收。 3.供应商的验收人员给管道内部打压静置20分钟，测试管道的密闭性能是否良好，检验完密闭性后，要注入氮气进行检验，无误后通过验收

续表

序号	验收名称	验收条件	验收程序
11	供水验收	经批准的中水设施已联合调试、运转正常，生产给水系统管道已安装完成，并已冲洗和消毒；建设单位委托有资质水样检测部门取样检验，并出具《水质检测报告》；签订《供水用水合同》	1.施工单位向工程所在地自来水供应商提供相关资料，同时申请专项验收。 2.自来水供应商组织相关单位进行验收，验收合格后，工移交相关资料，供水公司与开发单位协商接管事宜
12	防雷验收	接地、屋面、幕墙、金属门窗避雷系统完成设计内容，并自检合格；建设单位委托相应资质的防雷检测单位出具的检测报告	1.防雷装置竣工验收应当提交以下材料： A.《防雷装置竣工验收申请书》。 B.《防雷装置设计核准书》。 C. 防雷工程专业和人员的资质证和资格证书。 D. 由省、自治区、直辖市气象主管机构认定防雷装置检测资质的检测机构出具的《防雷装置检测报告》。 E. 防雷装置竣工图等技术资料。 F. 防雷产品出厂合格证、安装记录和由国家认可防雷产品测试机构出具的测试报告。 2.许可机构办结有关验收手续，防雷装置经验收合格的，颁发《防雷装置验收合格证》
13	绿化验收	根据规划要求的绿地率并按绿化施工图施工完成后	邀请项目所在地市政绿化管理处工作人员查看现场，确认绿化种植满足要求后出具单项专业验收证明
14	环卫验收	根据规划要求建设垃圾房后	邀请项目所在地市政绿化管理处工作人员查看现场，确认垃圾收集房建设满足要求后出具单项专业验收证明
15	城管验收	现场建筑垃圾清理情况及户外广告的设置完成后	邀请项目所在地城市管理办公室工作人员查看是否符合要求，确认合格后出具单项专业验收证明
16	工程档案预验收	施工单位已完成图纸和施工合同内容，且各分部工程验收合格，按照暂行办法要求工程资料（含竣工图）准确、完整	1.建设单位、监理单位、施工单位按照归档分工分别编制《基建文件卷》《监理文件卷》及《施工文件卷》，各分包单位编制各自合同范围内工程内容的《施工文件卷》，提交总包单位汇总。其中竣工图由施工单位绘制，或建设单位另行委托其他单位完成。 2.建设单位汇总各单位资料，形成初步《建设工程竣工档案》，在组织工程竣工验收前，提请城建档案馆对工程档案进行预验收，并出具《建设工程竣工档案预验收意见》
17	竣工资料验收	1.监理资料。 2.施工资料（土建工程，电气、给水排水、消防、采暖、通风、空调、燃气、建筑智能化、电梯工程）。 3.竣工图（综合竣工图，室外专业图）。 4.其他资料（桩基竣工验收资料，幕墙竣工验收资料，钢结构竣工验收资料，中央空调竣工验	建设单位组织竣工验收确定验收日期并通知各参建单位及各专项部门的有关人员参加，填写《单位工程竣工验收通知书》提前7日通知质监站参加监督

续表

序号	验收名称	验收条件	验收程序
		收资料，人防工程竣工验收资料，电梯资料等）	
18	办理雨污水管道接纳手续	排水管理处到现场进行闭水试验合格后，方可进行雨污水管道接纳施工	领取并填写雨污水管线接纳表，附雨污水管线施工图、建设项目立项批复、建设项目环境影响审批表、建设项目环境影响报告书（表），到项目所在地行政审批中心建设局办理雨污水管道接纳手续
19	办理竣工验收备案表	各专项验收完成及资料完善后	1.领取并填写工程竣工验收备案表，由勘察单位、设计单位、施工单位、监理单位、建设单位签署意见并盖章； 2.准备工程竣工验收备案表、施工许可证、施工图设计文件审查意见、建设单位项目法人代表的身份证、单位工程竣工质量验收意见书、竣工验收报告、建设项目竣工规划验收合格证、建筑工程竣工消防验收意见书、建设项目设计卫生审查认可书、环保部门认可批准文件、建设工程档案接收证明书及验收意见书、城管验收单、环卫项目验收单、绿化验收单、单位工程质量保修书、商品房住宅质量保证书和住宅使用说明书到项目所在地工程质量监督机构办理竣工验收备案表

第十节　信息化技术运用

随着科技、信息化技术的发展，在现场管理中应采取信息化技术手段、管理平台辅助现场管理。

一、倾斜摄影技术

城市及区域测绘–倾斜摄影技术主要意义及功能：

（1）宏观记录项目所在开发区域范围的原始地貌信息。

（2）为城市规划及方案设计提供必要地形数据。

（3）为城市信息模型建立提供场地信息。

（4）为工程开发土方优化及控制提供三维信息依据。

二、GIS/GPS技术

地理信息/定位系统（GIS/GPS）主要意义及功能：

（1）为项目实施管理过程提供准确的位置坐标信息。

（2）辅助项目实施现场的安全及质量管理。

（3）为项目实施过程资源与能源调配提供准确的依据。

（4）为项目后期运维提供准确的地理信息系统支撑。

三、物联网（RFID）技术

物联网技术应用核心RFID主要意义及功能：

（1）为项目提供有效的构件生产管理及质量追溯系统。

（2）为项目实施过程资源与能源调配提供系统支撑。

（3）为项目建成后资产管理等提供网络系统平台支撑。

（4）为项目建成后能源及环境监控管理提供网络技术支撑。

四、Project/P6进度控制软件

项目计划及进度控制软件主要意义及功能：

（1）快速、准确地创建项目计划。

（2）可以帮助项目经理实现项目进度、成本的控制。

（3）分析和预测项目动态工期，使项目工期大大缩短。

（4）资源配置与调配，提高经济效益。

五、VR/AR虚拟现实仿真系统

虚拟现实仿真系统主要意义及功能：

（1）项目设计及深化设计辅助校验与优化。

（2）项目空间三维校核、实施品质提升。

（3）项目现场可视化技术交底。

（4）项目现场技术会议现场情况远程交互。

六、无人机航拍技术

无人机航拍项目动态监管主要意义及功能：

（1）快速掌控施工现场质量、安全情况。

（2）动态了解工程项目形象进度。

（3）辅助项目技术交底、阶段问题处理。

（4）辅助现场安全管理。

七、资产及人员动态管理技术

资产、人员动态管理系统主要意义及功能：

（1）有效控制设备资产、人员安全性。

（2）有效提升项目资源使用效率。

（3）有效提升工程项目的整体经济性、安全性。

八、Zoom远程会议系统

Zoom远程会议系统主要意义及功能：

（1）项目远程会议组织及管理。

（2）项目多方会议及现场技术交流。

（3）提升项目交流效率。

（4）降低项目参建方差旅等成本支出。

九、虚拟扫描数字预拼装技术

虚拟扫描数字预拼装技术主要意义及功能：

（1）虚拟扫描技术与数字技术综合应用。

（2）项目关键节点的预拼装实施应用。

（3）提升项目实施效率，提升项目施工品质。

（4）降低项目放样及拼装建造成本。

运维管理

第一节　运维管理面临的机遇与挑战

一、数字孪生、CIM、BIM国内外现状、水平和发展趋势

数字化转型是中国经济社会未来发展的必由之路。世界经济数字化转型是大势所趋。数字技术正以新理念、新业态、新模式全面融入人类经济、政治、文化、社会、生态文明建设各领域和全过程，给人类生产生活带来广泛而深刻的影响。世界百年变局和世纪疫情交织叠加，国际社会迫切需要携起手来，顺应信息化、数字化、网络化、智能化发展趋势，抓住机遇，应对挑战。激发数字经济活力，增强数字政府效能，优化数字社会环境，构建数字合作格局，筑牢数字安全屏障，让数字文明造福各国人民，推动构建人类命运共同体。

数字孪生、物联网、人工智能等新技术与国民经济各产业融合不断深化，有力推动着各产业数字化、网络化、智能化发展进程，成为中国经济社会发展变革的强大动力。未来，所有的企业都将成为数字化的公司，这不只是要求企业开发出具备数字化特征的产品，更指的是通过数字化手段改变整个产品的设计、开发、制造和服务过程，并通过数字化的手段连接企业的内部和外部环境。数字孪生技术作为推动实现企业数字化转型、促进数字经济发展的重要抓手，已建立普遍适应的理论技术体系，并在设施设备管理、工程建设、产品设计制造和其他学科分析等领域有较为深入的应用。在当前中国各产业领域强调技术自主和数字安全的发展阶段，数字孪生技术本身具有的高效决策、深度分析等特点，将有力推动数字化转型、数字产业化和产业数字化进程，加快实现数字经济的国家战略。

从未来发展看，随着数字孪生CIM、BIM建设持续深入和功能的不断完善，未来生活场景将发生深刻改变，超级智能元宇宙时代即将到来。数字孪生CIM已成为各地政府推进智慧城市建设的主流模式选择，产业界也将其视为技术创新的风向标、发展的新机遇，数字孪生CIM\BIM应用已在部分领域率先展开。技术的变革将倒逼管理模式的变革，正如生产力进步引发生产关系的变化，数字孪生CIM的建设和运行，将推动现有城市治理体系和治理能力的现代化，推动治理结构和规则重塑。

在新型智慧城市建设、建筑工程全生命周期管理、设施管理等领域，CIM、BIM成为实现“数字孪生城市”的关键技术。2020年7月，住房和城乡建设部、工业和信息化部、中央网信办联合发布《关于开展城市信息模型（CIM）基础平台建设的指导意见》，全面推荐城市CIM基础平台建设和CIM基础平台在城市规划建设管理领域的广泛应用，带动自主可控技术应用和相关产业发展，提升城市精细化、智慧化管理水平。构建国家、省、市三级CIM基础平台体系，逐步实现城市级CIM基础平台与国家级、省级CIM基础平台互联互通。CIM通过与BIM、GIS、大数据、云计算、物联网（IoT）、5G、智能化等先进数字技术融合，同步形成与实体城市“孪生”的数字城市，实现城市从规划、建设到管理的全过程、全要素、全方位的数字化、在线化和智能化，改变城市面貌，重塑城市基础设施。CIM\BIM广泛融合新一代信息技术，具有协同性强、模拟效果好、要素信息表达精细等特点，通过统一的数据平台，将各领域、不同维度的数据结构化、标准化整合，再通过人工智能技术进行归纳甚至模拟预测，在推动城市治理和实现城市高质量发展方面日益发挥重要作用。现阶段，数字孪生CIM\BIM平台建设被寄予厚望，是达成“挖掘数据价值、形成科学决策、实现数字化转型”这一目标的重要路径。作为新型智慧城市建设的一种新理念、新模式，以CIM\BIM为核心技术的数字孪生城市正带动着巨大的产业资源和智力资源参与形成城市级的创新平台。数字孪生CIM\BIM为各地智慧城市建设、工程全生命周期管理、数字化转型发展提供了新思路、新模式，让城市治理者看到城市现代化治理体系以及高质量发展的曙光，让城市居民憧憬随需而动、无处不在的智能化服务，见图8-1。

图8-1　新型智慧城市建设理念

二、运维管理面临的问题及解决方案

（一）业务扩张带来的中高端管理人才资源紧张问题

1. 解决目标

节省人力、提供效率。

2. 解决方法

通过基于BIM的智慧运维管理平台的三级管理体系（集团、监控中心、各项目中控室）上下级联动；管理原则（集团，集中管理；监控中心监督，时间、效果、客户反馈意见；中控中心处理，时间、效果、客户反馈意见）；组织架构（集团+监控中心+中控中心）；人员设置（中央控制室由现有物业值班人员兼任、监控中心4人轮班）；管理流程（基于AI的自动巡检+创建工单（自动）、派发工单、完成工单、关闭工单、定期汇报），从而建立完整的管理体系。

（二）碳中和、碳达峰带来的能源管理、低碳运维问题

1. 解决目标

绿色低碳、降低能耗。

2. 解决方法

通过基于BIM的智慧运维管理平台实现能源的精细化管理，实现对用水、用电以及太阳能光伏等清洁能源的精细化管理。通过能耗监控，对数据进行累积、进行数据分析，实现交叉比对，最终实现能耗优化，实现用能设备的全反馈自适应的闭环控制。最终实现碳达峰和碳中和。

（三）被动式运维管理所存在的隐患

1. 解决目标

及时维修保养。

2. 解决方法

通过基于BIM的智慧运维管理平台的设备维护保养管理模块实现巡检计划、巡检完成情况、保养计划、维修计划，通过定期巡检、定期保养、及时维修，实现消防系统、空调系统、监控系统、电梯系统、冷水机组系统、变配电等系统高效运行，从而实现精细化、及时准备响应。

（四）突发事件的快速应变和处理

1. 解决目标

快速应变。

2. 解决方法

通过基于BIM的智慧运维管理平台的应急管理模块实现设备报警、设备工单、逃生动线的模拟，从而建立完整的突发事件快速应变处置能力。

为了应对上述问题，依托于CIM\BIM、IoT、自动化、智能化等各种创新技术的不断出现，在帮助企业实现数字化转型的同时实现智慧运维，突破传统管理的诸多瓶颈。响应国家信息化发展要求，顺应云计算、物联网、人工智能、5G、城市信息模型CIM、建筑信息模型BIM等新技术的发展趋势，突破传统管理不直观，效率低的管理模式，利用CIM\BIM可视化技术建立一种全新的基于可视化的智慧运维管理平台。通过真实的GIS（倾斜摄影）和BIM，融合BA、BMS、IBMS和物联网IoT数据，真正实现全生命周期管理，使得设计、施工阶段BIM向后端运营管理延伸，实现BIM全生命周期管理。BIM应用深度、广度和系统性达到国内乃至国际领先水平。

三、新技术的发展

基于BIM的智慧运维管理平台以CIM\BIM技术为核心应用，基于BIM开放的体系架构决定项目网络、数据、信息的基础设施、各级信息平台和各级数据库系统的技术应用，支撑业务应用的先进性、安全性、经济性、可靠性。基于BIM的智慧运维管理平台新技术应用，选择成熟、实用、主流的技术，以国际上先进的云计算技术、物联网技术、大数据技术、移动通信技术、自动化技术、地理空间信息（GIS）和建筑信息模型（BIM）可视化技术等构成CIM\BIM运维新技术应用体系。

（一）大数据技术应用

基于BIM的智慧运维管理平台大数据技术应用，建立多种形式的数据库系统，如BIM数据库、IoT数据库、FM数据库、综合管理大数据，业务级主题数据库，应用系统数据库等。各级数据库实现数据的共享和交换。

基于BIM的智慧运维管理平台采用大数据技术应用，将各应用系统监控、管理、服务运行过程所产生的过程数据，进行分类和对分散及重复的数据进行筛选、清洗、抽取、汇总，建立过程数据与管理信息间的逻辑关联、并存入业务级主题数据库。对主题数据库再进一步地挖掘和分析，进而形成运营与运维有价值的知识数据，并存入BIM智慧运维管理平台大数据库。

（二）物联网技术应用

基于BIM的智慧运维管理平台物联网技术应用，建立以物联网感知网络，实现基础设施监控智能化感知物联网与互联网、无线网、业务办公网、工业以太网、各类监控感知网（现场总线）的互联互通。通过分布的应用系统监控与管理系统，实现对各类基础设施感知传感信息的采集和传输、监控节能过限报警与突发事故的应急处置的协同指挥调度。

基于BIM的智慧运维管理平台物联网技术应用，通过NB-IoT、UWB、射频识别（RFID）、红外感应器、全球定位系统、激光扫描器等信息传感设备，按照统一的通信标准协议，实现对各类基础设施的智能化识别、定位、跟踪、监控和管理。各类设备应部署具有感知能力的流量、压力等智能传感器、监测仪器设备的压力、流量、流速、温度等各种运行参数，以及过压、过温、过流、泄漏等报警信号，通过智能化物联网获取和传输运行的实时信息。

（三）无线通信技术应用

基于BIM的智慧运维管理平台无线通信技术应用，建立多种形式的无线网络、互联网、电信网、物联网、控制网、感知网之间的互联互通。结合智慧无线网络，电信无线网，提供基础设施监控系统内嵌感知传感器、智能终端等设备监控信息的无线通信服务。无线通信技术应用包括蓝牙、Wi-Fi、NB、PLC、GPS、LTE以及WiMax等，使智能传感器、智能终端、智能控制器具有无线通信的能力，实现对基础设施中各类智能设备的可移动、可遥控、可集群管控。

（四）深度学习技术

基于BIM的智慧运维管理平台利用深度学习技术，自动对实景三维检测、分割、跟踪矢量、挂接属性入库，将物理世界中多源异构和多模态的空间大数据组织形成复杂庞大的数据语义网络，解决跨领域的数据在几何位置、属性语义、逻辑等方面的相似性、不一致性问题；并结合天—空—地一体化多源三维数据融合和可视化技术，实现静态三维可视化向智能动态可视化转变；CIM\BIM还可建立从描述性可视分析到解释性可视分析和探索性可视分析的多层次可视分析体系，快速有效地从多模态实景三维大数据中发掘价值，支撑数字孪生各应用领域的决策分析。

（五）地理空间信息（GIS）技术应用

基于BIM的智慧运维管理平台地理空间信息（GIS）技术应用，将相互关联又彼此独立的基础设施监控与管理应用系统、现场监测管理控制器、功能模块、装置（部件）进行组合和集成，统一平台，按一定秩序和内部联系集成为一个可应用的可视化信息集成平台。采用地理空间信息可对基础设施监控与管理数据及信息的获取、存储、显示、编辑、处理、分析、输出和应用等功能。地理空间信息（GIS）技术应用，是一个基于数据库管理系统（DBMS）的分析和管理空间对象的信息系统，以地理空间数据为操作对象，以三维图形方式展现和标绘基础设施监控与管理的数据和信息。

基于BIM的智慧运维管理平台地理空间信息（GIS）技术应用，以地理空间数据库为基础，在计算机软硬件的支持下，运用系统工程和信息科学的理论，科学管理和综合分析具有空间内涵的地理数据，以提供基础设施监控、管理、决策等所需信息的可视化和技术的支撑。

（六）建筑信息模型（BIM）技术应用

建筑信息模型（BIM）技术是基于三维模型的可视化信息共享应用技术。以监控数据与管理信息为基础，分析和建立三维可视化BIM模型，可实现各职责主体在设计、建设及维护的不同阶段信息在BIM中插入、提取、更新、修改和展示。BIM技术具有可视化，协调性，模拟性，优化性和可展示的特点，在智慧城市基础设施建设不同阶段过程中，可利用BIM技术提升和优化工程质量、节约成本及缩短工期。

BIM 运维包括各种机电设备、管线、风道、建筑布局和人流、车流、设备运行参数等动态信息，涉及建设单位、参建单位、设施设备材料供应商等各方主体，具有高度的数据信息、多元主体融合性。同时与运维管理信息系统等各类信息系统实现人、物、事的深度融合、信息共享、高效实用。基于BIM的智慧运维管理平台运行时，可通过BIM三维模型直观显示资产设备的实时状态、IoT数据以及视频信息、运行维护人员等信息。

第二节　运维管理目标

一、运维管理目标

基于CIM\BIM、云计算、物联网、边缘计算、区块链、人工智能等技术实现真实的BIM和设计、施工和运维阶段信息共享的和集成管理，实现基于CIM\BIM的可视化、精细化多尺度、跨平台的运维管理，实现快速获取、管理和处理相关信息，支持物业运营的空间管理、设备设施管理、营销管理、安防管理、能源管理、应急等管理，从而提高建筑智慧低碳运营目标、提升运维的工作效率和信息化管理水平。概括而言，基于BIM的智慧运维管理平台可实现四大目标：

（一）为部门间信息联动和业务协同提供支撑

集成各BIM与IoT、BIGDATA、AI和各专项应用，实现信息资源的充分汇聚和共享，改变以往网状的信息交换和业务协同模式，实现区域级的协调总控和统筹综合管理，为各专项业务管理机构间的信息联动和有序、高效的业务协同提供支撑。

（二）实现对运行状态的全面掌控

各项运行管理和保障服务是以对城市（园区）、建筑运行状态的全面掌控为基础的，而对运行状态的掌控需要通过信息资源的全面汇聚、整合、分析、共享和各项业务的联动实现，扩展各专项业务管理的集成范围和深度，突破时间和空间限制，使管理触角延伸到每一寸空间每一个设备每一项能耗，实现对城市（园区）、建筑运行的全方位、动态监管。

（三）低碳运营，降低能耗

通过能耗监控、数据积累、数据分析、能耗优化、交叉对比，实现能源使用安全化、能源消耗可视化、能源增效管理化。通过设备报警全面实时感知、设备位置分布实时感知、设备巡检完成率、重复率、覆盖范围实时感知、设备维修进展实时感知、设备保养计划实时感知、客服问题处理进度实时感知、自动巡检、日常模拟应急演练、日常设备拆装模拟指导，实现更少的人管更多的事。

（四）突发事件快速响应，及时处置

通过定期巡检、定期保养、及时维修，实现照明系统、通风系统、监控系统、电梯系统、电力系统、通信系统高效运行，实现设备报警、设备工单、逃生动线的模拟，将问题消灭在萌芽状态，发现问题第一时间处理，建立完整的突发事件快速应变处置能力。

基于BIM的智慧运维管理平台通过CIM\BIM+IoT+AI智能决策平台的建立，实现日常城市（园区）、建筑自动的在线巡检，提高城市（园区）、建筑设施设备管理工作的针对性、可预见性，提高工作效率，实现设施设备、运营服务、秩序维护、综合管理、计划财务、品质管理、总控中心等多条线间、跨部门协作和动态化、精细化管理。基于BIM的智慧运维管理平台是让决策层获得数据穿透的能力，不再受限于传统公司的层级限制。对于决策层来说，通过“数字孪生”，实现“CIM\BIM一张图管理”的目标，从大数据应用的角度解决，“看不清、控不住、管不好、省不了”的问题，实现可视化、精细化、智慧化管理。

二、运维平台集成原则

基于BIM的智慧运维管理平台是智能化集成系统的重要组成部分，因此必然涉及系统之间的集成问题，实现信息资源的共享与管理，对事件及时作出反应和处理。根据用户的需求，集成主要包含以下方面：

（一）有机互联

基于BIM的智慧运维管理平台应集成其他系统的功能，体现“分散控制、集中管理”的指导原则，将不同的系统进行有机互联与综合。

（二）数据集成

基于BIM的智慧运维管理平台通过数据交换将其他系统中的数据进行集成，方便数据信息的查询和分析。

（三）界面集成

基于BIM的智慧运维管理平台在功能集成和数据集成的基础上，提供统一标准的用户访问界面和人机交互环境，简化用户操作、规范系统运行。

三、运维平台设计原则

基于BIM的智慧运维管理平台的总体设计原则是：以BIM模型为基础、IoT、BA、BMS为动力，FM事件管理为核心，通过信息交换和共享，将各个具有完整功能的独立子系统组合成一个有机的整体，提高系统维护和管理的自动化水平、协调运行能力及详细的管理功能，彻底实现功能集成、网络集成和软件界面集成。具体如下：

（一）开放性原则

基于BIM可视化精细管理平台是一个完全开放性的系统，可以兼容多种系统数据，即使是较为特殊的数据格式，也可以通过程序转换成系统可用的数据，使得系统具有更高的开放性，真正实现信息互联互通、数据共享交换、功能协调。

（二）可靠性原则

基于BIM可视化精细管理平台是一个可靠性和容错性极高的系统，系统能不间断正常运行和有足够的延时来处理系统的故障，确保在发生意外故障和突发事件时，系统都应该保持正常运行。人机界面的友好性，系统采用CIM\BIM来显示信息点的状态，操作简单、维护方便。

（三）可扩展性原则

基于BIM可视化精细管理平台采用SOA构架设计，支持更强大的扩展性，当新的功能加入后，对以往的功能不产生影响。这就使得更多的子系统能够接入到平台当中。

（四）互连接性原则

基于BIM可视化精细管理平台确保了系统间可集成性，提供了准确的通信协议和开放的数据库接口，各子系统可实现信息和数据库共享；同时考虑未来发展的需求，能与未来扩展子系统具有互联性和互操作性。系统在数据转发、接收方面均采用国家标准化协议。

（五）安全性原则

为了确保系统硬件和信息的高安全性，采用较先进的加密算法和计算机安全措施，设立系统密码。设立防火墙，使系统受到非法攻击时对系统的破坏性降到最低。

（六）先进性原则

考虑到电子信息及软件技术的迅速发展，系统设计在技术上采用国内外先进的技术和国内产品，所采用的设备产品和软件不仅成熟而且能代表当今国内外市场的先进技术水平。

第三节　基于BIM智能运维功能

一、运维BIM模型构建要点

（一）BIM竣工资料收集

符合运维管理需要的BIM模型是基于BIM的智慧运维管理的基础数据，管理项目如已有竣工BIM模型，可在验收竣工BIM模型后，复核、完善并增加运维管理模块相关的BIM模型和点位，输入符合管理需要的编码系统，形成运维BIM模型，并根据点位调整持续更新，以确保运维系统正常稳定运行。

BIM竣工模型的审核验收需提交以下资料：

1.BIM各专业竣工模型

（1）竣工图纸等资料。

（2）各专业BIM模型的初始绘制格式。

（3）非Autodesk Revit软件绘制，需转换为IFC格式（BIM通用格式）提交。

2.绘图依据

（1）完整竣工图纸。

（2）各专业施工变更单。

（3）各类设备技术规格书。

（4）其他竣工资料。

3.现场照片

（1）各楼层天花板敷设前需及时采集管线排布现场照片。

（2）各楼层关键部位现场照片。

（3）各设备机房及配电间现场照片。

（二）BIM竣工模型审核

签收的BIM竣工基础模型审核验收主要关注以下方面：

（1）BIM建模范围是否完整，应重点关注容易忽略的主要场地模型及雨棚、栏杆、坡道等建筑附件，以及机电相关管道附件、配件及末端点位等模型细节，以确保BIM基础模型的完整性。

（2）土建模型绘制是否合理，是否存在明显错、漏、碰、缺等问题，重点关注升降板关系处理。

（3）楼梯、坡道等竖向结构是否完整准确，关系处理是否合理。

（4）管理相关内容与竣工图纸、变更单等绘图依据是否一致。

（5）机电模型系统是否完整，各系统是否形成完整回路，应避免出现管道断接错位等问题。

（6）机电管线排布方案是否合理，应避免明显专业内及专业间冲突。

（7）机电设备、设备末端、管道附件、配件等样式类型是否正确，管理相关点位是否与现场一致。

（8）管理相关关键部位及区域，如机房、大堂、电梯厅等是否与现场一致。

（9）是否根据要求规范机电系统命名及材质设置。

（10）是否添加与现场一致的房间属性及信息。

（11）运维所需非几何信息及设备编码是否根据要求添加。

二、BIM轻量化

基于桌面的三维模型大多数采用单文件或几个文件来存储模型信息，比如几何信息、材质信息、纹理贴图及属性。这样的组织方式便于桌面程序管理，也便于使用者之间以文件的方式传输数据。BIM模型轻量化保留BIM所有几何信息、属性信息、材质信息、空间信息以及内部关联信息，同时支持主流三维格式文件。能够通过BIM直观展现、快速了解建筑情况，具有高可靠性、安全性，操作方便。BIM轻量化平台能解决大量模型的轻量化和大量数据的并发，同时能够在PC、MAC、IPAD、手机等各种终端上无缝浏览，操作顺畅，无卡顿。

BIM轻量化引擎能够实现：

（1）基于WEBGL协议，采用流式加载和显示技术，兼容各种主流浏览器，且无需载入插件，同时支持在PC、MAC、IPAD、手机等各种终端上无缝浏览。

（2）大模型处理支持技术，支持百万级构建，亿级面片；至少要兼容十万方项目全专业模型的一次加载，快速反应，无卡顿。

（3）全专业BIM模型加载高于35fps。

（4）模型轻量化技术，对硬件要求低。

（5）支持市场上所有的主流GIS、BIM格式，通用性强，兼容各种建模软件的IFC文件。

（6）提供包括隐藏、透明、剖切、测量等强大功能。

（7）能够支持多用户并发访问，支持负载均衡以及网络集群计算服务。

（8）可实现多个领域的多级网络的三维空间数据共享服务，可实现网络化实时动态更新。

三、智慧运营中心（大脑）

基于BIM的智慧运维管理平台，可以通过智慧运营管理中心（大脑）页面实时展示项目BIM模型和各系统的实时运行情况。展现的方式包括饼状图、趋势图、列表等方式。展现的数据包括运营的客流态势、招商态势、服务态势等；运维的设备告警数、设备的运行状态、能耗的消耗情况、设备工单的统计、消防的告警、巡检完成率、停车统计。通过收集项目客流、各种设备运行数据、能耗数据、维修保养数据、巡检数据、消防数据、停车数据汇总成动态的运维投入及使用情况表征数据；整合系统中各分散模块，挖掘各数据间的关联性，提供更深入、更智能的统计分析报表；通过CIM\BIM模型以可视化的方式直观展示，为决策者提供一个崭新的数字化管理平台。

（一）数据驾驶舱模块

采用CIM\BIM技术，对项目倾斜摄影模型和设计、施工阶段的BIM成果基础上构建符合运维的CIM\BIM底盘，打造可视化展示的一览图，使管理者能够统揽全局，驾驶舱内容包含平台运行监测数据、各专业分析图表、能耗数据、运营数据以及管理所需要的其他数据。

（二）运营态势展示模块

要求与CIM\BIM模型结合全方位的可视化运营展示客流态势、招商态势、能源态势、服务态势、安全态势。

（三）运维态势展示模块

要求与CIM\BIM模型结合全方位的可视化运行展示项目的消防、工单、漏水、巡检、停车、能耗、安全等态势分析，包括重点设施设备的实时运行情况、业务运维情况（维修、巡检）、能源消耗情况（水、电、气）、安全保障情况。

智慧运营中心（大脑）展示项目日常运营的重要信息，串联城市（园区）、建筑内不同子系统和场景应用，融合底层数据和应用的同时，提供统一入口和用户呈现接口。智慧运营中心服务为城市（园区）、建筑日常运营活动中的决策者、管理者、物业/系统服务人员及普通用户。平台支持用户日常基础数据的维护，统一登录认证，并可依据用户权限，进行内容和应用功能的分发。基于BIM智慧运维管理平台，可根据日常管理的需要生成相关报表，重点包括能耗报表和日常管理报表。监控中心日、周、月、季度、半年、年报表（消防报警、设备报警、消防报警工单、设备报警工单、客服工单、巡检完成率、能源）和能源日、周、月、季度、半年、年报表（项目、业态、建筑、总能耗、分项能耗统计占比报表、分析对比报表）。

四、综合安防管理

基于BIM智慧运维管理平台整合人脸识别系统、安防系统、消防系统等各相关信息，平台中显示综合安防相关的讯息，能够联动不同子系统，达到事前预警、事中联动处置、事后智慧分析等。

（一）视频监控模块

（1）以CIM\BIM地图的方式接入所有摄像头的实时视频。

（2）与BIM设备模型结合获知摄像头的在线状态和断离线状态并报警提示。

（3）支持在CIM\BIM地图上圈选，从而显示选中批量摄像头的多画面视频。

（4）报警联动触发报警点邻近的摄像头联动弹出实时视频，以方便值班人员了解现场情况。

（二）门禁管理模块

（1）以CIM\BIM地图的方式监视所有的出入口控制设备的运行状态以及门禁点的实时状态。

（2）与BIM设备模型结合实时监测出入口状态并记录电锁或门磁的开关状态、出入口的开关控制、异常的进出记录。

（3）可以查询所有读卡器等刷卡记录，按照不同时间段、不同刷卡人等条件自定义查询。

（三）入侵报警模块

（1）以CIM\BIM地图的方式标出每个报警按钮及探头的位置，与BIM设备模型结合监测和显示其报警状态。

（2）具备报警联动功能，当发生非法侵入时，视频监控系统自动切向报警点相近区域的摄像机，自动弹出该点位的实时画面。

（四）人脸识别

（1）当人脸识别系统发生警示时，讯息同步送至平台上，管理人员可通过平台接口直接调阅警示相关信息，包含脸部图片、报警设备及设备位置等。

（2）人员布控。调阅查询人脸识别系统的相关记录，为安全管控区域建立相应的人脸库，限制可进入的人员。当有未经允许之人员试图闯入时，可查询其行动轨迹，以追踪其行迹。

（3）视频巡逻。结合安防系统CCTV摄像机与BIM联动，定时记录重要设备或出入口实时影像，并自动切换巡逻视频、产生巡逻报告，一人即可看护多个巡点，让人力更为高效且节省。

（4）消防联动。结合消防系统（侦烟、温感等传感器）与安防系统，当发生警报时实时调看监控视频，让管理人员及时确定消防报警，并启动消防应急处理流程。

五、设施设备管理

设施设备维护管理是物业管理的重要内容，通过BA、BMS、IBMS、IoT与物业管理信息网络的融合，将建筑机电设备及设施运行状态和故障报警信息以及可获取信息整合至管理应用数据库中。设施及设备运行BA、BMS、IBMS、IoT与CIM\BIM图形页面进行整合显示，只监不控。建立设施及设备档案，自动生成系统保养计划，对设施及设备运行数据进行采集和记录。通过该模块，实现建立设备档案、制定和执行设备保养计划、管理设备保养记录、设备检测记录、设备故障记录等功能，实现管理处对各种设备的全面管理。设备数据主要来自于BIM图资，能更有效管理设备基本数据与所在位置。

（一）设施设备基本数据

基于BIM智慧运维管理平台实现对内设备设施原始技术档案、相应的标准管理。设施及机电设备信息管理，主要是对内设施及机电设备、智能化系统设备及资产利用RFID或二维码技术进行分类登记，对其运行状态及故障报警数据实时统计和管理，建立设施及机电设备、智能化系统设备定期维修和保养登记数据库，设备及资产产品档案数据、设备安装数据和图纸、采购厂商信息等数据库。建立备品备件库存数据库，以及上述设备的采购、更换、位置、数量、价格、折旧、保养、维修、配件、出入库等均通过统一的管理数据库平台进行登记和查询等管理。可检视或变更设备的基本数据，包括厂商、维护步骤流程、历史维护记录等文件，可实时显示设备目前的运行状态，调阅其维护保养记录。

（二）设施设备巡查（点检/调度/备修）

基于BIM智慧运维管理平台设施及机电设备巡查包括：在重要的设备机房设置在线巡查。设施及机电设备可用 RFID 或二维码标识设备信息，维修保养人员定期对重要设施和机电设备进行巡查，通过在线巡检确认巡查到位，并实时将巡查的信息传送到管理中心。设施及机电设备巡查系统具有设置巡查路线、巡查实时到位记录，联动巡查区域摄像机跟踪显示的功能。针对定期巡检，系统会定时产生巡检工单，调配人员前往处置，并记录其结果。

（三）设施自动巡检

基于BIM智慧运维管理平台自动巡检功能，根据规划好的路线，系统自动在建筑中的BIM空间中进行巡检，当发现设施设备发生异常或故障时，从系统上自动发出告警信号，及时处置相关故障。透过系统集成管理数据库，相关智能化应用系统监控信息及数据导入，对公共安全系统的信息（各种报警信息与报警确认信息），以及机电设备、监控系统设备的运行状态与故障报警之信息，进行数据统计及优化，实现信息与数据的共享和备份。由管理平台查询最新实时信息及历史数据，当侦测数据或状态异常时，可通过手机、微信及电子邮件实时通报，让管理者对于设备信息状态可以随时掌握。

（四）定期/故障维护

实现对整个项目建筑内设备设施的日常维护保养、制定设备检修计划。设施运行管理内容包括：设施运行文档管理、编制设施管理规范及制定量化考核指标及考核办法，设施及设备运行监控、设施及设备运行数据采集与记录、主要设施及设备预防性监测、设施及设备巡查到位跟踪及巡查记录，提供综合节能管理报表等。当设备需定期维护或有故障发生时，可由系统产生维修工单，调配人员进行维修作业。

（五）智能运维/优化

实现接收报修、工单处理、维修状态、维修费用等功能。设施保养管理内容包括：制定设施及设备保养与维修计划和设施及设备运行保养自动提示、设施及设备维修单自动生成、设施及设备保养与维修记录、设施及设备备品备件管理等。由工单记录中可分析出各设备维修或故障的原因、频率、解决方式等，依据记录，可将设备的运维模式加以优化，减少故障的发生率，延长设备的使用年限。

（六）维修人员与绩效

对于维修人员，依据工单记录可分析出其工作负荷的程度，对于其绩效更具可视化与量化，避免人力调配不均的情况。

（七）备品备件

主要包括备件的范围、备件的图纸收集、整理、备件来源的途径、方法、储备定额和储备形式。

1. 库存管理模块

库存管理模块包括入库管理、出库管理。

2. 统计查询模块

统计查询模块包括库存查询、备件采购统计、备件消耗统计。

六、能耗管理

基于BIM智慧运维管理平台整合项目内各用水、用电、用气、太阳能等清洁能源数据，实时记录建筑内能耗数据，依据综合显示能耗信息，洞察用能分布、变化、效益，支持项目运营优化，为管理者的节能措施提供数据。同时通过能耗资料横纵向对比，生成管理人员所需报表，能够发现能耗异常点，为提升整个建筑的能源使用水平打下良好基础。

（一）智能报表

根据不同管理层的需求处理数据和信息，并生成不同的报表，为各自的决策和职责提供辅助。

（二）能耗设定

可依实际状况设定各能耗参数，例如电费费率、设备的耗电量等。平台可依能耗参数计算设备的能耗资料。

（三）用水用电信息

整合收集的用水用电数据信息进行汇总分析，通过动态图表的形式整合呈现，并对能耗异常位置进行定位、提醒。

（四）异常状态示警

整合能源监测系统信息，将示警设备与模型信息进行联动整合呈现。

七、资产管理

基于BIM智慧运维管理平台利用BIM信息模型对资产信息化进行管理，辅助进行投资决策和制定短期、长期的管理计划。利用运维模型数据，评估、改造和更新建筑资产费用，建立维护和模型关联的资产数据库。固定资产管理是有其必要性，但是其由于数量庞大在管理项目及分类，无法实现高效率的运维管理，不能实现固定资产的增值服务。系统针对该问题提供解决方式，确保本项目固定资产利用的最大化。资产管理功能包括：

①形成运维和财务部门需要可直接理解的资产管理信息来源，实时提供有关资产报表。②生成企业的资产财务报告，分析模拟特殊资产更新和替代的成本测算。③记录模型更新，动态显示资产信息的更新、替换或维护过程，并跟踪各类变化。④基于建筑信息模型的资产管理，财务部门可提供不同类型的资产分析。

（一）资产的全生命周期管理

引入国际流行的企业资产管理EAM（Enterprise Asset Management）理念，对企业的资产进行全生命周期管理ALM（Asset Lifecycle Management），建立起从资产采购、资产验收、资产入库、资产使用与变动、资产租赁、资产维护，到资产报废等资产整个生命周期的管理。采用先进的物联网技术，提高资产盘点效率，解决资产（账、卡、物）不一致问题。以优化企业资产投资回报率ROA为核心，借助信息化手段，合理整合资产管理流程及相关资源，从而提高企业的经济效益和企业的核心竞争力。

1.物联网终端设备

支持市场上常见的二维码扫读器、RFID读写器、RFID门禁、RFID远距离读卡器等终端，方便用户接入系统，提高资产管理效率。

2.物联网设备接入协议

支持常见的2G/3G/4G/5G/WIFI等无线网络接入方式，方便终端设备与系统连接。

3.智慧资产管理

全面、准确、动态（实时）掌握各单位（部门）固定资产的总量、构成、分布、变动等信息。解决资产管理中存在的实物资产与账面资产脱节的问题，及实物资产的清查盘点瓶颈问题，提高固定资产的利用率，节省资产的投资，进而提高资产的规范化和科学化管理水平。

（二）设备资产清册

平台基于BIM技术，利用空间编码的唯一性，给各办公设备与重要资产赋予唯一的坐标信息，与项目的固定资产编码相对应，再附加上其采购、使用、维护、保养、损坏、维修、报废等全生命周期的信息，形成包含全生命周期信息的设备列表、办公设备列表等完整且全面的名录，为管理人员获取当前项目资产相关全面实时的信息提供极大便利。

1.资产定位

CIM\BIM上查找设备资产目前的所在位置。

2.盘点/监测

透过物联网RFID技术+物联网AP，可实现资产位置智能实时监控。而使用RFID技术，更可达到一键盘点之功能，减少盘点时寻找资产的困扰。

3.重要资产使用率

4.异常告警

在出入口安装物联网AP，感知贵重资产的进出，联动携物出门电子流，判断是否非法携出，异常自动报警，联动视频系统，自动录制并保留视频。

八、空间管理

基于BIM智慧运维管理平台空间管理功能应用BIM技术，通过互联网与物联网IoT，处理空间管理过程中的各项日常性业务，达到提高效率、规范管理、提供优质服务的目标。空间管理模块具有高可靠性、安全性，操作方便性，采用WEB电子地图（CIM\BIM）同步图形页面。整合环控系统及相关环境信息，通过统一数据采集，获取建筑内的环境监测传感器数据，并过滤获取到的环境监测数据，形成数据报表和监测报告，配置环境异常指数，基于监测数据，提供异常告警。

为有效管理建筑空间，保证空间的利用率，结合BIM模型进行建筑空间管理，其功能主要包括空间规划、空间分配、人流管理（人流密集场所）等。

（一）空间分配

基于BIM模型对建筑空间进行合理分配，方便查看和统计各类空间信息，并记录分配信息，提高空间的利用率。根据物业管理的特点，系统紧紧抓住占用空间这条信息主线，对办公区域、公共区域、会议室以及机房等建筑空间详细信息编码记录。记录建筑内各空间的使用人员、使用次数、使用时间、用途（会议讨论、教育训练、课程研习）以及每次使用人数等空间利用信息，实现对建筑的精细化管理，为各建筑空间的合理安排提供数据基础，提升空间的有效利用率。

（二）空间状态

依据环境监测数据，可检视空间的使用状态，统一整合空间资源，提高建筑服务的黏性和用户体验。

（三）空间预约

结合空间预约与环控系统功能，预知空间的使用需求，提前准备，提升工作效率。

（四）统计分析

空间分析功能获取准确的面积使用情况，满足内外部报表需求。

（五）CAD图资管理CAD 图纸的存档、调阅、分类、变更记录

二维图纸管理是一项很重要且很艰苦的任务，其工作难度非常大，系统针对这问题，利用CIM\BIM技术，将BIM模型与二维图纸相对应，做好图纸分类。实现BIM双向空间、设备模型的地图定位，协助管理人员调阅空间信息或CAD图纸信息时能实现CIM\BIM准确互动，为管理人员的决策提供最直观的依据。

九、消防管理

（一）消防报警模块

（1）以CIM\BIM地图的方式监测消防烟感、温感、手报等的工作状态，正常、故障和报警。

（2）以CIM\BIM地图的方式监测消防风机、排烟风机等设备的工作状态，正常、故障和报警。

（3）要求与BIM设备模型结合监测消防水泵的运行、故障状态及出水压力的状态，消防水箱的水位状态及报警。

（4）具备报警联动功能，消防报警和故障时触发报警点邻近的摄像头联动弹出实时视频。

（二）防火门管理模块

（1）以CIM\BIM地图的方式要求监测防火门的工作状态，正常、故障和报警。

（2）具备报警联动功能，防火门报警和故障时触发报警点邻近的摄像头联动弹出实时视频。

（三）漏电火灾管理模块

监测到电器回路中剩余电流、运行电流、温度、电压等参数超标时，发出声光报警信号，并同步联动CIM\BIM模型。

十、应急管理

基于BIM智慧运维管理平台整合BIM模型和BA、FA、CA、IoT等系统，当系统出现故障或现场的设备出现故障及监控的参数越限时，产生报警信号，同时联动BIM，定位设备报警位置，所有报警将记录到报警汇总表中，供操作人员查看。通常情况下，报警管理分为三级报警，不同的报警级别，其报警方式、报警处理机制、报警信息的发布都完全不同，级别越高、问题越严重、情况越紧急、报警处理的优先级别就越高。模块应具备用户实时报警、历史报警信息查看、报警事件追溯和处理功能。

（1）报警类别管理模块：按项目要求对各类设备设施的报警进行分类分级。

（2）报警级别管理模块：报警三级管理的设置、各级报警的处置要求和时效。

（3）实时报警处置模块：报警信息按要求及职责的实时推送、查看。支持以列表展示实时报警，支持按时间和重要等级排序，支持报警的筛选，支持对报警进行忽略，支持报警处理过程记录。

（4）历史报警查询模块：历史报警信息的存档和查询。支持历史报警信息的分类分级筛选；支持报警详情和处理日志查看和追溯。

（5）报警数据统计模块：报警数量统计、报警类别分析和警示。支持按报警分类、分系统、分区域、分时段的统计分析功能。

（6）报警处理流程模块：报警信息的处理流程。模块支持通过配置设备关键参数的阈值，生成报警策略。能够实时获取设备的运行数据，并自动匹配告警策略。当设备参数超过预设的阈值时，自动告警并进行线上提示。支持移动端警告信息推送，支持失败信息的重复推送。

十一、工单管理

基于BIM智慧运维管理平台实现对报事、维修工单全流程的实时监控及支持多渠道的工单来源管理、完成各类工单的全生命周期的管理包括支持派单或自动派单模式，工单处理支持按不同报事类型启动不同的处理流程，工单支持在移动端（APP或小程序）进行接单、派单、转单、反馈、审核、评价等操作，具体功能点如下：

（1）采用流程引擎图形组态方式，支持根据实际场景自定义配置处理流程。

（2）支持自定义设置系统自动派单或人工派单。

（3）支持设备告警自动生成报修工单及自定义配置多种生成工单的规则。

（4）客服、维修人员可根据当天的值班情况进行派单和转单。

（5）支持报事人对已完成的工单进行评价，评价不合格的工单支持驳回重新执行。

（6）评价选项可根据客户的实际需求自定义。

（7）可自定义配置任务提醒机制。

（8）支持对工单的全流程进行实时监控。

（9）支持对部门人员工单完成情况及工时的统计分析。

（10）自动派单系统能够实现实时获取设备监控报警信息，自动生成预警工单派发至指定人员。系统支持按照设备报警级别不同派发相应至工单工作流，相应工作人员通过系统支持接报修、工单处理、维修状态、维修费用等管理功能。

十二、移动端管理

为方便运营管理人员对系统的使用，基于BIM智慧运维管理平台实现与手机移动端的无缝联接，可以实现故障的实时推送，工单处理、设备信息二维码查询、设备状态查询、设备巡检等等功能。具体功能如下：

（一）CIM、BIM可视化

（1）支持移动端、微信端直接调用BIM模型。

（2）支持通过BIM对设备信息进行查询。

（3）通过设备二维码可以直接调阅并定位BIM模型，查看相关设备基本信息、实时运作信息、维修手册、历史维修记录等信息。

（4）支持微信端直接处理工单，并联动BIM模型查看工单位置等信息。

（二）设备运维

（1）移动端上实现设备运维管理功能，能快速处理设备故障。

（2）维修管理。查询日常工作维修任务，并且能够看到维修相关图纸、手册等资料，维修完成后能够在手机上提交任务。

（3）保养管理。查看保养工作内容，临期提醒，查看保养手册等资料。

（4）巡检管理。手机扫码检修。

（5）扫码维护。通过扫描二维码到设备专项管理页面，包括设备台账、设备维护保养记录、设备维修维护手册等。

（三）设备监控

在移动端上查看平台所集成系统和设备运行状态、运行参数，在不同权限下可对不同设备进行总览。

（四）报警管理

在移动端上查看平台所集成系统设备的报警信息，信息分为实时信息和历史信息，可对实时信息进行操作，可按照不同查询条件对历史信息进行查询。

（五）能耗管理

（1）提供能耗使用简报，可以快速查看能耗使用情况。

（2）能耗简报。展示建筑当日、周、月的能耗简报信息。以列表形式展示建筑当日、周、月的能耗简报信息。

（六）工单管理

（1）工单推送。在消息栏查看工单，并且进行下一步操作，实现工单闭环管理，例如维修工单、保养工单、巡检工单等。

（2）历史工单。查看已完成工单，可进行筛选。

（七）个人中心

（1）个人中心。

（2）通知管理。

（3）密码修改。

（4）切换账户。

（5）版本升级。

十三、系统管理

基于BIM的智慧运维管理平台服务于项目日常运营活动中的决策者、运营者、物业、后勤服务人员及大楼普通用户。系统平台使用统一的登入许可，单一使用者具有唯一的登入账号，透过权限设定，让不同用户具有不同的功能权限。

（一）用户管理

（1）管理员可以创建用户，且能给用户配置角色。

（2）角色至少包含管理员及一般用户。

（3）每个角色都可以配置不同权限（对不同界面、功能的操作、浏览的组合）。

（4）权限依据业务和操作两者区分，业务包含各个子系统，操作权限包含可查看、可控制。

（5）每个角色都可以配置不同权限（对不同界面、功能的操作、浏览的组合）。

（6）拥有具体权限的集合，包括角色的新建、编辑、删除等基本操作。需要给角色授予权限，包含菜单的授权以及菜单下的操作按钮的授权。应提供一个超级管理员的角色，拥有所有权限，且不能删除，只能运维管理权限最高级别的人使用。

（7）支持角色的空间管理，批量导入、导出建筑空间台账信息，包括但不限于空间名称、空间编号、空间类型、空间级别（楼栋、楼层、房间）等。

（8）支持角色的空间管理，手动新增、修改、删除空间台账信息，支持按照空间级别（楼栋、区域、楼层、房间）进行建立。

（二）登录管理

（1）需要对登录有效期进行管理，密码需要定期修改且有复杂性要求，并满足短信验证功能。

（2）账号退出当前用户，并退出到登录界面。

（三）日志管理

（1）日志内容包括用户操作日志及系统运行日志。

（2）用户操作日志包含：系统登入登出、用户账号权限的增删改、密码修改、系统运行日志。

（3）超级管理员，支持对日志进行删除。

参考文献

[1] 雷开贵，雷冬菁，李永双.全过程工程咨询服务实务要览[M].北京：中国建筑工业出版社，2021.

[2] 全国招标师职业水平考试辅导教材指导委员会.招标采购专业实务[M].北京：中国计划出版社，2009.

[3] 中华人民共和国住房和城乡建设部主编.建设工程造价咨询规范GB/T 51095—2015 [S].北京：中国建筑工业出版社，2015.

[4] 全国造价工程师职业资格考试培训教材编审委员会.建设工程计价[M].北京：中国计划出版社，2021.

[5] 中国建设工程造价管理协会主编.建设项目投资估算编审规程CECA/GC-1 2015 [S].北京：中国计划出版社，2016.

[6] 中国建设工程造价管理协会主编.建设项目设计概算编审规程CECA/GC 2-2015 [S].北京：中国计划出版社，2016.

[7] 中国建设工程造价管理协会主编.建设项目施工图预算编审规程CECA/GC 5-2010 [S].北京：中国计划出版社，2010.

[8] 中国建设工程造价管理协会主编.建设项目工程结算编审规程CECA/GC 3-2010 [S].北京：中国计划出版社，2010.

[9] 李明安.建设工程监理操作指南（第三版）[M].北京：中国建筑工业出版社，2021.

[10] 白思俊.现代项目管理[M].北京：机械工业出版社，2007.

[11] 全国咨询工程师（投资）职业资格考试参考教材编写委员会.项目决策分析与评价（2021年版）[M].北京：中国统计出版社，2020.

[12] 张阿芬，傅庆阳.投资项目评估（第五版）[M].厦门：厦门大学出版社，2019.

[13] 刘亚臣.项目融资[M].北京：化学工业出版社，2017.
[14] 杨卫东，翁晓红，殷永杰.全过程工程咨询实践指南[M]. 北京：中国建筑工业出版社，2018.
[15] 李林，马铁宝.信息孤岛建不成智慧城市缺整体设计只能重复建设[J].中国战略新兴产业，2016，82-84.
[16] 马铁宝.数据驱动的智慧管理BIM与全生命周期管理[J].中华建设，2017.